U0461518

法学求是前沿书系

民事诉讼禁止重复起诉制度研究

王 勇◎著

本成果受河北大学燕赵文化高等研究院学科建设经费资助

知识产权出版社
全国百佳图书出版单位
——北京——

图书在版编目（CIP）数据

民事诉讼禁止重复起诉制度研究／王勇著. —北京：知识产权出版社，2020. 12
（法学求是前沿书系／孟庆瑜主编）
ISBN 978-7-5130-7331-8

Ⅰ. ①民…　Ⅱ. ①王…　Ⅲ. ①民事诉讼—起诉—研究—中国　Ⅳ. ①D925. 184

中国版本图书馆 CIP 数据核字（2020）第 243576 号

内容提要

2015 年 2 月 4 日，最高人民法院发布实施的《关于适用〈中华人民共和国民事诉讼法〉的解释》，其中第 247 条首次对禁止重复起诉作出规定，这成为我国处理民事司法实践中重复起诉问题的重要规范。为对实践中的重复起诉问题形成有效规制，需要结合禁止重复起诉的实践状况，从法解释的层面对识别重复起诉的要件及标准、规制重复起诉的措施予以具体化解释。

本书从我国有关禁止重复起诉的立法政策、司法背景出发，以司法实践中的具体重复起诉案件为分析样本，对域内外关于禁止重复起诉的理论研究成果归纳总结，探讨我国关于禁止重复起诉的理论研究和实践中存在的问题，并以此提出促进我国禁止重复起诉制度完善的策略。

责任编辑：韩婷婷　　**责任校对**：王　岩
封面设计：博华创意·张冀　　**责任印制**：孙婷婷

民事诉讼禁止重复起诉制度研究

王　勇　著

出版发行：知识产权出版社有限责任公司　　**网　　址**：http://www.ipph.cn
社　　址：北京市海淀区气象路 50 号院　　**邮　　编**：100081
责编电话：010-82000860 转 8359　　**责编邮箱**：176245578@qq.com
发行电话：010-82000860 转 8101/8102　　**发行传真**：010-82000893/82005070/82000270
印　　刷：北京虎彩文化传播有限公司　　**经　　销**：各大网上书店、新华书店及相关专业书店
开　　本：720mm×1000mm　1/16　　**印　　张**：13. 5
版　　次：2020 年 12 月第 1 版　　**印　　次**：2020 年 12 月第 1 次印刷
字　　数：240 千字　　**定　　价**：69. 00 元
ISBN 978-7-5130-7331-8

《法学求是前沿书系》编委会

“法学求是前沿书系”总序

习近平总书记反复强调：“历史是最好的老师。经验和教训使我们党深刻认识到，法治是治国理政不可或缺的重要手段。法治兴则国家兴，法治衰则国家乱。什么时候重视法治、法治昌明，什么时候就国泰民安；什么时候忽视法治、法治松弛，什么时候就国乱民怨。”但是，在中国搞社会主义法治建设，是一项前无古人的伟大创举，没有现成的道路可走，没有现成的模式可以借鉴，没有现成的理论可以遵循，其困难之大，超出想象。因此，我们只能坚持从中国实际出发，围绕中国特色社会主义法治建设中的理论和实践问题，把法治建设的普遍规律与中国的国情相结合，不断探索并形成中国特色社会主义法治道路、制度和理论。这就要求我们在全面推进依法治国的进程中，必须践行实事求是的思想路线，认清中国法治之真国情，探索中国法治之真道路，构建中国法治之真制度，探究中国法治之真理论，解决中国法治之真问题。唯有如此，我们才能穷中国法治之理、探中国法治之道。这也正是将本套丛书命名为“法学求是前沿书系”的目的和意义所在。同时，本套丛书的名称也暗合了河北大学“实事求是”的校训传统，体现了河北大学“博学、求真、惟恒、创新”的校风精神。

本套丛书以法治中国为目标图景，坚持建设性立场，聚焦法治中国建设中的理论与实践问题，探寻法治建设的中国之道，主要着眼于以下几个方面问题：

第一，中国法治之真国情。实践证明，任何国家的法治建设都必须立足本国国情，坚持从本国实际出发，而不能从主观愿望和想当然出发，不能从本本和概念出发，更不能照搬照抄外国的东西。在中国进行法治建设，必须要深刻揭示和正确认识中国的基本国情，并将之作为中国法治建设的出发点和落脚点。同时，中国的国情比较复杂，异于西方国家。因此，我们对中国国情的研究，必须要从多维度入手，既要研究地理意义上的中国，也要研究政治意义上的中国，更要研究文化意义上的中国。

第二，中国法治之真理论。中国的法治建设需要法治理论的支撑与指导。如果我们不能够从理论上将中国法治建设的性质、方向、道路、总目标、指导思想、基本原则、主要任务等阐释清楚，中国的法治建设就无从开展，也必然无法成功。为此，我们必须清楚地认识到，与中国法治建设的要求相比，我国远未形成与之相对应的中国特色社会主义法治理论。现有的西方法治理论既不能真正满足中国法治建设对法治理论的需求，难以引领中国法治的科学发展，也不能真正与中国的优秀文化传统相融合，难以实现传统与现代、本土与外来、国内与国际的有机统一。这就需要我们在中国法治建设的实践中，在借鉴西方法治理论的基础上，不断推进中国法治理论的探索和创新，并努力形成立足中国基本国情、总结中国法治经验、适应中国法治需求、体现中国法治规律、解决中国法治问题、彰显中国法治特色的中国特色社会主义法治理论，以为中国法治建设提供理论指导和学理支撑。

第三，中国法治之真道路。道路关乎前途和命运。法治道路是法治建设成就和经验的集中体现，是建设法治国家的根本遵循。中国法治建设之所以要坚持走中国特色社会主义法治道路，而不能照搬照抄别的国家的法治道路，是由法治与法治模式的不同决定的，也是由我国的基本国情决定的。尽管法治如同民主、人权一样具有普遍共识，但不同国家的基本国情决定了各国的法治模式不同，也决定了各国的法治建设道路不同。因而，努力探索并找到一条既不同于欧美资本主义国家又不同于其他社会主义国家，既遵循法治建设普遍原理又具有鲜明中国特色的社会主义法治道路，自然就成为中国法治建设的重要选择和任务。

第四，中国法治之真制度。法治制度既是法治建设的制度基础，也是法治建设的制度保障，集中体现了一国法治建设的特点与优势。中国的法治建设之所以要以中国特色社会主义法治制度为依托，是因为照抄照搬他国的法治制度行不通，会水土不服，会出现“橘生淮南则为橘，生于淮北则为枳”的尴尬局面。各国国情不同，每个国家的法治制度都是独特的，都是由这个国家的内生性因素决定的。只有扎根本国土壤、汲取充沛养分的法治制度，才最可靠，也最管用。因而，在中国的法治建设实践中，构建中国特色社会主义法治制度，既要坚持从国情出发、从实际出发，也要注重借鉴国外法治建设的有益成果；既要把握中国长期形成的历史传承，也要把握当前中国特色社会主义事业建设的现实需求，以实现历史和现实、理论和实践、形式和内容的有机统一。

此外，这里还须说明的是，本套丛书的作者大多为中青年学者，囿于理论基础与实践能力，难以对中国特色社会主义法治建设中的重大理论与实践问题展开深入系统的研究。故此，我们只能选取中国特色社会主义法治建设中的若干具体理论与实践问题展开研究，以求“积跬步，至千里”，“积小流，成江海”。同时，鉴于能力和水平有限，本套丛书中定然存在不足，乃至错误之处，恳请学界同人批评指正！

“法学求是前沿书系”编委会

2019 年 10 月

目　录 contents

导　论

一、问题的提出

在大陆法系民事诉讼上，禁止重复起诉是指当事人不得就已起诉的事件，于诉讼系属中，再行起诉。简言之，同一民事诉讼事件，不能重复提起诉讼。民事诉讼重复起诉不但给被告造成劳力、时间、费用的浪费，并造成其精神上的痛苦，也增加法院的负担，浪费司法资源，有可能发生前后相互矛盾裁判的风险。为防止上述情形发生，有效遏止重复起诉，有对其予以适当规制的必要。最高人民法院于2015年2月4日发布实施的《关于适用〈中华人民共和国民事诉讼法〉的解释》（以下简称《民诉法司法解释》），其中第247条首次对禁止重复起诉作出规定，这成为我国处理民事司法实践中的重复起诉问题的重要规范。一方面，该条文将诉讼系属抗辩效力与既判力消极作用的两种意义的禁止重复起诉捆绑在一起规定，尽管二者都具有禁止当事人就同一事项重复诉讼的功能，但在适用范围、法理依据、制度旨趣及规制措施等方面均存在差异。若忽略上述差异而将二者同质化看待，则无法在司法实践上统一适用，进而致使各自的制度功能无从实现。另一方面，司法实践上对禁止重复起诉规则的适用范围有扩大的趋势，而第247条关于重复起诉的识别标准及规制措施的规定尚不足以应对这一趋势，且该条文关于识别重复起诉要件的规定原则很抽象，这就很难为法官的司法适用提供可操作性标准。因之，为对实践上的重复起诉问题形成有效规制，需要从法律解释的层面来对识别重复起诉的要件及标准、规制重复起诉的措施予以具体化和扩大化的解释。本书的绪论部分从我国有关禁止重复起诉的立法政策、司法背景出发，对域内外关于禁止重复起诉的理论研究成果进行归纳总结，分析我国关于禁止重复起诉的理论研究中存在的问题，并以此划定本文的研究内容和选定研究方法。

全书共四章。第一章是关于禁止重复起诉理论基础的概述，首先，对禁止重复起诉的历史演变进行考察，目的是通过梳理禁止重复起诉的历史发展脉络，分析禁止重复起诉适用的法理依据。其次，通过对禁止重复起诉、一事不再理与既判力相关概念的比较分析，准确把握它们在法理根据、制度功能等方面存在的差异，以澄清民事诉讼司法实践及学理上对它们的内涵及其关系的误识，这也为本书展开对禁止重复起诉的研究提供了问题靶向。最后，禁止重复起诉的性质和旨趣是制度独立存在的重要体现，对其性质和旨趣的考察可以凸显制度的价值与功能，这也是其区别于其他相似制度的关键。

第二章是对现行民事诉讼禁止重复起诉实践状况的考察。《民诉法司法解释》第 247 条是规制我国民事司法实践上的重复起诉问题的重要法律依据，因而对该条文的正确理解和把握是解决我国重复起诉问题的基础，也是本书研究始终贯穿的主线。首先，依据《民诉法司法解释》第 247 条将诉讼系属抗辩效力与既判力消极作用的两种意义的禁止重复起诉糅合在一起进行规制，这与大陆法系民事诉讼上所规定的禁止重复起诉并不相同。那么，需对禁止重复起诉的概念内涵、法理依据进行探究。其次，对民事诉讼禁止重复起诉的实践情形进行考察，对实践上重复起诉的具体表现、类型及成因进行解读，并对我国民事司法解释上规定的禁止重复起诉的形成原因及其适用路径进行考察，这是解决我国重复起诉问题的基础，也关系到禁止重复起诉规则能否在司法实践中顺畅地运行。

第三章是对重复起诉识别标准的适用规则进行具体考察。准确把握禁止重复起诉的适用规则是制度有效运行的基础，这也将有助于深化对禁止重复起诉问题的认识。其中，识别重复起诉的标准与规制重复起诉的措施是禁止重复起诉规则在司法实践上适用的重要问题，本书以民事诉讼中关于禁止重复起诉的立法和理论为基础，结合我国民事司法实践中存在的重复起诉问题进行深入分析，提炼出有关识别重复起诉的标准与规制重复起诉措施的法律经验。首先，关于禁止重复起诉规则的适用还存在着一些特殊的案件类型，这些案件情形或者不能单单从识别禁止重复起诉标准的角度来把握，或者对这些重复起诉案件类型的规制还存在着理论上的难题，这就需要结合禁止重复起诉的立法旨趣，对禁止重复起诉规则的具体适用做深入的理解分析。其次，对现行民事司法解释关于禁止重复起诉规定不足的讨论。《民诉法司法解释》第 247 条关于禁止重复起诉的适用范围、识别重复起诉的要件与标准、规制重复起诉的措施的规定，在司法实践的适用中已显现出不足。这具体表现为，该条文将具有不同制度功能的诉讼系属抗辩效力与既判力消极作用的两种意义的禁止重复起诉糅合在一起规定，致使二者在司法适用中出现相互分离的现象。该条文规定仅以诉的要素为标准识别前后诉是否为重复起诉，这并不能对实践中的重复起诉问题形成有效的规制。识别重复起诉的要件涉及深奥的理论，现有研究成果又并不能为司法实践提供很好的指导，致使法官对识别重复起诉要件的内涵的认识还不统一。在规制重复起诉的措施方面，若前诉尚在诉讼系属中，对违反禁止重复起诉旨趣标准的后诉，并不能直接适用该条文中“不予受理”或“不能提起后诉”的规制措施，而应促使当事人提起诉讼内之诉，将后诉请求合并于前诉程序内一并解决。以上关于禁止重复起诉规则存在的问题阻碍了其在司法实践上规范与顺畅地运行。

第四章是关于我国民事诉讼禁止重复起诉立法的体系架构。一方面，禁止重复起诉的价值与功能契合了现代民事诉讼发展与变迁的需要，而现行民事司法解释中关于禁止重复起诉的规定很难说明我国民事诉讼上已建立了真正意义上的禁止重复起诉制度。因而探讨我国民事诉讼禁止重复起诉的制度化路径，使禁止重复起诉规则在实践上更加规范地运行，是当前亟须解决的问题。另一方面，禁止重复起诉规则的有效实施，在一定程度上削弱了对禁止重复起诉效力主体的程序保障，因而应完善实施禁止重复起诉制度的程序保障措施，达成实现禁止重复起诉旨趣与对程序主体程序保障之间的调和，借此充分发挥禁止重复起诉制度的价值与功能。

二、研究的背景与现状

（一）研究的背景

党的十八届四中全会以依法治国为主题，提出了建设中国特色社会主义法治体系，建设社会主义法治国家的总目标，并对全面推进依法治国作出了重大部署。全会明确了全面推进依法治国的六项重大任务，其中之一就是：保证公正司法，提高司法公信力。其要求无论是民事审判制度的设置，还是民事司法审判的实施，均要在公正、高效、安定的诉讼秩序下运行。良性的司法运行机制是司法公正、高效、安定运行的重要保障，然而，民事司法实践上出现的当事人若就同一事件重复起诉的滥诉现象，多与这种公正、高效、安定的诉讼运行理念相悖。禁止重复起诉是一项能从诉讼系属的效力层面就当事人对同一事件的重复起诉行为进行规制的重要制度。在这个意义上，禁止重复起诉制度是保证司法公正，提高司法公信力的重要路径之一。

在民事司法实践上，当事人若就同一事件重复起诉，将造成对方当事人因对无实益的诉讼进行实质防御而支出不必要的诉讼成本，法院因重复审理而浪费有限的司法资源，进而也可能发生前后裁判矛盾的现象。因而，民事诉讼立法上应当有排斥当事人就同一事项反复起诉的制度设置，以使当事人合理利用民事诉讼程序，从而防止相互矛盾判决现象的发生，实现民事纠纷一次统一解决。最早关于民事诉讼禁止重复起诉的规定可追溯到最高人民法院于1989年6月12日印发的《全国沿海地区涉外涉港澳经济审判工作座谈会纪要》的通知，其中关于案件受理问题的部分中确定“当事人不得就同一法律事实或法律行为，分别以不同的诉因提起两个诉讼”❶。然而，这在性质上仅为最高人民法院的会谈纪要，不具有普遍适用性；在形式和内容上简单、抽象，其也不具有规范意义和具体操作性，而且，现在民事司法实践上的重复起诉问题远非能被彼时的会谈纪要所概括。

为有效遏止民事司法实践上的重复起诉乱象，一方面，《民诉法司法解释》第247条对民事诉讼禁止重复起诉作出规定，❷ 其中明确了禁止重复起诉的适用范围、识别重复起诉的标准及规制重复起诉的措施，弥补了现行民事诉讼立法对禁止重复起诉规定的缺失。但仅从司法解释的角度对禁止重复起诉作出原则性的规定，这不得不说是司法实务者为解决实践上迫切需要解决的重复起诉问题的一种应急措施，而这种权宜手段在制定时具有匆忙性、功利性，难言具有立法上的稳定性、科学性和规范性，从而也不能对实践上的重复起诉问题形成有效的规制。在此意义上，我国民事诉讼上尚未确立一种真正意义的禁止重复起诉制度。另一方面，尽管学界已有关于民事诉讼禁止重复起诉的理论研究成果，但这些关于禁止重复起诉的研究多是对国外理论的介绍和梳理，将域外制度和理论与我国司法实践情况结合起来的体系化研究还不多见，而这种脱离司法实践的研究很难找到解决我国实际问题的方法。在研究内容上，对禁止重复起诉的系统研究还不深入，特别是有关识别重复起诉的标准及规制重复起诉的措施的研究成果还有欠缺。因之，理论上实有结合重复起诉禁止的实践运行情况进一步研究的必要，从而也为未来我国民事诉讼立法上关于禁止重复起诉制度的建构提供经验基础与理论指导。

---

❶ 参见 http://www.people.com.cn/zixun/flfgk/item/dwjjf/falv/9/9-1-1-05.html，最后访问时间，2017年8月16日。

❷ 根据《民诉法司法解释》第247条规定，当事人就已经提起诉讼的事项在诉讼过程中或者裁判生效后再次起诉，同时符合下列条件的，构成重复起诉：（一）后诉与前诉的当事人相同；（二）后诉与前诉的诉讼标的相同；（三）后诉与前诉的诉讼请求相同，或者后诉的诉讼请求实质上否定前诉裁判结果。当事人重复起诉的，裁定不予受理；已经受理的，裁定驳回起诉，但法律、司法解释另有规定的除外。

（二）域外研究的现状

禁止重复起诉的概念可追溯于罗马诉讼法上的一事不再理原则。在罗马法上，一事不再理原则包括经审判物抗辩效力和已决案抗辩效力，诉权消耗理论为解释一事不再理原则的理论根据。随着民事诉讼理论的演进与发展，民事实体法与诉讼法的分离，已决案抗辩代替诉权消耗理论成为解释一事不再理原则的根据。在德意志普通法末期，已决案抗辩的概念演变为既判力，从而既判力作为解释一事不再理的理论根据得以明确。[1] 而经审判物抗辩效力从一事不再理中分离出来，并被诉讼系属抗辩所替代。后来诉讼系属抗辩被大陆法系国家承继和发展，如现代德国民事诉讼上有诉讼系属抗辩制度，日本民事诉讼上则发展成为禁止重复起诉制度或禁止重复起诉原则。

禁止重复起诉是大陆法系民事诉讼上用来说明诉讼系属效果的一个重要概念。日本学者新堂幸司教授这样评价禁止重复起诉在诉讼系属中的地位，以诉讼系属为前提，可以进行诉讼参加或诉讼告知，也产生相关联请求的裁判籍，在这其中，禁止重复起诉的效果尤为重要。[2] 大陆法系民事诉讼理论上对禁止重复起诉有较深入的研究，并形成了一套较为完整的理论体系，而且，民事诉讼立法上关于禁止重复起诉有较为系统的规定。在德国，民事诉讼理论上将“已经发生诉讼系属的请求权在相同当事人之间不能再次同时向法院起诉”称之为“诉讼系属抗辩”，[3] 还有学者使用“不曾诉讼系属”的称谓。[4] 其具体是指，如果相同当事人之间同样的“争议案件”已经在法院实施过，则不允许当事人在另一法院重新起诉，即使忽略并列程序引起的不必要的时间和费用的花费不计，也必须阻止不同法院对同一“争议案件”作出相互矛盾裁判这一可能性的发生。[5] 对此，《德国民事诉讼法》第 261 条规定，在诉

---

[1] 张卫平：“重复诉讼规制研究：兼论‘一事不再理’”，载《中国法学》，2015 年第 2 期。

[2] 【日】新堂幸司：《新民事诉讼法》，林剑锋译，法律出版社 2008 年版，第 161 页。

[3] 参见【德】罗森贝克、施瓦布、戈特瓦尔德：《德国民事诉讼法》（下册），李大雪译，中国法制出版社 2007 年版，第 717 页；【德】奥马特・尧厄希尼：《民事诉讼法》，周翠译，法律出版社 2003 年版，第 221 页。

[4] 【德】汉斯-约阿希姆・穆泽拉克：《德国民事诉讼法基础教程》，周翠译，中国政法大学出版社 2005 年版，第 77 页。

[5] 参见【德】罗森贝克、施瓦布、戈特瓦尔德：《德国民事诉讼法》（下册），李大雪译，中国法制出版社 2007 年版，第 717 页；【德】奥马特・尧厄希尼：《民事诉讼法》，周翠译，法律出版社 2003 年版，第 221 页；【德】汉斯-约阿希姆・穆泽拉克：《德国民事诉讼法基础教程》，周翠译，中国政法大学出版社 2005 年版，第 77 页。

讼系属期间，当事人双方都不能使该诉讼案件另行发生系属关系。[1] 在法国，民事诉讼理论上称之为“管辖竞合抗辩”，管辖竞合抗辩属于程序抗辩的一种类型，皆在促使诉讼程序被宣告不合规或者已归消灭，或者中止诉讼程序的抗辩。[2] 其具体是指，如果有管辖权的两个司法机构级别相同，那么先受理案件的司法机构就取得对该案件的管辖权。依照《法国新民事诉讼法典》第100条规定，当事人（一般情况下是被告）可以提出适用管辖权竞合规则的主张。此外，后受理案件的司法机构也可以依职权适用管辖权竞合规则。[3] 在日本，根据《日本民事诉讼法》第142条规定，当事人不得对已诉讼系属的同一案件再次向法院起诉。[4] 民事诉讼理论上称之为“禁止二重起诉原则”或“禁止重复起诉原则”。[5] 尽管上述大陆法系主要国家民事诉讼上关于禁止重复起诉的称谓存在差异，但在内涵上都有着大体统一的规定，即当事人不得就已诉讼系属中的案件重复起诉。

关于禁止重复起诉制度的具体内容，大陆法系主要国家民事诉讼上有着完备的体系规定。首先，在识别重复起诉的标准方面，传统民事诉讼上主张以诉的要素为识别前后诉是否为重复起诉的标准，即如果前后诉中的当事人相同、诉讼标的相同，则前后诉具有同一性的问题。具体而言，首先，诉讼当事人相同是指第二个诉讼的当事人双方必须承认第一个诉讼作出的判决的既判力针对他们，这里的当事人既包括对立的双方当事人，也包括受前诉判决既判力扩张之第三人。[6] 其次，两个诉讼的诉讼标的必须是相同的，对于诉讼标的的具体指涉，德国民事诉讼上采行新诉讼标的的二分肢说，即以诉之

---

[1] 【德】罗森贝克、施瓦布、戈特瓦尔德：《德国民事诉讼法》（下册），李大雪译，中国法制出版社2007年版，第717页。

[2] 【法】罗伊克·卡迪耶：《法国民事司法》，杨艺宁译，中国政法大学出版社2004年版，第359页。

[3] 【法】罗伊克·卡迪耶：《法国民事司法》，杨艺宁译，中国政法大学出版社2004年版，第261页。

[4] 《日本新民事诉讼法》，白绿铉译，中国法制出版社2000年版，第69页。

[5] 参见【日】高桥宏志：《民事诉讼法——制度与理论的深层次分析》，林剑锋译，法律出版社2003年版，第103页；【日】新堂幸司：《新民事诉讼法》，林剑锋译，法律出版社2008年版，第162页。

[6] 参见【德】罗森贝克、施瓦布、戈特瓦尔德：《德国民事诉讼法》（下册），李大雪译，中国法制出版社2007年版，第717-718页；【德】奥马特·尧厄希尼：《民事诉讼法》，周翠译，法律出版社2003年版，第221-222页；【日】新堂幸司：《新民事诉讼法》，林剑锋译，法律出版社2008年版，第162-163页；【日】高桥宏志：《民事诉讼法——制度与理论的深层次分析》，林剑锋译，法律出版社2003年版，第107-108页。

声明和案件事实作为界定诉讼标的的基准。❶ 日本民事诉讼实务上采行旧诉讼标的论，即以当事人争议的实体法律关系或请求权作为界定诉讼标的的基准。❷ 为对实践上的重复起诉问题形成有效规制，现代民事诉讼上认为应扩大禁止重复起诉规则的适用范围，主张突破诉的要素标准，将禁止重复起诉旨趣也作为识别重复起诉的标准。亦即尽管前后诉的要素不同，但前后诉有相同的案件事实，如果法院对该相同案件事实重复审理会造成被告反复应诉的负担，法院司法资源的浪费，进而可能发生矛盾裁判的危险，那么前后诉也构成重复起诉。如日本民事诉讼上认为如果前后诉的主要争点共通或请求基础事实相同，那么前后诉就属于重复起诉。❸ 德国民事诉讼上为对重复起诉有效的规制，主要是通过扩张诉讼标的范围的方式来扩大禁止重复起诉规则的适用范围。即虽然德国法院主要以二分肢诉讼标的概念为准，然而，也存在司法判例取而代之采用广泛熟悉的生活案件事实的领域，比如，联邦最高法院合理地认为，要求增加或者减少抚养费的两个相互对立的变更之诉具有同一诉讼标的。❹ 在规制重复起诉的措施方面，如果前后诉违反诉的要素的识别标准，那么，不论前诉系属于哪个法院，后诉都会遭到法院的驳回；如果前后诉违反禁止重复起诉旨趣的标准，为实现纠纷的一次性根本解决，法官应促使当事人提起“诉之变更、追加或提起反诉”这样的“诉讼内之诉”，从而使相关请求合并于同一程序内解决。因而，规制重复起诉的措施包括“不能再度提起诉讼”与“尽管可以进行诉的追加性变更或提起反诉，但不能另行提起诉讼”的两种情形。❺

（三）国内研究的现状

关于禁止重复起诉的研究，早期民事诉讼法学者一般将其归为一事不再

❶ 【德】罗森贝克、施瓦布、戈特瓦尔德：《德国民事诉讼法》（下册），李大雪译，中国法制出版社2007年版，第671页。

❷ 参见【日】新堂幸司：《新民事诉讼法》，林剑锋译，法律出版社2008年版，第162页；【日】高桥宏志：《民事诉讼法——制度与理论的深层次分析》，林剑锋译，法律出版社2003年版，第109页。

❸ 参见【日】新堂幸司：《新民事诉讼法》，林剑锋译，法律出版社2008年版，第163-164页；【日】高桥宏志：《民事诉讼法——制度与理论的深层次分析》，林剑锋译，法律出版社2003年版，第113页。

❹ 【德】罗森贝克、施瓦布、戈特瓦尔德：《德国民事诉讼法》（下册），李大雪译，中国法制出版社2007年版，第673页。

❺ 【日】高桥宏志：《民事诉讼法——制度与理论的深层次分析》，林剑锋译，法律出版社2003年版，第104页。

理原则的内容来展开的。在这些研究中，学者主张一事不再理的效力包括两个方面的内容，一是诉讼系属抗辩效力，即不允许当事人就已诉讼系属的案件再行起诉；二是既判力的消极作用，即不允许当事人对已判决的案件另行起诉。❶ 那么，诉讼系属抗辩效力属于一事不再理原则的一个方面，其与既判力的消极作用并列地统归于一事不再理原则之下。❷ 在此背景下，并没有将诉讼系属抗辩效力作为一个独立的诉讼法概念，因而，不论是民事诉讼立法上还是民事诉讼理论上很少将诉讼系属抗辩效力作为一个专门的问题拿出来探讨；更少有关于诉讼系属抗辩效力问题的系统理论研究，从而诉讼系属抗辩效力的价值与功能没有在民事诉讼上得到太多的关注和体现。

国内学者中较早意识到诉讼系属抗辩效力具有独立价值的是袁秀挺博士，其在 2007 年发表的题为《民事诉讼一事不再理原则新论》一文中指出，在本原意义上，一事不再理有诉讼系属抗辩效力和既判力消极作用两个方面的效力，但随着现代民事诉讼理论的精细化发展，诉讼系属抗辩效力后来发展为禁止重复起诉理论，既判力的消极作用发展完善为既判力理论。而且，禁止重复起诉和既判力各自发展成为专门理论，难以将二者容纳于一事不再理之框架内。❸ 这是国内学界中较早明确提出将诉讼系属抗辩效力从一事不再理原则中独立出来，并在概念上将其称为禁止重复起诉。不过，该文只是在概念界定上对禁止重复起诉、既判力与一事不再理进行了区分，并没有对禁止重复起诉的具体内容展开讨论。国内学者中专门以禁止重复起诉为题的研究，是柯阳友老师于 2013 年发表的题为《也论民事诉讼中的禁止重复起诉》一文。该文对禁止重复起诉的内涵进行了界定，即其是指禁止当事人对已诉讼系属的案件重复起诉。如果当事人就同一事件另行起诉，法院则裁定驳回。❹ 该文分别从识别重复起诉的标准、禁止重复起诉的效果方面对禁止重复起诉进行了研究。从当时的研究成果来看，学界已认识到禁止重复起诉属于诉讼系属抗辩效力层面的问题，这与大陆法系民事诉讼上关于禁止重复起诉内涵的界定是一致的。不过，当时关于禁止重复起诉具体内容的研究还处在一种

---

❶ 常怡：《民事诉讼法学研究》，法律出版社 2010 年版，第 201 页。

❷ 参见邵明：《现代民事诉讼基础理论：以现代正当程序和现代诉讼观为研究视角》，法律出版社 2011 年版，第 224 页；肖建国：《民事诉讼程序价值论》，中国人民大学出版社 2005 年版，第 570 页；何文燕、廖永安：《民事诉讼法学专论》，湘潭大学出版社 2011 年版，第 126 页；王福华：《民事诉讼法学》，清华大学出版社 2012 年版，第 351 页；宋春雨：“论民事诉讼一事不再理原则”，2009 年中国政法大学博士毕业论文。

❸ 袁秀挺：“民事诉讼一事不再理原则新论”，载《法治论丛》，2007 年第 5 期。

❹ 柯阳友：“也论民事诉讼中的禁止重复起诉”，载《法学评论》，2013 年第 5 期。

探索发展阶段。

直到2015年《民诉法司法解释》施行前后，关于禁止重复起诉的研究逐渐成为一个学术"热点"，以"禁止重复起诉"为题的研究成果也得以发表。通过这一阶段的论述，学界关于禁止重复起诉的认识更加全面和深刻，这也让国内对禁止重复起诉的研究水准相比以前有了较大推进。在这其中，段文波老师2014年发表的题为《日本重复起诉禁止原则及其类型化析解》的论文在比较借鉴日本诉讼民事禁止重复起诉的理论基础上，分析了禁止重复起诉的内涵、识别标准及规制措施，并对完善我国禁止重复起诉规则提出了建议。❶ 张卫平老师2015年发表的题为《重复诉讼规制研究：兼论"一事不再理"》的论文对禁止重复起诉进行了系统的理论研究，该文开篇明确指出禁止重复起诉是指当前诉在诉讼系属中，禁止当事人提起与前诉相同的后诉。若前诉已经被法院作出确定判决，那么前诉和后诉的关系就属于以判决既判力作为研究的理论问题。在此基础上，该文对重复起诉的判定标准、规制重复起诉措施进行了说明，并对禁止重复起诉规则在特殊案件类型中的适用进行了分析。❷ 学者卜元石2017年发表的题为《重复诉讼禁止及其在知识产权民事纠纷的应用》的论文将禁止重复起诉问题引向了深入研究。该文在对《民诉法司法解释》第247条解析的基础上，将禁止重复起诉规则具体运用到了知识产权民事诉讼纠纷的领域。此外，还有学者夏璇2016年发表的题为《论民事重复起诉的识别及规制》的论文。上述关于禁止重复起诉的理论研究成果，有的具体结合《民诉法司法解释》第247条的规定，分别从禁止重复起诉的效力范围、识别标准及规制措施等方面展开系统的研究，显然这已经涉及了这一理论的某些复杂面相。有的对禁止重复起诉在我国民事司法实践中经常遇到的理论问题进行了尝试回答，这表明，关于禁止重复起诉的研究已经从基础理论的研究转向到了解决民事司法实践中的具体问题上来。尽管上述研究成果将我国关于禁止重复起诉的理论研究推向了一个新的层次，但这些研究仍局限于理论上对域外禁止重复起诉制度的梳理与借鉴，将域外制度和理论与我国司法实践情况结合起来的研究并不多见。而且，对禁止重复起诉内容的系统研究还有待深入，尤其是对关于禁止重复起诉的核心问题的识别重复起诉的标准及规制重复起诉的措施的研究仍须继续丰富和深化。

我国台湾地区"民事诉讼法"上有关于禁止重复起诉制度的系统规定，"民事诉讼法"第253条规定，就同一事件提起前诉，前诉讼尚在诉讼系属又

---

❶ 段文波："日本重复起诉禁止原则及其类型化解析"，载《比较法研究》，2014年第5期。

❷ 张卫平："重复起诉规制研究：兼论'一事不再理'"，载《中国法学》，2015年第2期。

提起后诉讼，后诉讼即不合法，应以裁定予以驳回。有学者将该条称为是关于“二重起诉禁止的原则”或“重复起诉禁止的原则”的规定。[1] 为达成民事诉讼法要求的集中审理的主要目标，及贯彻扩大诉讼制度解纷功能的目标，在识别重复起诉的标准方面，除以传统上的诉的要素标准识别前后诉的同一性，现行“民事诉讼法”规定如果前后诉的请求的基础事实同一，则前后诉也应认为构成重复起诉，从而扩大了禁止重复起诉规制的适用范围。在规制重复起诉的措施方面，除对前后相同内容的诉以驳回后诉起诉的方式外，为避免当事人就同一诉讼资料另行起诉，而浪费法院及当事人的劳力、时间、费用，现行民事诉讼法放宽了诉之变更、追加及反诉的规定，即如果前后诉的请求基础事实相同，且前诉尚在诉讼系属之中，当事人须在已系属的程序内为诉之变更、追加或提起反诉，以使相关请求合并于前诉程序内一并解决，而不得另行提起后诉。[2] 可以说，我国台湾地区民事诉讼上关于禁止重复起诉有体系化的立法规定和相对成熟的理论研究成果。

三、研究的内容

在研究禁止重复起诉时，首先要确定的是禁止重复起诉的内涵，大陆法系民事诉讼上对禁止重复起诉的内涵有着大体上统一的界定，而我国民事诉讼上关于禁止重复起诉的内涵尚存争论，学界多数学说认为禁止重复起诉是指禁止当事人就已诉讼系属中的案件再行起诉。而也有学者认为，根据我国的司法实践情况，禁止重复起诉也可将诉讼系属抗辩效力与既判力消极作用两种意义的重复起诉合二为一规定。事实上，尽管禁止重复起诉、一事不再理与既判力都有禁止当事人就同一事项重复起诉的制度功能，但它们在效力范围、法理依据、价值功能及规制措施等方面都存有差异。在认识上述概念及其关系时，我们必须着眼于制度的历史演变轨迹及其理论根据，厘清它们各自的价值与功能，否则，很容易在适用上造成对这些概念的混同。一事不再理在罗马诉讼法上包括经审判物抗辩与已决案抗辩的两种效力，即包含现代法意义上的诉讼系属抗辩效力与既判力的消极作用。后来随着诉讼理论的演进与发展，既判力的消极作用替代诉权消耗理论成为解释一事不再理的理论根据，即一事不再理是指禁止当事人就已判决的事项再次起诉。而诉讼系

---

[1] 邱联恭：《口述民事诉讼法讲义》（二），许士宦整理，2012 年笔记版，第 41 页。

[2] 参见陈荣宗、林庆苗：《民事诉讼法》（中册），三民书局股份有限公司 2011 年版，第 385 页；邱联恭：《口述民事诉讼法讲义》（二），许士宦整理，2012 年笔记版，第 276 页；许士宦：《诉讼理论与审判实务》（第六卷），元照出版有限公司 2011 年版，第 183 页。

属抗辩从一事不再理中分离出来，具体是指禁止当事人就已诉讼系属的事项再次起诉。在现代民事诉讼上，有的国家承继了诉讼系属抗辩制度，有的国家民事诉讼上将其发展为禁止重复起诉制度或禁止重复起诉原则。由此，禁止重复起诉、既判力与一事不再理在不同的历史演进时期都有着各自的内涵与外延。

其次，禁止重复起诉的核心问题是对重复起诉的判定，即前后诉是否为同一性的问题。关于识别重复起诉的标准，民事诉讼上存有两种不同的路径，传统民事诉讼上以诉的要素为标准识别前后诉是否具有同一性，大陆法系民事诉讼通说采行“两要素说”，即以当事人之同一及诉讼标的之同一双面的考虑为标准。其中当事人的同一是构成重复起诉的主体要件，这里的当事人相同不仅包括诉讼当事人，还包括受既判力扩张之人。诉讼标的之同一是重复起诉的客观方面，是识别重复起诉的重要标准。关于诉讼标的，理论上有新旧诉讼标的理论的学说，从而，法官可能因采用不同的学说而对禁止重复起诉的客观范围有不同的论断。为对实践上的重复起诉问题形成有效规制，克服诉的要素的识别标准的局限，现代民事诉讼上兴起了以禁止重复起诉旨趣为标准来判定前后两诉是否构成重复起诉，即如果前后诉基于相同的基础事实，后诉的提起将增加被告应诉的麻烦及法院审理的负担，进而有发生相互矛盾的判决，也应认为前后诉构成重复起诉。这主要表现为，超越“诉讼标的是否相同作为判断标准”的认识层面，而转向“请求基础相同时，禁止另行起诉及进行强制合并”方面的研究上来。❶ 民事司法实践上还存在着一些有关重复起诉的特殊案件类型，对这些重复起诉案件的规制还存在着理论上的难题，因而这就需要结合禁止重复起诉规则的立法旨趣进行深入的理论分析。

再次，为对实践上的重复起诉问题形成有效的规制，那么规制重复起诉的措施也是必须关注的问题。依照诉的要素的识别标准，如果前后诉在内容上相同，那么后诉将因不适法被驳回。依照禁止重复起诉旨趣的识别标准，尽管前后诉的诉的要素不同，但前后诉的主要争点共通或请求基础事实相同，也应认为构成重复起诉。不过，对此种重复起诉情形的处理，则应区分为前诉在诉讼系属中和判决确定后的两种情形。如果前诉判决确定后，且当事人在前诉中已对请求的基础事实进行了充分的攻击防御，那么，为避免后诉违反禁止重复起诉旨趣，应对后诉裁定不予受理或驳回起诉。如果前诉尚在诉讼系属中，那么，此种情形下的前后诉均具有诉的利益，为扩大诉讼制度解

❶ 【日】高桥宏志：《民事诉讼法——制度与理论的深层次分析》，林剑锋译，法律出版社 2003 年版，第 51 页。

纷的功能，达成诉讼经济的目标，法官应促使当事人就后诉请求提起诉讼内之诉，从而实现纠纷一次根本解决的诉讼理念。

禁止重复起诉具有维护对方当事人程序利益，实现诉讼经济及避免矛盾判决的价值与功能，未来我国民事诉讼立法上需要引入民事诉讼禁止重复起诉制度，借此使禁止重复起诉规则在司法实践上更加通畅地运行。需要注意的是，禁止重复起诉规则在实际运行中存在着实现纠纷一次性解决与对当事人程序保障之间不相协调的一面，因而在追求实现纠纷一次性解决的同时，应完善实施禁止重复起诉制度的配套措施，以加强对程序主体的程序权利保障。

四、研究的方法

本书采用的研究方法包括：历史研究方法、比较研究方法、实证研究方法及其他研究方法。

历史研究方法，任何法律制度的建立都要遵循历史演进的轨迹，对制度的历史渊源考察既能展现禁止重复起诉的历史演变过程，也可探寻到制度变化背后的社会因素，从而能全面认识并完整呈现民事诉讼禁止重复起诉制度的发展全貌。

比较研究方法，大陆法系民事诉讼上关于禁止重复起诉有较为成熟的理论和体系化的立法，通过对其关于禁止重复起诉的理论和立法的考察，从中探讨其制度设计的合理性，提炼出能对我国禁止重复起诉制度设计有益的法律经验。

实证研究方法，建立法律制度的根本目的是解决司法实践中的问题，坚持从实践中来到实践中去是解决重复起诉问题的科学方法。禁止重复起诉的旨趣是通过法官对个案的处理来实现的，那么，对法官在司法实践中识别和规制重复起诉的路径进行考察，能为解决我国实践中的重复起诉问题提供感官素材。

关于禁止重复起诉的问题，其他研究方法涉及诉讼经济与程序保障的价值权衡，运用法理学中的价值分析研究方法，调和诉讼经济与程序保障两种诉讼理念的冲突。归纳演绎方法在本书的研究中也得到广泛地运用，通过归纳识别重复起诉标准的优劣和法官对识别重复起诉要件的具体适用情形，从而为把握禁止重复起诉问题提供实践上的经验。此外，通过文本分析方法对现有关于民事诉讼禁止重复起诉的研究成果分析，检视禁止重复起诉的研究现状，分析其中存在的不足，并指明禁止重复起诉的未来发展方向。

第一章
民事诉讼禁止重复起诉概述

一、禁止重复起诉的历史演变

（一）禁止重复起诉的起源

现代大陆法系民事诉讼上的禁止重复起诉可追溯于罗马法上的一事不再理原则，一事不再理原则来自拉丁文短语 bis de eadem ne sit action（对同一案件不得提起两次诉讼）。该原则的精神被盖尤斯作出这样的解释："良好信义不允许同一东西被人要求两次"，它在罗马诉讼法中有着最充分的体现。[1] 在罗马法的发展沿革中，民事诉讼程序可区分为三种类型，即：法律诉讼、程式诉讼和非常诉讼。前两者，法律诉讼和程式诉讼有着一个共同的一般特点，那就是把诉讼分为"法律审"和"事实审"的先后两个阶段，"法律审"在一名公共官员即执法官面前进行，主要是确定争议的事项和请求的范围；"事实审"在审判员面前进行，主要是对有关争议事项和请求作出裁决。[2] 同时在法律审和事实审之间设有承上启下的"争讼程序"，这使得诉讼的各个阶段对于争议的解决具有特定的法律意义。

一事不再理原则同罗马民事诉讼程序中的争讼程序有关，争讼程序是一个决定性的时刻，它标志着法律审的完结并构成一种要式行为，由此诉讼才因当事人意思达成一致而真正开始。也就是说，此时，案件发生诉讼系属，当事人相互均受约束，就像遵守契约一样。这意味着，从那时起，诉权"当然地"告终，当事人不能就已经纳入审判或已经判决的问题向执法官再次提出诉讼请求，如果一方当事人不顾在争讼程序中达成的协议而就同一事再次提起诉讼，对方当事人可以提出"经审判物抗辩"或"已决案抗辩"，要求

[1] 黄风：《罗马私法导论》，中国政法大学出版社 2003 年版，第 66 页。

[2] 巢志雄：《"诉"论》，载《当代法学》，2011 年第 3 期。

执法官驳回其诉讼请求。[1] 由此，在罗马诉讼法上，一事不再理原则同争讼程序密切相关，其具体可表现为“经审判物抗辩”和“已决案抗辩”的两种效力。

1. 经审判物抗辩的效力

当然地禁止一事两诉（de aedemre），盖尤斯把这一规则的起源同法律诉讼联系起来，这一规则同实体法即债的消灭联系得更紧。[2] 在法律诉讼时期，民事诉讼就已经出现了法律审和事实审的阶段划分。[3] 当纠纷诉诸诉讼解决时，诉讼当事人应当来到执法官面前（即在“法律审”中），向他陈述争议的事由及相互的要求，即先由原告依法定的方式向对方简扼地讲明自己的要求，若被告承认原告请求，执法官作成的书状将成为执行的依据；若被告否认原告陈述的事实或涉及的权利，那么，执法官在确认原告请求的事项合法的前提下，令双方选定承审员并加以委任。在这种法律诉讼的典型实例中，原告先主张自己的债权并且要求被告或者加以确认或者予以否认；如果被告否认，原告则宣布：“既然你否认，我要求执法官指派一名审判员或仲裁人。”[4] 由此，在法律诉讼的程序中，争讼程序表现为双方当事人的正式表态（是否有见证人在场尚有疑问），即他们就争议问题宣誓服从选定的审判员的裁决，[5] 从而当事人双方就所争议的问题达成交由审判员审判的协议。在此情形下，争讼程序的法律效力表现为发生更新债权的作用（物权则否），即消灭原告原有的权利而代之法律审理中所确定的权利。由此，当事人间的诉讼确定成立，随后在法律上就不能对已经起诉的同一事再行提起诉讼。如果当事人就同一事再行起诉，执法官则拒绝授予诉权。不过，在法律诉讼时期，诉讼上还没有使用经审判物抗辩，“因抗辩”的债的消灭原因产生于程式诉讼时期。[6]

法律诉讼是依罗马市民法规定提起的诉讼，市民法下只有罗马公民才能得到法律保护，而异邦人不能直接地提起法律诉讼。当罗马人与异邦人之间的争议必须在罗马解决时，在诉讼领域发展起来了一种特殊的诉讼制度，即程式诉讼。人们普遍认为，程式诉讼最初主要是为专门处理异邦人相互之间

---

[1] 黄风：《罗马私法导论》，中国政法大学出版社 2003 年版，第 67 页。

[2] 【意】彼德罗·彭梵得：《罗马法教科书》，黄风译，中国政法大学出版社 2005 年版，第 75-76 页。

[3] 【意】朱塞佩·格罗索：《罗马法史》，黄风译，中国政法大学出版社 2009 年版，第 94 页。

[4] 【意】朱塞佩·格罗索：《罗马法史》，黄风译，中国政法大学出版社 2009 年版，第 95 页。

[5] 【意】彼德罗·彭梵得：《罗马法教科书》，黄风译，中国政法大学出版社 2005 年版，第 75 页。

[6] 【意】彼德罗·彭梵得：《罗马法教科书》，黄风译，中国政法大学出版社 2005 年版，第 242 页。

或者其与罗马人的争议而启用的，且程式诉讼在相当长的时间内是作为对法律诉讼的补充而与其并存的。[1] 奥古斯都执政后，于公元前 17 年，相继制定《优利亚私诉法》和《优利亚公诉法》，从此，程式诉讼变为了法定诉讼程序，并且取得了那种据以维护市民法诉权的法律诉讼所具有的法律效力。[2] 在法律诉讼中已经出现的“法律审”和“裁判审”划分，在程式诉讼中被强制性地确定下来，并且明确了各自的任务以及相互关系，同时在它们之间正式设立了承上启下的“争讼程序”。[3]

在程式诉讼的法律审理中，原被告双方当事人在开庭日到场，先由原告在法官面前陈述起诉意见，请求法官制定程式。如果被告认为无胜诉的希望而承认原告的请求，或默而不言，或为不适当的防御，原告即胜诉，并随后即可执行。若被告进行争议，或直接否认原告的主张，或提出抗辩以驳回原告的请求，进而开启争讼程序。在争讼程序开始时，执法官先为当事人指定审判员。随后原告具体地说明需要提交审判员裁决的问题，也就是说，对有关争议的范围作出明确界定，被告也对此作出确认。这意味着原告和被告就所争议的问题达成协议，即按照一定的程式提交审判并且服从该审判的结论。而且，该协议一旦达成，就再不能进行修改。[4] 随着关于将特定争议提交审判的协议的达成，执法官向选定的审判员发布“授权审判令”，并且为随后的审判发布相应的书面“程式”。尤其当涉及异邦人时，当必须适用诚信规则时，以下做法似乎是相当自然的：一旦在执法官面前确定下来诉讼的理由，人们就应当把它固定在一个计划当中，这个计划通常是书面的，是专供审判员使用的。[5] 程式中简要地列举被请求的权利和所涉及的事实，命令审判员：如果这些事实是真的，就处罚被告，否则就开释被告。[6] 程式先交由原告，由原告向被告朗读，经双方接受，此时，诉讼即正式成立，当事人必须接受审判，也意味着，在执法官面前进行的法律审以“争讼程序”而告终。[7] 因此，争讼程序使得争议的解决具有重新缔结私人契约的特点，具有完全消灭以前曾存在于当事人之间的关系即债的效力，并产生一种新的契约关系。因而，经过争讼程序，原告嗣后不能就已经纳入审判的问题向执法官再次提出诉讼

---

[1] 黄风：《罗马私法导论》，中国政法大学出版社 2003 年版，第 50 页。

[2] 周枏：《罗马法原论》（下册），商务印书馆 2014 年版，第 961 页。

[3] 黄风：《罗马私法导论》，中国政法大学出版社 2003 年版，第 67 页。

[4] 黄风：《罗马私法导论》，中国政法大学出版社 2003 年版，第 53 页。

[5] 【意】朱塞佩·格罗索：《罗马法史》，黄风译，中国政法大学出版社 2009 年版，第 183 页。

[6] 【意】彼德罗·彭梵得：《罗马法教科书》，黄风译，中国政法大学出版社 2005 年版，第 72 页。

[7] 马丁：“罗马法上的‘诉’：构造、意义与演变”，载《中外法学》，2013 年第 3 期。

请求，即使审判员对该问题尚未作出判决。[1] 如果一方当事人不顾在争讼程序中达成的协议而就同一事项再次提起诉讼，对方当事人可以提出“经审判物抗辩”，要求执法官驳回其诉讼请求。

2. 已决案抗辩的效力

在罗马法上，判决为事实审理的终点，和“争讼程序”为法律审的终点一样，判决以后，承审员就公开宣读判决，于是其任务即行完毕。判决除发生执行效力外，还发生“已决案”的效力。[2] 一事不再理原则同“已决案”的概念密切相关，根据莫德斯丁的解释，“那些以审判员的判决使争议结束的情况叫作已决案”。乌尔比安说：“已决案被视为真理”，是不能随意推翻的。因此，如果在相同当事人之间发生的同一问题已经获得了司法裁决，对于重新向司法机关提出此问题的人，对方当事人有权提出“已决案抗辩”[3]。

事实审理随着争讼程序的结束而开始，双方当事人按照约定的时间向由执法官指定的承审员出庭。承审员针对当事人在争讼程序中确定的争议事项和范围进行事实审理，主要是通过听取证据，审查事实，在审结完毕后即当众宣判结果。判决一经作出，该案件的诉权将因争点决定而被消耗，此后不得再依同一诉权提起诉讼，因此已决案为不得再行起诉的障碍。质言之，已决案效力渊源于争讼程序，即一个诉权已经行使后就发生消耗，从而不得再行使第二次。这一规定，虽可制止原告的好讼，但仍不能使已判决的案件不再重开讼争。因为胜诉的原告能够被诉，这是由于被告还没有行使诉权，故争讼程序并不消灭其权利。所以，被告仍可再行起诉，控告胜诉的原告。此时唯一补救的办法，只有大法官拒绝授予程式。公元 2 世纪，法学家为此在诉权消耗理论的基础上发展成已决案件抗辩理论。[4] 根据已决案抗辩的效力，当判决作出以后，原告就获得了一个新的权利，针对被告不履行义务的行为，原告可以提出“已决案之诉”，要求强制执行。若原告对已经判决的争议，再提出诉讼请求时，被告也可采用已决案抗辩，请求执法官驳回其请求。[5]

需要注意的是，在程式诉讼时期，事实审理有法定审判和依权审判的区分。被用来取代法律诉讼的法定审判是在罗马城内或者在罗马城外一哩范围以内进行的，其当事人均为罗马市民并且由独任审判员主持的审判。在罗马

[1] 【意】彼德罗·彭梵得：《罗马法教科书》，黄风译，中国政法大学出版社 2005 年版，第 76 页。
[2] 周枏：《罗马法原论》（下册），商务印书馆 2014 年版，第 987 页。
[3] 黄风：《罗马私法导论》，中国政法大学出版社 2003 年版，第 67 页。
[4] 周枏：《罗马法原论》（下册），商务印书馆 2014 年版，第 987 页。
[5] 费安玲主编：《罗马私法学》，中国政法大学出版社 2009 年版，第 146 页。

城外一哩范围以外进行的，其当事人为罗马市民或者异邦人并且由仲裁官主持的或由独任审判员主持的审判是依权审判。这里之所以被称为依权审判，是因为对异邦人的司法保护具有守信义的特点，在那里执法官把“诚信”视为具有约束力的标准，从而治权发挥着重要作用。[1] 因为程式诉讼程序中的事实审理存在着法定审判和依权审判的区分，债的消灭原因也区分为“当然”消灭和“因抗辩”消灭。[2] 具体而言，如果所提起审判与治权有关，即在依权审判中，无论是对物之诉还是对人之诉，无论有关程式涉及的是事实还是包含权利要求，随后在法律上仍然可能就同一事再提起诉讼。若当事人在其后就同一事再提起诉讼，对方当事人可依已决案抗辩请求执法官驳回起诉，此际，已决案抗辩是依权审判消灭的原因。[3] 如果进行的法定审判是对人之诉，并且有关程式涉及市民法的权利要求，争讼程序发生当然消灭原诉权的效力，随后当事人在法律上不能就同一事再提起诉讼。盖尤斯在论述因争讼程序发生债的消灭原因时特别提到，如果我已经在法定审判中就债务提出了要求，在此之后我当然地不能采取行动，我不能再要求说：“你应当向我给付”，因为，给付的义务随着争讼程序的开始而当然地终止。嗣后，当事人不得就纳入审判的问题再向执法官提出诉讼请求。如果我接受的是依治权进行的审判，情况则是另一样；债仍然继续存在，因而，在此之后我在法律上仍有权采取行动，但是，我必定会因已决案抗辩或者经审判物抗辩而被驳回。[4] 因此，如果事实审是“法定审理”，则债的消灭效力具有绝对性；如果是“依权审理”，则债继续存在，但对方可提出已决案件的抗辩或经审判物抗辩，要求执法官驳回其诉讼请求。[5]

依上所述，在罗马法上的法律诉讼和程式诉讼时期，一事不再理同民事诉讼中的争讼程序有关，争讼程序完成不仅意味着法律审的结束，还意味着诉讼当事人已就争议的审判问题达成协议。这种协议对于当事人具有法律约束力，其使得曾存在于当事人之间的权利关系消灭，而代之以一种新的权利关系，从而当事人不得就已纳入审判的问题或已经判决的问题再行起诉。由此，争讼程序具有的阻止再诉效力构成了现代民事诉讼禁止重复起诉制度的雏形。直到非常诉讼时期，诉讼成为国家行使管理职能的活动，诉讼程序也不再区分为法律审和事实审的两个阶段，而是统一在法官的主持下进行。此

---

[1] 【意】朱塞佩·格罗索：《罗马法史》，黄风译，中国政法大学出版社 2009 年版，第 183 页。

[2] 【意】彼德罗·彭梵得：《罗马法教科书》，黄风译，中国政法大学出版社 2005 年版，第 242 页。

[3] 【古罗马】盖尤斯：《盖尤斯法学阶梯》，黄风译，中国政法大学出版社 2008 年版，第 247 页。

[4] 【古罗马】盖尤斯：《盖尤斯法学阶梯》，黄风译，中国政法大学出版社 2008 年版，第 192 页。

[5] 周枏：《罗马法原论》（下册），商务印书馆 2014 年版，第 988 页。

时，虽然“争讼程序”的名称被保留下来，但已经失去了在以往诉讼时期中所具有的债的消灭效力，即争讼程序不再具有表明诉讼成立时点的功能。[1] 而是表现为，在开庭时，原告提出各自的主张、理由和请求，它从原告发表陈述开始，随后由被告进行的答辩，即只有当审判员通过事实陈述开始听审案件时，才视为诉讼进入争讼程序。在这里，争讼程序实际上变成了诉讼进入审理阶段的标志。[2] 而诉讼成立的时点已提前至原告起诉时。[3] 在这个意义上，法律诉讼和程式诉讼时期的争讼程序的效力，部分被“起诉”取代，部分被“判决”取代。[4]

（二）禁止重复起诉的演变与发展

公元476年西罗马帝国灭亡，它标志着罗马法既失去了原来赖以存在的社会基础，也丧失了赖以实施的强制力保障。不过，从公元476年西罗马帝国灭亡到公元11世纪罗马法复兴这一时期，欧洲大陆国家对罗马法的研究也从未中断，罗马法的影响自始至终都不同程度地存在。罗马法的复兴开始于11世纪末，表现为以意大利的博伦那为中心地研究学习罗马法的历史现象。从12世纪初到13世纪中期，注释法学派汲取前人研究成果，汇订成《注释大全》。继注释法学之后，从13世纪到15世纪又有后期注释法学派，或称“评论法学派”，其一反前人引经据典的研究方法，而面向实际，注意理论与实践的有机联系，因而对罗马法实际上的复兴与传播产生了重大影响。[5] 其中，后期注释法学派用当时盛行的经院哲学对罗马法进行了解释，并给罗马法导入了一个体系。通过这一体系化规范使得诉向实体法化方向发展，从而开始主张诉讼法从中分离出来并独立存在。[6]

在诉讼法领域，罗马民事诉讼法在15世纪罗马法复兴后即成为德国、奥地利、法国等大陆法系国家现在的民事诉讼法的基础。[7] 其中，占据德意志民事诉讼主流的是“Romanisch-Kanonischen”诉讼教会法，即所谓的德意志普通民事诉讼法。17世纪在德意志兴起自然法思想，自然法学者对罗马法进行理论体系化的尝试。在这一体系化过程中，实体法与诉讼法（请求权和诉

---

[1] 黄风：《罗马法》，中国人民大学出版社2009年版，第40-41页。
[2] 黄风：《罗马私法导论》，中国政法大学出版社2003年版，第67页。
[3] 丁宝同：《民事判决既判力研究》，法律出版社2012年版，第59页。
[4] 齐云：“论罗马民事诉讼法上的证讼”，载《比较法研究》，2015年第2期。
[5] 江平、米健：《罗马法基础》，中国政法大学出版社2004年版，第30页。
[6] 江伟、邵明、陈刚：《民事诉权研究》，法律出版社2002年版，第65页。
[7] 陈荣宗、林庆苗：《民事诉讼法》，三民书局1996年版，第71页。

权）的体系性分离也急速地向前推进。[1] 在制度层面，随着18世纪地方国家权力的发展、审判权扩大而形成的独立诉讼法典制定热潮更加促使实体法与诉讼法进行分离。在1781年，普鲁士的弗里德里希法典以及奥地利一般法院法作为最初的近代诉讼法典诞生了，在1793年，普鲁士普通法院法也出台了，进入19世纪后，多数州都制定了州诉讼法典。[2] 到了19世纪中叶，德意志统一的迹象开始出现，随之也要准备制定统一的诉讼法典，在诉讼法领域，1877年德意志制定了民事诉讼法。作为抽象性规范的体系化了的诉，专门作为实体法规范而被认识，并且随着其后社会的发展，内容不断得到增加，最终发展成了堪称理论性精致体系的1896年德意志民法典。这两部法典奠定了德意志民事法体系基础。在此民事法体系下，诉讼从实体法出发，并以争议法定权利存在与否的形式得以成立。这表明诉（诉权和请求权）已经完全解体了。[3]

随着罗马法上的诉权体系分离，民事诉讼法体系的发展和完善，罗马诉讼法上的一事不再理原则也得到了再生和发展，这时的一事不再理则成了单纯的诉讼法事项。在德意志普通法末期，已决案抗辩效力替代了罗马法上的诉权消耗理论，成为解释一事不再理的根据。即，正是基于已决案抗辩的效力，才发生针对后诉的一事不再理效果。[4] 换言之，此时的一事不再理在内涵上与罗马法上的已决案抗辩是等值的概念，即禁止当事人就已经判决的同一案件再行提起后诉。这里的已决案抗辩效力与现代民事诉讼理论中的既判力非常接近。由于已决案抗辩的效力成为解释一事不再理的根据，那么，罗马法上的经审判物抗辩效力也就从一事不再理中分离出来，并成为专门规制当事人就已诉讼系属的同一事件再行起诉的规范依据。

在德意志普通法末期，罗马法上的经审判物抗辩已为诉讼系属抗辩的概念所替代。如1877年《德国民事诉讼法》第247条出于保障被告应诉拒绝权的考虑设定了六种妨诉抗辩类别，诉讼系属抗辩是其中之一，[5] 其具体是指对已经发生诉讼系属的请求权在相同当事人之间不能再次同时向法院起诉，仍然提出的第二个诉讼作为不合法而驳回。在民事诉讼上，诉讼系属抗辩已被

---

[1] 参见【日】中村英郎："民事诉讼制度及其理论的法系考察——罗马法系民事诉讼和日耳曼法系民事诉讼"，陈刚、林剑锋译，http://www.doc88.com/p-779496411227.html，最后访问时间，2017年8月22日。

[2] 陈刚主编：《比较民事诉讼法》，中国人民大学出版社1999年版，第9页。

[3] 江伟、邵明、陈刚：《民事诉权研究》，法律出版社2002年版，第66页。

[4] 张卫平："重复诉讼规制研究：兼论'一事不再理'"，载《中国法学》，2015年第2期。

[5] 闫宾："民事诉讼要件论"，2012年西南政法大学博士学位论文。

现代大陆法系民事诉讼立法承继与发展，如根据《德国民事诉讼法》第 261 条第 3 款第 1 项："诉讼系属中该诉讼事件不能由任何当事人另使其系属。"❶类似的立法规定也出现在法国民事诉讼法中，《法国新民事诉讼法典》第 100 条规定："如同一争议系属于两个同级法院，如一方当事人提出请求，后受理案件的法院应当放弃管辖权，由另一法院管辖本案；当事人无此请求的，后受理案件的法院得依职权为之。"❷差不多相同的规定也出现在日本民事诉讼法中，《日本民事诉讼法》第 142 条规定，"对于正在法院系属中的案件，当事人不得重复提起诉讼"。❸我国台湾地区"民事诉讼法"也有类似的规定，"台湾民事诉讼法"第 253 条规定，"当事人不得就已起诉之事件，于诉讼系属中，更行起诉"。❹据此，大陆法系主要国家或地区民事诉讼立法上都有关于"禁止原告就已诉讼系属的同一案件，再度提起后诉"的规定。

依上所述，民事诉讼禁止重复起诉起源于罗马法上的一事不再理原则，一事不再理在罗马法上包括经审判物抗辩效力与已决案抗辩效力的两种效力，即包括现代法意义上的诉讼系属抗辩效力与既判力消极作用的两种意义的禁止重复起诉。在德意志普通法末期，随着诉权体系的分离，一事不再理的内涵演变为已决案抗辩效力，即现代法意义上的既判力的消极作用。与之相应的，罗马法上的经审判物抗辩效力被从一事不再理中分离出来，并在概念称谓上被诉讼系属抗辩替代，并为现代大陆法系主要国家或地区民事诉讼立法承继和发展。

二、禁止重复起诉的内涵及其与相关概念辨析

在民事诉讼理论上，禁止重复起诉起源于罗马法上的一事不再理原则。罗马法上以诉权消耗理论作为解释一事不再理的理论根据，即原告获得的诉权，经审判人审判，立即因消耗而发生消灭诉权的结果。❺罗马法上的"诉权"一词来源于诉（actio）的制度，在古罗马法中，实体法与诉讼法合一，诉权包含着现代法上的请求权和诉权的双重性质。❻那么，在实体法与程序法合二为一的体系下，诉权的消耗不仅发生程序法上的诉讼系属效果，也具有

❶【德】罗森贝克、施瓦布、戈特瓦尔德：《德国民事诉讼法》（下册），李大雪译，中国法制出版社 2007 年版，第 717 页。

❷《法国民事诉讼法典》（中文版），罗结珍译，中国法制出版社 1999 年版，第 24 页。

❸《日本新民事诉讼法》，白绿铉译，中国法制出版社 2000 年版，第 69 页。

❹邱联恭：《口述民事诉讼法讲义》（二），许士宦整理，2012 年笔记版，第 41 页。

❺陈荣宗、林庆苗：《民事诉讼法》（中册），三民书局股份有限公司 2011 年版，第 627 页。

❻江伟、邵明、陈刚：《民事诉权研究》，法律出版社 2002 年版，第 123 页。

实体法上的权利变更的功能。这具体可表现为，一事不再理原则包括经审判物抗辩效力（诉讼系属抗辩效力）与已决案效力（判决既判力）。不过，随着民事诉权体系中的实体法与程序法逐渐分离，罗马法上的一事不再理逐渐发展为单纯的诉讼法事项，并且，已决案抗辩成为解释一事不再理的根据。因而，禁止重复起诉、既判力与一事不再理的概念在不同的历史演进时期都有着各自的内涵和外延。在此意义上，如果我们不对这些概念的形成渊源进行考察，进而厘清相关概念之间的来龙去脉，就很容易忽略这些相关概念之间的差异，并在司法适用上造成对这些概念的混同。由此，准确地界定这些概念的内涵和外延，厘清它们之间的来龙去脉，是我们研究民事诉讼禁止重复起诉的基础。

（一）禁止重复起诉的内涵

禁止重复起诉同罗马法上的一事不再理相关，在德意志普通法时期，经审判物抗辩效力从一事不再理原则中分离出来，并被诉讼系属抗辩的概念替代使用。其后，诉讼系属抗辩被现代大陆法系民事诉讼承继和发展，有的国家民事诉讼仍沿用诉讼系属抗辩的概念，并发展为诉讼系属抗辩制度；有的国家民事诉讼上则将其发展为禁止重复起诉制度或禁止重复起诉原则。在德国民事诉讼上，有关禁止当事人对诉讼系属中的同一诉再行起诉，称为诉讼系属抗辩效力。在日本及我国台湾地区民事诉讼上，禁止重复诉讼是一个专门用来说明诉讼系属抗辩效力的重要概念。日本民事诉讼理论上对禁止原告就诉讼系属中的案件再行提起同一内容的后诉，称为“禁止二重起诉原则”。最近以来，基于日本新民事诉讼法作出的“禁止重复起诉”的规定，也常常将其称为“禁止重复诉讼的原则”。[1] 我国台湾地区民事诉讼理论上关于“禁止原告就已诉讼系属的同一事件再行起诉”的称谓大体上是沿用日本民事诉讼理论上的“禁止二重起诉原则”或“禁止重复起诉原则”的概念。比如，有学者认为“民事诉讼法”第253条所采二重起诉禁止的原则，又称重复起诉禁止的原则，亦即就同一事件提起前诉，前诉讼尚在诉讼系属又提起后诉讼，后诉讼即不合法，应以裁定予以驳回。[2] 由此，关于禁止重复起诉的内涵，日本及我国台湾地区民事诉讼理论上大体都有着统一的界定，即禁止当事人就诉讼系属中的同一事件再行提起后诉。

---

[1] 【日】高桥宏志：《民事诉讼法——制度与理论的深层次分析》，林剑锋译，法律出版社2003年版，第103页。

[2] 邱联恭：《口述民事诉讼法讲义》（二），许士宦整理，2012年笔记版，第41页。

我国民事诉讼理论上对禁止重复起诉内涵的理解并不统一，多数学者认为禁止重复起诉属于诉讼系属的效果，具体是指前诉尚处于诉讼系属中，禁止相同当事人就相同事件提起后诉。❶ 还有学者认为，鉴于我国民事诉讼立法上没有既判力制度，且司法实务者也未对既判力形成系统的理论体系，因而将重复起诉界定为前诉尚在诉讼系属中和前诉已经判决确定后的重复起诉更符合我国的实际。❷ 事实上，尽管诉讼系属抗辩效力与既判力消极作用的两种意义的禁止重复起诉都有禁止当事人对同一案件重复裁判的功能，而且在适用要件方面也存有相似之处，但二者在适用范围、制度旨趣等方面并不相同。具体言之，前者是以前诉的诉讼系属为前提，禁止当事人于前诉诉讼系属中再就同一事件提起后诉；而后者是以同一事件的前诉已有确定判决为前提，禁止当事人在前诉判决确定后再就同一事项提起后诉。在制度功能方面，前者具有禁止原告就前诉诉讼系属中的同一事件重复起诉的功能外，还有就有相同案件事实的前后诉实现纠纷一次根本解决，从而扩大诉讼制度解纷的功能。而既判力消极作用皆在谋求判决所确定的权利关系的安定，实现诉讼制度定分止争的功能。在此意义上，如果将两种意义上的禁止重复起诉同质化看待，二者将无法在司法实践上统一适用，并会在价值趋向上出现相互分离的现象。由此，根据前文对禁止重复起诉历史演进脉络的考察和理论体系严谨性的要求，应将诉讼系属抗辩效力与既判力消极作用的两种意义的禁止重复起诉分开规定。具体言之，将前者称为禁止重复起诉，即禁止重复起诉专指不允许当事人在前诉诉讼系属中再就同一事件提起后诉；而对当事人在判决确定后就同一事项再诉的情形划归为既判力消极作用的调整范围。

关于民事诉讼禁止重复起诉的立法或司法解释，《民诉法司法解释》第247条规定："当事人就已经提起诉讼的事项在诉讼过程中或者裁判生效后再次起诉，同时符合下列条件的，构成重复起诉：（一）后诉与前诉的当事人相同；（二）后诉与前诉的诉讼标的相同；（三）后诉与前诉的诉讼请求相同，或者后诉的诉讼请求实质上否定前诉裁判结果。当事人重复起诉的，裁定不予受理；已经受理的，裁定驳回起诉，但法律、司法解释另有规定的除外。"这是我国民事立法或司法解释上关于禁止重复起诉的规定，其具体是指禁止

---

❶ 参见张卫平："重复诉讼规制研究：兼论'一事不再理'"，载《中国法学》，2015年第2期；段文波："日本重复起诉禁止原则及其类型化解析"，载《比较法研究》，2014年第5期；柯阳友："也论民事诉讼中的禁止重复起诉"，载《法学评论》，2013年第5期；袁秀挺："民事诉讼一事不再理原则新论"，载《法治论丛》，2007年第5期；卜元石："重复诉讼禁止及其在知识产权民事纠纷中的应用"，载《法学研究》，2017年第3期。

❷ 夏璇："论民事重复起诉的识别及规制"，载《法律科学》，2016年第2期。

当事人在诉讼系属中或判决确定后对同一案件重复起诉，这也被司法实务者理解为是我国关于一事不再理原则的规定。关于行政诉讼重复起诉的立法或司法解释，我国2018年颁布的《最高人民法院关于适用〈中华人民共和国行政诉讼法〉的解释》第106条规定，“当事人就已经提起诉讼的事项在诉讼过程中或者裁判生效后再次起诉，同时具有下列情形的，构成重复起诉：（一）后诉与前诉的当事人相同；（二）后诉与前诉的诉讼标的相同；（三）后诉与前诉的诉讼请求相同，或者后诉的诉讼请求被前诉裁判所包含”，这是我国行政立法或司法解释上对行政诉讼禁止重复起诉的规定。这一规定与《民诉法解释》对禁止重复起诉内涵、判定标准的规定大体相当，据此也可以认为，我国民事诉讼与行政诉讼禁止重复起诉的适用规则和逻辑理念是相通的。不过，有观点认为行政诉讼系客观诉讼、行政行为具有公定力、撤销判决具有对世效力等有别于民事诉讼的独特面相，决定了行政诉讼的制度设计不能照搬民事诉讼制理论。立足于行政诉讼的独特性质和制度土壤，行政诉讼重复起诉的认定标准应以诉讼标的为核心要素，当事人、诉讼请求属于辅助要素，在诉讼标的相同之情形下，当事人、诉讼请求不同亦可能构成重复起诉。[1] 对此，我们认为上述认识存在偏颇或理解上的误识。因为不论行政诉讼还是民事诉讼，均是当事人针对争议的法律关系向法院提起的诉讼请求，并请求法院对诉讼请求作出判断，因而，行政诉讼与民事诉讼的要素都由当事人、诉讼标的和诉讼请求构成，两诉讼中判定是否构成重复起诉时，也应以三要素是否相同为判定标准。事实上，判定民事诉讼的重复起诉标准，也不仅局限于当事人相同、诉讼标的和诉讼请求相同的文义，也有对其判定要素相同的扩张解释。

此外，在行政诉讼中，除涉及行政诉讼中的禁止重复起诉问题，还包括依申请行政行为中的重复申请问题。我国《商标法实施条例》第62条规定，评审委员会已经对商标申请作出评审认定，任何人不得以同样的事实和理由再次提出申请。该项规定被认为是商标评审申请中的一事不再理原则。商标证的申请审批也适用一事不再理原则，源自其属于依申请行政行为。而且，该行政行为也具有确定力、公定力属性，即行政机关在履行行政职权过程中不得任意改变已作出的行政决定；对行政相对人而言，不允许其对同一商标申请，即在相关条件未改变的情况下，反复进行认定申请。

---

[1] 张祺伟：“行政诉讼重复起诉判断标准的类型化建构——对《最高人民法院关于适用》〈中华人民共和国行政诉讼法的解释〉第106条规定的再思考”，载《行政法研究》，2020年第6期。

（二）禁止重复起诉与一事不再理的概念辨析

一事不再理是一个经验的法律概念，其渊源于罗马社会习惯法的内容。所谓“经验的法律概念”是指该概念并非先验的，而是源自经验。❶ 罗马法学家把诉权消耗理论作为解释一事不再理的根据，即当事人已就同一事件争议，就意味着该争议事项的诉权即行消灭，当事人不得再就同一事项提起诉讼，因而一事不再理的发生实乃原告行使诉权，消耗诉权的当然结果。由于罗马法上的实体法与诉讼法合二为一，其诉权包括现代法意义上的诉权和请求权，因而，一事不再理则在诉讼上表现为两个方面的内容：一是在前诉诉讼系属中，禁止当事人就同一事件再提起后诉；二是在判决确定后，禁止当事人对同一事件再行提起后诉。不过，随着诉权体系的逐渐分离，一事不再理逐渐发展为单纯的诉讼法事项，且既判力成为解释一事不再理原则的根据，即此时的一事不再理是指禁止当事人在判决确定后对同一案件重复起诉。而对禁止当事人在诉讼系属中对同一案件重复起诉的情形称为诉讼系属抗辩，这种概念内涵的界定也为现代大陆法系民事诉讼立法所承继和发展。这样一来，诉权消耗理论在解释一事不再理时就显现出了理论上的不足。在德意志普通法末期，既判力替代诉权消耗理论成为解释一事不再理的理论根据，即一事不再理具体是指禁止当事人在前诉判决已经确定后，再对同一案件提起后诉。这表明，一事不再理概念的内涵在不同的历史演进时期和法语境下有着各自的内涵和外延，那么，禁止重复起诉与一事不再理的概念既存在着某种程度的共通性，也存在着某些方面的差异。

在现代大陆法系民事诉讼上，既判力理论仍作为一事不再理的理论基础，而且，在内容上，一事不再理具体表现为既判力的消极作用。❷ 不过，在内涵

---

❶ 【德】阿图尔·考夫曼著：《法律哲学》，刘幸义等译，法律出版社 2011 年版，第 151 页。

❷ 参见陈瑞华：“刑事诉讼中的重复追诉问题”，载《政法论坛》，2002 年第 5 期；陈荣宗、林庆苗：《民事诉讼法》（中册），三民书局股份有限公司 2011 年版，第 626 页；【日】新堂幸司：《新民事诉讼法》，林剑锋译，法律出版社 2008 年版，第 491 页；【德】奥特马·尧厄希尼：《民事诉讼法》，周翠译，法律出版社 2003 年版，第 320 页；陈荣宗、林庆苗：《民事诉讼法》（中册），三民书局股份有限公司 2011 年版，第 635 页；叶自强：“论判决的既判力”，载《法学研究》，1997 年第 2 期；【日】中村英郎：《新民事诉讼法讲义》，法律出版社 2001 年版，第 229 页；陈杭平：“诉讼标的理论的新范式——‘相对化’与我国民事审判实务”，载《法学研究》，2016 年第 4 期；林剑锋：“既判力相对性原则在我国制度化的现状与障碍”，载《现代法学》，2016 年第 1 期；张泽涛：“禁止重复追诉研究——以大陆法系既判力理论为切入点”，载《法律科学》，2007 年第 4 期；宋英辉、李哲：“一事不再理原则研究”，载《中国法学》，2004 年第 5 期；夏璇：“论民事重复起诉的识别及规制”，载《法律科学》，2016 年第 2 期；张卫平：“重复诉讼规制研究：兼论‘一事不再理’”，载《中国法学》，2015 年第 2 期。

上，我国民事诉讼法学界至今仍有学者主张使用罗马法上的一事不再理原则，具体而言，一事不再理包括诉讼系属效力与既判力消极作用的两方面内容。❶显然，随着民事诉讼理论的演变与发展，罗马法上的一事不再理概念的内涵无法使用于现代民事诉讼之中。而且，现代大陆法系民事诉讼上已不再使用“一事不再理”的概念。因为一事不再理仅能说明既判力的消极效果，而无法扩大解释为何在判决内容方面能够拘束当事人及法院须以产生既判力的判断为前提来作出判决的积极效果。❷ 由此，既判力的内涵包括一事不再理，在概念的适用上，既判力可替代一事不再理的概念使用。另一方面，一事不再理的客观效果仅针对诉讼当事人，而没有适当地强调民事判决对法官的约束力，从而判决效力对于法官的约束规则被大大地忽视了。❸ 也有学者指出，事实上，民事确定判决并不完全发生一事不再理的效果，因而一事不再理原则并不是民事诉讼领域的概念。❹ 因为，一事不再理是指判决一经被确定，不管其结果如何，同一案件的诉权被消灭，再诉通常因不合法而不被采纳的状态。但是，作为民事判决对象的私法上的权利关系，即使已被确定也有发生变更的可能性。所以如果加进时间因素来考虑的话，从严格意义上来说，不存在同一案件。❺ 比如，因侵权行为而产生的“侵权赔偿后发性后遗症损害的诉讼”，似乎能对此作出最好的说明。具体而言，在前诉中，原告提出的一定数额损害赔偿请求获得法院承认，此后当受害人发生前诉当时未发现的后发性后遗症，当一方当事人提出“在前诉中其对于该主张的提出不具有可预料性”之理由时，法院就不得不对这种可预料性的有无进行审理，如此一来就会产生如下这种消极性后果，即一事不再理的效用（划一性、机械的适用性）将因此被削弱。❻

尽管我国现行民事诉讼法上没有关于一事不再理的明确规定，但各级法院在已公开的裁判文书中都有对“一事不再理”的直接适用。我们曾以“一事不再理原则”为检索词，在“北大法宝——裁判文书库”中共检索到

---

❶ 参见邵明：《现代民事诉讼基础理论：以现代正当程序和现代诉讼观为研究视角》，法律出版社 2011 年版，第 136 页；肖建国：《民事诉讼程序价值论》，中国人民大学出版社 2005 年版，第 570 页；何文燕、廖永安《民事诉讼法学专论》，湘潭大学出版社 2011 年版，第 126 页；王福华：《民事诉讼法学》，清华大学出版社 2012 年版，第 351 页。

❷ 陈荣宗、林庆苗：《民事诉讼法》（中册），三民书局股份有限公司 2011 年版，第 627 页。

❸ 王福华：“民事判决既判力：由传统到现代的嬗变”，载《法学论坛》，2001 年第 6 期。

❹ 段文波：“日本重复起诉禁止原则及其类型化解析”，载《比较法研究》，2014 年第 5 期。

❺ 兼子一、竹下守夫：《民事诉讼法》，白绿铉译，法律出版社 1995 年版，第 167 页。

❻ 参见【日】高桥宏志：《民事诉讼法——制度与理论的深层次分析》，林剑锋译，法律出版社 2003 年版，第 492 页；姜世明：《民事诉讼法基础论》，元照出版有限公司 2011 年版，第 180 页。

33497 篇含有“一事不再理”表述的民事裁判文书，其中最高人民法院公布的裁判文书中就有 200 余篇。不过，司法实务者对一事不再理的内涵和适用并未形成统一的认识和规范的操作，进而导致“一事不再理”在司法适用上的混乱。[1] 通过对部分裁判文书的梳理发现，如有判决指出，一事不再理原则包括两个方面的含义：第一，诉讼系属后，当事人不得就相同的案件重新起诉；第二，在判决生效之后，产生既判力，当事人不得就同一内容的案件再行起诉。那么，一事不再理原则的适用对象既包括既判力类型；也包括效力类型，即当事人已起诉，法院正在审理过程中的。[2] 也有法官主张，一事不再理原则仅指前诉判决生效后，禁止相同当事人就同一事项再诉的情形，并且认为《民事诉讼法》第 124 条第 5 项[3]是关于“一事不再理”原则的规定。[4] 而在有些判决文书中，法官并未明确“一事不再理”的内涵，而是在同一判决书中将“禁止重复起诉”与“一事不再理”的两个概念相互交替使用。[5]

与之相反，由于刑事裁判是以审判过去所为的具有可惩罚性的行为为目的，所以其同一性是不变的。[6] 刑事诉讼上对一事不再理有着大体统一的界定，其具体是指对于判决、裁定已发生法律效力的案件或者自诉人撤诉的案件，除法律另有规定外，不得再行起诉或受理。[7] 根据一事不再理原则，对因同一事实，已经受到法院不可撤销的判刑判决、免除刑罚判决、宣告无罪判决的人，不得再因这些事实重新受到追诉，[8] 因而一事不再理在大陆法系刑事

---

[1] 沈德咏：《最高人民法院民事诉讼法司法解释理解与适用》，人民法院出版社 2015 年版，第 633 页。

[2] 参见：广东省高级人民法院对“中山市新可佳电子制品有限公司、黎建洪诉中山市永光电子有限公司、梁志富侵害外观设计专利权纠纷案”作出的“（2011）粤高法民三终字第 454 号”判决；山东省德州市中级人民法院对“张明青与马秀岭、马忠华生命权、健康权、身体权纠纷案”作出的“（2016）鲁 14 民终 1878 号”判决；上海市青浦区人民法院对“上海某有限公司诉张某房屋买卖合同纠纷案”作出的“（2010）青民三（民）初字第 263 号”判决。

[3] 《民事诉讼法》第 124 条第 5 项规定：“对判决、裁定、调解书已经发生法律效力的案件，当事人又起诉的，告知原告申请再审，但人民法院准许撤诉的裁定除外。”

[4] 参见：山东省淄博市中级人民法院对“吉林延边石岘白麓纸业股份有限公司与佶缔纳士机械有限公司因承揽合同纠纷案”作出的“（2008）淄民四终字第 776 号”判决；广西壮族自治区南宁市中级人民法院对“中国东方资产管理公司南宁办事处诉南宁金悦（宾馆）有限责任公司借款合同案”作出的“（2006）南市民二初字第 148 号”判决；浙江省绍兴市越城区人民法院对“赵志殿诉太平保险有限公司绍兴中心支公司保险合同纠纷案”作出的“（2009）绍越商初字第 1127 号”判决。

[5] 参见：广东省高级人民法院对“王星火与湛江市坡头区陶瓷工业公司借款合同纠纷案”作出的“（2015）粤高法立民终字第 323 号”判决；江苏省徐州市中级人民法院对“香港晟禾环保材料科技有限公司诉杨光启、张广玲租赁合同纠纷案”作出的“（2012）徐商外初字第 002 号”判决。

[6] 兼子一、竹下守夫：《民事诉讼法》，白绿铉译，法律出版社 1995 年版，第 167 页。

[7] 陈兴良：“禁止重复评价研究”，载《现代法学》，1994 年第 1 期。

[8] 宋英辉、李哲：“一事不再理原则研究”，载《中国法学》，2004 年第 5 期。

诉讼上一直被视为保障被告人人权的一项重要的原则。另外，由于刑事法律保护个人权利方式的特殊性和刑事制裁手段的严厉性，如果国家被允许为所指控的一项犯罪以其所有的资源和权力重复地尝试，以获得对个人的定罪，那么即使是无辜者，其被定罪的可能性也增加了。[1] 在这个意义上，为了防止国家追诉权被滥用及有效保障被告人的基本人权，一事不再理原则成为人权保障的重要手段，并在大陆法系各国宪法或刑事诉讼立法上都有着普遍规定。

根据《德国基本法》第 103 条第 3 款，“任何人不得因同一行为，而依一般刑法多次受罚”。据此，德国学者约阿希姆·赫尔曼认为，一事不再理原则是指不论有罪还是无罪判决，作出产生法律效力的判决后不允许对同一行为再启动新的程序。[2] 以“同一罪行不受两次审判”（non bis in idem）这一法律格言所表达的“刑事既决事由对刑事的既判力”原则，在 1791 年的法国宪法中即得到确认。这一原则现在规定在《法国刑事诉讼法典》第 6 条第 1 款。[3] 日本学者土本武司认为，既判力的实体确定力分为内部效力和外部效力，外部效力是关于该诉讼以外的效力，称为一事不再理的效力。也就是说，裁判已经发生内部效力后，根据判决中法律安定性的要求，就不得对该案件再度起诉。[4] 为限制国家追诉权的恣意，保障被告人人权，我国刑事法学界呼吁我国刑事诉讼立法也设立一事不再理原则，即对于同一案件已被法院作出确定的裁判，就不得再次对其起诉和审判。[5] 此外，刑事诉讼所要解决的是国家与被告之间的权益冲突，作为国家代表的检察机关垄断了起诉权（自诉案件除外），其他国家机关、社会团体或公民个人均无起诉权，那么，刑事诉讼案件系属或判决后，检察机关不得就同一案件再行起诉，其他国家机关、社会团体或公民个人也不得就此案件再行起诉。此外，被告人对刑事诉讼案件不得

---

[1] 姚剑波：“终局性规则下的利益平衡——关于刑事诉讼一事不再理原则的比较研究”，载《比较法研究》，2000 年第 4 期。

[2] 《德国民事诉讼法典》，李昌珂译，中国政法大学出版社 1998 年版，第 14 页。

[3] 【法】卡斯东·斯特法尼、乔治·勒瓦索、贝尔纳·布洛克：《法国刑事诉讼法精义》，罗结珍译，1999 年版，第 877 页。

[4] 【日】土本武司：《日本刑事诉讼要义》，董璠舆、宋英辉译，台湾五南图书出版有限公司 1996 年版，第 284 页。

[5] 参见姚剑波：“终局性规则下的利益平衡——关于刑事诉讼一事不再理原则的比较研究”，载《比较法研究》，2000 年第 4 期；谢佑平、万毅：“一事不再理原则重述”，载《中国刑事法杂志》，2001 年第 3 期；宋英辉、李哲：“一事不再理原则研究”，载《中国法学》，2004 年第 5 期；张旭：“关于‘一事不再理原则’的再思考”，载《法学评论》，2003 年第 4 期；董琳：“一事不再理原则的价值取向”，载《当代法学》，2003 年第 11 期；陈瑞华：“刑事诉讼中的重复追诉问题”，载《政法论坛》，2002 年第 5 期；沈德咏、江显和“刑事再审制度改革的理性思考——以一事不再理原则为视角”，载《人民司法》，2006 年第 5 期。

提出反诉，因为反诉是为了抵销、吞并本诉，从而到达独立的诉讼目的，而检察机关提起公诉的案件与对方当事人之间不存在实体权益方面的争议，其诉的目的只是追究被告人刑事责任，因而，被告人反诉的主张缺乏针对实体权益方面的争议，被告人也就没有提出反诉的基础和条件，于此被告人没有就同一案件提起再诉的可能。但是，在刑事自诉诉讼中，一事不再理原则的适用于民事诉讼具有更多的相似性。

综上所述，一事不再理原则在民事、行政与刑事诉讼程序中与具有不同的适用逻辑，其与不同诉讼程序中禁止重复起诉概念内涵的定义也有差别，因而，禁止重复起诉与一事不再理在概念内涵的界定上就有加以区分的必要了。大体而言，大陆法系民事诉讼上的禁止重复起诉是指同一事件的前诉已经诉讼系属，禁止当事人再就其提起别诉；一事不再理则是指，同一事件的前诉判决已经确定，从而禁止当事人再就其提起别诉，因而，二者在适用范围上有不同的限定。而且，由于一事不再理的概念在民事诉讼领域的使用上有无法克服的局限，现代大陆法系民事诉讼上已不再使用一事不再理的概念，而被内涵更丰富的既判力概念所替代。与之相反，一事不再理在刑事诉讼领域中成为保护被告人人权的一个重要原则。

（三）禁止重复起诉与既判力的概念辨析

既判力可追溯于罗马法上的已决案效力，罗马法上认为审判员的判决一经作出就是已决案，为免当事人缠讼不休，已决案发生“已决案件”的效力。[1] 一方面，依据已决案的效果，凡被告败诉后，原告得根据判决，对于被告利用“既判之诉”，以保护其权利；另一方面，如原告败诉后，再就同一之事实起诉，对于被告起诉，被告得提起“已决案抗辩”，以防御之。[2] 罗马法上已决案效力的根据在于诉权消耗理论，但诉权消耗理论仅能用来说明“禁止当事人不得就同一事件提起后诉”，还不能说明“对作出该判决的法院为什么有拘束力”，后来法国民事诉讼法学者就用与诉权相联系的裁判权消耗理论来丰富已决案效力。根据裁判权消耗理论，法官对本案作出终局判决后，诉讼即告结束，法院的裁判权也就消耗完毕，因此，法官就不能再对同一案件进行审判。[3] 此时，现代大陆法系民事诉讼上的判决既判力的概念已初步形成。

---

❶ 周枏：《罗马法原论》（下册），商务印书馆 2014 年版，第 989 页。

❷ 陈朝璧：《罗马法原理》，法律出版社 2006 年版，第 566 页。

❸ 张卫平、陈刚：《法国民事诉讼法导论》，中国政法大学出版社 1996 年版，第 136-137 页。

在大陆法系民事诉讼立法上，既判力（Rechtskraft）一词最早出现在1781年的奥地利普通法院法（Die osterreiche allgemeine Gerichtsordnung vom 1871）第258条。[1] 随后，1877年《德国统一民事诉讼法典》第293条规定的确定力就是指实体确定力，第654条的确定力为形式确定力。[2] 至今，既判力概念为大陆法系主要国家或地区民事诉讼立法所沿用，如《德国民事诉讼法》第322条规定，“（一）判决中，只有对于以诉或反诉而提起的请求所为的裁判，有确定力。（二）被告主张反对债权的抵销，而裁判反对债权不存在时，在主张抵销的数额内，判决有确定力。”[3] 《日本民事诉讼法》第114条规定，“（一）确定判决，只限于包括在主文之内的有既判力。（二）对于为相抵而主张的请求成立或不成立的判断，只对以相抵对抗的金额有既判力。”[4] 《法国民事诉讼法典》第480条规定，“在其主文中对本诉讼之全部或一部作出裁判的判决，或者对程序上的抗辩、不予受理或其他任何附带事件作出裁判的判决，一经宣告，即相对于所裁判的争议具有既判力。”[5] 我国台湾地区“民事诉讼法”第400条规定，除别有规定外，确定之终局判决就经裁判之诉讼目标，有既判力。主张抵销之请求，其成立与否经裁判者，以主张抵销之额为限，有既判力。[6]

罗马法上利用诉权消耗的理论说明既判力本质问题的方法，今日已经无人追随。因为现代的民事诉讼制度已与昔日罗马法上的诉权制度不同，将历史遗物的制度用以说明现代法的既判力本质，已经不合时宜。[7] 在现代民事诉讼理论上，既判力具体是指终局判决一旦获得确定，该判决对请求的判断就成为规范今后当事人之间法律关系的基准，当同一事项再度成为问题时，当事人不能对该判断提出争议、不能提出与之相矛盾的主张，法院也不能做出与该判断相矛盾或抵触的判断。[8] 既判力的理论根据在于判决是以国家意思为背景的法的权威，具体地讲是基于国家司法权的威信，从制度角度来看，是为了回避对同一事件进行再度审理、判决（诉讼经济），也是为了防止因再度审理作出与前次判决相矛盾的判决（法的安定）。如果程序性地对既判力这种

---

[1] 林端成：“民事判决既判力与程序保障原则”，2000年中国政法大学博士学位论文。
[2] 张卫平：《民事诉讼：关键词展开》，中国人民大学出版社2005年版，第301页。
[3] 谢怀栻：《德意志共和国民事诉讼法》，中国法制出版社2001年版，第80页。
[4] 《日本新民事诉讼法》，白绿铉译，中国法制出版社2000年版，第64页。
[5] 罗结珍：《法国新民事诉讼法典》，中国法制出版社1999年版，第96页。
[6] 陈荣宗、林庆苗：《民事诉讼法》（中册），三民书局股份有限公司2011年版，第641页。
[7] 陈荣宗、林庆苗：《民事诉讼法》（中册），三民书局股份有限公司2011年版，第627页。
[8] 【日】新堂幸司：《新民事诉讼法》，林剑锋译，法律出版社2008年版，第472页。

作用予以分解，那么可以分解为消极和积极的两种作用：一种是不允许当事人提出皆在对已经产生既判力的判断进行争议的主张及举证，法院也不能受理该主张及证据申请（消极作用）；另一种是具有既判力的判断应当成为后诉审判的基础，因而后诉必须以该判断为前提（积极作用）。由此，既判力就表现为不准进行再次诉讼的消极作用（一事不再理）和拘束后诉作裁判的积极作用。❶ 而且，既判力本质的重要问题，不仅在于消极地禁止当事人就既判事件重新为争执，其更重要的意义在于有既判力的判决内容对当事人及法院均有拘束力，当事人及法院均不得于另一诉讼上，作与既判力内容相反的主张或判断。❷

如此一来，禁止重复起诉与既判力的关系就明朗化，即禁止重复起诉是以同一事件的诉讼系属为前提，具体是指禁止当事人就已诉讼系属的同一事件另行提起新诉。禁止重复起诉着眼于避免矛盾判决及实现纠纷一次统一解决的价值理念，避免出现诸如“两个诉讼程序分别对同一案件展开审理”的这种不合理状况。❸ 既判力是以同一事件已有确定判决为基础，禁止当事人就判决确定的同一案件再生程序。既判力是为明示当事人之间的纠纷解决基准而做出的，皆在实现“强制性地终局解决纠纷”这一民事诉讼制度目标。

三、禁止重复起诉的性质和旨趣

作为诉讼制度而言，当事人已在前诉程序中获得了救济途径，且前诉程序赋予了当事人充分的程序保障，而再允许当事人就同一内容的案件提起后诉，进而强迫被告在其他诉讼程序中实施诉讼，那么，无疑会令被告产生困惑，法院诉讼审理负担加重，而且，重复审理不仅是不经济的，也有可能导致同一案件产生矛盾判决，进而引发司法秩序的混乱。而禁止重复起诉的旨趣正是为了避免出现诸如因被告迫于进行重复应诉而产生不便、因法院重复审判而造成司法资源浪费、因矛盾判决而造成司法秩序混乱的不合理情形，从而实现权利救济符合诉讼经济的目标及扩大诉讼制度解纷的功能。

（一）禁止重复起诉的性质

在大陆法系民事诉讼理论上，原告若要获得诉所要求的胜诉判决，其针

❶ 【日】中村英郎：《新民事诉讼法讲义》，陈刚、林剑锋、郭美松译，法律出版社 2001 年版，第 229 页。

❷ 陈荣宗、林庆苗：《民事诉讼法》（中册），三民书局股份有限公司 2011 年版，第 626 页。

❸ 【日】新堂幸司：《新民事诉讼法》，林剑锋译，法律出版社 2008 年版，第 162 页。

对被告提出的权利主张必须获得认可。对于这种权利保护要求，作为法院首先需要判断的问题是，是否应当对原告所主张的权利关系存在与否进行审理及判断。而作为这种判断基准，则体现为各个诉讼要件，即法院在审理及判断是否认可该权利主张时必须具备的事项。❶ 在民事诉讼理论上，一旦诉讼被提起并产生诉讼系属，法院必须对原告通过诉所表达的保护权利要求做出应答。因而，若同一内容的事件已在诉讼系属中，则后诉法院无须进入或继续本案审理。在此意义上，同一案件已被诉讼系属就成为进行本案审理的消极诉讼要件，❷ 因此，如果法院在开始诉讼程序时查明存在对事件的诉讼系属，则就已经使诉讼和对诉讼的实体裁判变得不合法，从而无须进入或继续本案审理，而以驳回诉之判决终结审理；如果法官在诉讼程序内调查发现存在对同一事件的诉讼系属，则以驳回诉之判决（诉讼判决）终结诉讼程序。由此，禁止重复起诉在民事诉讼法上具有过滤不适合进入实体裁判阶段事件的机能，其对于两造当事人及法院裁判程序均具有重要的意义。由于我国民事诉讼实行立案登记审查制，禁止重复起诉在民事诉讼上被理解为消极的起诉要件，❸ 那么，随着我国民事诉讼起诉全面实行立案登记制，禁止当事人重复起诉应认为属于消极的诉讼要件。

法院确认同一事件的前诉一旦诉讼系属，即发生对后诉的诉讼阻碍。由于禁止重复起诉牵涉到“判决的矛盾”“诉讼经济”等公益层面的价值考量，因而禁止重复起诉属于法院职权调查的事项。❹ 所谓职权调查事项，也可称为职权顾虑事项，属于此类的事项是指法院应依职权为顾虑、调查，而无须等待当事人提出主张、抗辩。❺ 由此，如果法官判断结果，认为违反禁止重复起诉的规定，则应依职权驳回，且此也不可补正。关于禁止重复起诉的事实收集也应当被理解为职权探知事项，即由法院依职权进行调查，但这并不必然

---

❶ 【日】新堂幸司：《新民事诉讼法》，林剑锋译，法律出版社 2008 年版，第 170 页。

❷ 参见【日】新堂幸司：《新民事诉讼法》，林剑锋译，法律出版社 2008 年版，第 171 页；邱联恭：《口述民事诉讼法讲义》（二），许士宦整理，2012 年笔记版，第 84 页；【德】罗森贝克、施瓦布、戈特瓦尔德：《德国民事诉讼法》（下册），李大雪译，中国法制出版社 2007 年版，第 678 页。

❸ 参见赵钢、占善刚：“试析起诉的消极条件”，载《法商研究》，1996 年第 5 期；杨会新：“从诉之效力位阶看民事案件受理制度”，载《比较法研究》，2016 年第 3 期；蔡虹、李棠洁：“民事立案登记制度的法理省思”，载《法学论坛》，2016 年第 4 期。

❹ 参见【德】罗森贝克、施瓦布、戈特瓦尔德：《德国民事诉讼法》（下册），李大雪译，中国法制出版社 2007 年版，第 680 页；【日】高桥宏志：《民事诉讼法——制度与理论的深层次分析》，林剑锋译，法律出版社 2003 年版，第 107 页；邱联恭：《口述民事诉讼法讲义》（二），许士宦整理，2012 年笔记版，第 89 页。

❺ 参见邱联恭：《口述民事诉讼法讲义》（二），许士宦整理，2012 年笔记版，第 83 页；【德】奥特马·尧厄希尼：《民事诉讼法》，周翠译，法律出版社 2003 年版，第 221 页。

地意味着，实践上法院必须负起调查一切可能的事实、收集所有证据的责任，因为这实际上是不可能的。事实上，在裁判是否违反禁止重复起诉的资料提出问题上，作为辩论原则一个方面的当事者主张和举证的权能仍然存在，即仍然可能主要依靠承担证明责任的当事者提供证据来证明是否存在使诉讼不能满足诉讼要件的事实。另外，虽然不能就已起诉的事件，在诉讼系属中重复起诉属于绝对的起诉的合法要件，其为法院应依职权调查的事项，但被告也可对原告的重复起诉提出抗辩。由此，对同一事件的不曾诉讼系属，法院可依职权进行调查，对方也可向法院提出抗辩主张。

（二）禁止重复起诉的旨趣

禁止重复起诉的旨趣从整体上决定着禁止重复起诉的功能及这种功能的实现方式，因而准确理解禁止重复起诉旨趣，是研究禁止重复起诉的理论基础。在理论上，同一案件已处于前诉的诉讼系属中，当事人利用此种诉讼程序救济便可使受到侵害的权利恢复到原来的状态或者使受到的损害能够获得赔偿的诉的利益，从而当事人不得就已诉讼系属的同一案件另行提起诉讼。如果当事人超越合理范围而再度提起后诉，则法院的审判权运作已无必要性和实效性，而且，一旦承认这种后诉，反而会产生不利的影响。因为，如果承认后一个诉讼，作为被告而言，无论是在前后哪个程序，其都必须出庭应诉，那么，将给其造成极大麻烦，使其蒙受程序上不利益；对于法院来说，对同一内容的案件进行重复审判，则会造成司法资源的浪费，进而可能使更多其他案件的审理发生延迟。更为重要的一点是，因民事诉讼程序采当事人主义，尤其是辩论主义，当事人未提出的资料，法院不得作为判决的基础，那么，原告在前诉讼中提出的资料与后诉讼中提出的资料未必完全一致，因而可能造成不同的判决。纵然提出者相同，但审理前后诉的法官所形成的心证未必完全一样，进而法院可能作出极为尴尬（相互矛盾）的判决。❶ 而禁止重复起诉具有及早在诉讼程序前阶段排除无益诉讼的功能，从而避免就诉讼标的的法律关系的存否，进行无谓的审理。

1. 消除因被告迫于进行重复应诉而产生的不便

民事诉讼程序是一种角色分派的体系，❷ 对于原告而言，试图通过获得司法裁判来获取其欲求的某种利益；对于被告而言，为了配合原告诉讼的

---

❶ 【日】高桥宏志：《民事诉讼法——制度与理论的深层次分析》，林剑锋译，法律出版社 2003 年版，第 102 页。

❷ 季卫东：《法律程序的意义》，中国法制出版社 2012 年版，第 26 页。

进行，被告将被强制应诉，其原有的生活常态由此而发生改变并陷入一种由诉讼而造成的不安定感。因而，双方当事人在民事诉讼程序中的交叉互动过程中应享有自由竞争的平等机会。[1] 如果允许原告就同一事项反复起诉，就会出现被告因被迫地反复应诉，进而使特定的被告与其他情况相比承受了过重的负担。那么，这种以人们可预见的方式致使特定的人受损或获益的做法与法律面前人人平等的理想是极不相容的，[2] 这时就应根据公平负担原则予以调节。

以程序公平为中心，民事诉讼不仅强调保护原告的程序诉权利益，而且又要满足被告对程序公正的信赖和免受无端的干扰。[3] 这在民事诉讼中表现为，原告以诉讼形式武装，仿佛佩上了刀剑，因此，被告要用抗辩装备起来，作为盾牌加以抵抗。[4] 在此意义上，当原告就同一事件重复起诉，被告为避免自己支出不必要的程序成本，则可依禁止重复起诉规则向法院提出抗辩，以阻止原告超越平等界限而滥用诉权的行为，从而消除自己因迫于重复应诉而产生的诉累。这也是密尔的"极为简单原则"的要求，即人类获准干预其中任何人的行动自由，不管是以个别的方式还是以集体的方式，唯一的目的就是自我保护。[5] 如此一来，针对原告的重复起诉行为，作为对等的程序设计，被告可向法院提出禁止重复起诉的抗辩，体现了民事诉讼程序中的当事人平等原则，从而也有助于实现当事人双方的程序利益最大化。

2. 消除因法院重复审理而造成的司法资源浪费

法律程序被看作一种实现某一目的过程中产生的费用，在这其中，作出判决的成本称作直接成本，错误判决的成本称作错误成本，因而程序法的目的可扼要表述为，实现直接成本和错误成本最小化。[6] 这在民事诉讼程序中可具体表现为，实现民事诉讼当事人在实施诉讼行为的过程中所耗费的人力、物力、财力和时间等司法资源总和的最小化。[7] 一般而言，民事诉讼资源在一

---

[1] 【美】迈克尔·D. 贝勒斯：《法律的原则：一个规范的分析》，张文显译，中国大百科全书出版社 1996 年版，第 35 页。

[2] 【英】弗里德利·冯·哈耶克：《自由秩序原理》，邓正来译，生活·读书·新知三联书店 1997 年版，第 266 页。

[3] 杜丹：《诉讼诚信论：民事诉讼诚实信用原则之理论及制度构建》，法律出版社 2010 年版，第 166 页。

[4] 语出 Hobert's English King's Bench Reports，20；转引自贺卫方："对抗制与中国法官"，载《法学研究》，1995 年第 4 期。

[5] 【英】约翰·斯图亚特·密尔著：《论自由》，赵伯英译，陕西人民出版社 2009 年版，第 8 页。

[6] 【美】迈克尔·D. 贝勒斯：《法律的原则：一个规范的分析》，张文显译，中国大百科全书出版社 1996 年版，第 23 页。

[7] 肖建国：《民事诉讼程序价值论》，中国人民大学出版社 2000 年版，第 212 页。

定时期内是有限的，而这就要求诉讼程序在设计和运作中应遵循一定的经济理性，以价值极大化的方式分配和使用资源，从而维护公益层面上的诉讼经济，实现诉讼效益最大化。因此，如果允许当事者就同一案件反复使用程序，将会因反复审理而造成法院审判资源的浪费，这与其他具有紧迫性和优先权的社会任务相比较，结果是不能容许的。换言之，民事审判的作用不仅要在每一个具体诉讼案件中正义的实现上体现出来，还有必要进一步扩大视野，看到审判对增大社会整体规模上正义实现的贡献。[1]

民事诉讼救济属于一种社会福利制度，除当事人以外，也是其他国民实现自己福利的手段。若允许当事人就同一事件重复起诉，必然会影响到其他人使用法院的机会。更进一步说，前诉程序已赋予了原告的预期利益实现或预期不利益避免的机会，若再就同一事件开启后诉程序，则后诉程序而产生的诉讼成本将是一种错误的诉讼成本。而每个错误的判决都导致资源的无效率利用，因而后诉程序是一种不适当的费用。[2] 随着现代社会中权利救济大众化的趋势，缺少成本意识的司法制度更容易产生功能不全的问题。在法经济学上，一定时期内司法资源不变的情况下，可通过提高司法服务的供给能力和扩大诉讼程序的解纷功能，进而使一项诉讼程序能够解决多个当事人的纠纷或者相同当事人的多个请求，那么，国民就可能在一定的资源条件下，获得更多的服务（正义实现）。[3] 在此意义上，民事诉讼禁止重复起诉制度正是着眼于一次统一解决纠纷的理念，使相关纠纷合并在同一诉讼程序中审理和裁判，从而避免程序的反复运作，实现公益维护层面上的诉讼经济，扩大诉讼制度的解纷功能。

3. 防止因矛盾判决而造成司法秩序的混乱

在民事诉讼理论上，当事人在前诉程序中已经就同一事项被赋予了实现权利的救济途径，并在程序中积极主动地攻击防御，那么，诉讼的过程和结果应当被视为他们自己行动的产物，从而便在制度上失去了就实体和程序两方面表示不满或再行争议的机会。[4] 换言之，只有每个个人都能够依照法律秩

[1] 【日】棚濑孝雄：《纠纷的解决与审判制度》，王亚新译，中国政法大学出版社 2004 年版，第 270 页。

[2] 【美】迈克尔·D. 贝勒斯：《法律的原则：一个规范的分析》，张文显译，中国大百科全书出版社 1996 年版，第 24 页。

[3] 【日】棚濑孝雄：《纠纷的解决与审判制度》，王亚新译，中国政法大学出版社 2004 年版，第 268 页。

[4] 【日】谷口安平：《程序的正义与诉讼》，王亚新、刘荣军译，中国政法大学出版社 2002 年版，第 13 页。

序中的正当行为规则从事他们各自的行为活动，法律才能实现他们各自的预期和目的。[1] 在此意义上，对于一种整体秩序的型构来说，所有的个人都必须遵循某些明确的规则或者他们的行动都必须被限定在一定的范围之内。[2] 若允许当事者对已经诉讼系属的同一案件重新起诉，那么，前后展开的不同诉讼程序可能由于法官的知识背景、事实认知和审理程度等方面的差异，而在最后作出相互矛盾的裁判。若是如此，同一内容的案件因为前后两诉的审理过程而造成矛盾判决，进而引发司法秩序的混乱，那么，从当事人或社会来看，会影响司法的威信。[3]

从民事诉讼的运行来说，民事诉讼过程是民事诉讼主体按照法定程序，合规则或合规律地展开的诉讼活动。在这一过程中，民事诉讼程序一旦启动，就要一个阶段接一个阶段，一环扣一环，层层推进，依法定的次序进行下去。如果程序中某一环节一旦过去，或者整个程序一旦结束，就不能再恢复，或者重新启动。[4] 易言之，经过程序认定的事实关系和法律关系，都被一一贴上封条，成为不可动摇的真正的过去，从而一切程序参加者都受自己的陈述与判断的约束。[5] 在此意义上，前诉已诉讼系属的同一事项在程序过程中就会产生既定力和自缚性，从而保证程序自身的和平和安定。如果针对同一案件的民事诉讼程序可反复启动，以致诉讼程序的逆流，则前诉的诉讼程序将受到无限的冲击或否定，进而致使当事人实施的法律行为被随意地否定，那么，当事人争议的实体法律关系最终将无法得到确定。这势必会损及民事诉讼主体对程序运行结果的合理预期，进而破坏民事司法秩序的安定。

由上可知，禁止重复起诉皆在避免法院就同一案件重复审理，以保护被告的程序利益，维护公益层面的诉讼经济，从而避免矛盾判决的发生。由此，民事诉讼禁止重复起诉牵涉到维护诉讼经济、避免矛盾判决的诉讼价值理念，因而民事诉讼上应当排斥当事人的重复起诉行为。又因诉讼系一集团现象，有很多人要使用，应尽量不予乱用。[6] 为保障民事诉讼程序规范运行，防止司法资源浪费，法官在作出本案判决时须以职权调查该项要件是否具备。

---

[1] 高全喜：《法律秩序与自由正义：哈耶克的法律与宪政思想》，北京大学出版社 2003 年版，第 99 页。

[2] 【英】弗里德利希·冯·哈耶克：《法律、立法与自由》（第一卷），邓正来等译，中国大百科全书出版社 2000 年版，第 65 页。

[3] 龚潇："法院应重视'一事不再理'审判原则"，载《律师世界》，1997 年第 4 期。

[4] 陈桂明：《程序理念与程序规则》，中国法制出版社 1999 年版，第 3-4 页。

[5] 季卫东：《法治秩序的建构》，商务印书馆 2014 年版，第 18 页。

[6] 邱联恭：《口述民事诉讼法讲义》（二），许士宦整理，2012 年笔记版，第 86 页。

第二章
我国民事诉讼禁止重复起诉的实践状况

在民事诉讼实践中，当事人为追求胜诉判决或基于趋利避害的诉讼策略考量，纵使前诉尚在诉讼系属中或已被生效判决确定后，也往往会就同一案件再向法院提起诉讼，从而就产生了重复起诉的滥诉问题。而且，现行民事诉讼法上有关共同管辖的规定为重复起诉的滥诉行为提供了可能。详言之，当两个（或两个以上）的人民法院对同一事件有管辖权时，当事人可能向其中任何一个有管辖权的法院提起诉讼，也可能先后或同时向多个有管辖权的法院起诉。这样一来，有关地域管辖的规定使得当事人就同一案件重复起诉变得可能，也在一定程度上使得重复起诉的滥诉问题再次加剧。通过检索法院已公开的裁判文书，可以发现，我国民事司法实践中存有为数不少的重复起诉的案件。[1] 而审判实践中对如何规制重复起诉缺乏可操作性的标准，多凭审判人员的朴素的理解，适用的状况和效果比较混乱。[2] 鉴于此，《民诉法司法解释》第 247 条首次对我国民事诉讼禁止重复起诉作出明文规定，这为解决我国民事司法实践上的重复诉讼问题提供了规范依据，也对推动我国民事诉讼立法体系的完善具有重要的补充作用和实践意义。在此意义上，对重复起诉实践状况的考察，是本书展开对禁止重复起诉问题研究的起点，也是立足于解决我国民事司法实践上重复起诉问题的基础。

一、民事诉讼司法解释对禁止重复起诉内涵的重塑

《民诉法司法解释》第 247 条规定的重复起诉包括相同当事人间在前诉诉讼系属中和前诉判决确定后对同一事件重复起诉的两种情形。这样一来，相较于上述大陆法系主要国家或地区民事诉讼立法上关于禁止重复起诉的规定，

---

[1] 我们以“重复起诉”为检索词，在“中国裁判文书库”中共检索到 28262 篇含有“重复起诉”表述的民事裁判文书，访问时间，2017 年 8 月 17 日。

[2] 参见杜万华：《最高人民法院民事诉讼法司法解释实务指南》，中国法制出版社 2015 年版，第 395 页；杜晓：“‘一事不再理’引发马拉松式诉讼”，载《法制日报》，2011 年 4 月 2 日，第 008 版。

《民诉法司法解释》第 247 条可以说是对禁止重复起诉内涵的重新塑造。因为在大陆法系民事诉讼上，一般所言的禁止重复起诉是指当事人不得就已起诉的事件，在诉讼系属中再行起诉。质言之，禁止重复起诉具体是指诉讼系属抗辩效力意义上的禁止重复起诉，而关于禁止当事人在前诉判决确定后对同一事件提起后诉的情形则不属于禁止重复起诉的调整范围。接下来，我们或许会提出这样的疑问：一是，该条文规定的双重意义的禁止重复起诉的内涵是如何形成的？二是，该如何理解该条文规定的双重意义的禁止重复起诉内涵？对上述问题的回答，关系到禁止重复起诉规则能否在民事司法实践上顺畅地适用及未来我国民事诉讼立法上关于禁止重复起诉制度的构建，因而我们必须在统一的架构下认识和把握这些问题。

（一）民事司法解释对禁止重复起诉内涵的界定

从规则的内容上看，《民诉法司法解释》第 247 条规定的重复起诉包括相同当事人间在前诉诉讼系属中和前诉判决确定后对同一事件重复起诉的两项内容，那么，我国法语境下的禁止重复起诉包括讼系属抗辩效力和既判力消极作用的两种意义上的禁止重复起诉。依照最高人民法院大法官对该条文的解释说明，该条文是对民事诉讼中“一事不再理”原则及判断标准新增加的规定。而且，无论大陆法系国家和地区还是英美法系国家，一事不再理原则都包括两个方面的内容：其一是在诉讼系属中，阻止相同当事人再行提起后诉；其二是在判决确定后，禁止相同当事人对相同诉讼对象的再次诉讼。[1] 这表明，该条文明为关于禁止重复起诉的规定，实则是关于罗马法上“一事不再理”的规定。需要注意的是，由于诉讼系属抗辩效力与既判力消极作用的两种意义的禁止重复起诉在法理依据与制度旨趣等方面不尽相同，因此，我们遵循现行民事司法解释关于禁止重复起诉规定的逻辑进路，分别对两种意义的禁止重复起诉规则的适用路径予以分析与厘清，借此为司法实务者适用该规则提供合乎规范的理论指导。

1. 前诉在诉讼系属中的重复起诉禁止

诉讼系属是指因原告的起诉行为而使案件获得特定，进而形成特定的权利或者法律关系，并由特定法院进行审判的状态。诉讼系属不仅是一个学理概念，更是一个法律术语。在德国和我国台湾地区民事诉讼立法上都有明确规定。德国《民事诉讼法》第 261 条至 263 条有关于诉讼系属的起止点和程

---

[1] 沈德咏：《最高人民法院民事诉讼法司法解释理解与适用》（上册），人民法院出版社 2015 年版，第 632-633 页。

序效力的规定，我国台湾地区“民事诉讼法”第 31 条第 1 款有关于诉讼系属的恒定效力的规定。事实上，我国晚清时期制定的《大清民事诉讼律草案》中已有关于诉讼系属的规定，《大清民事诉讼律草案》第 310 条规定“当事人不得就诉讼拘束中之诉讼实践更行起诉”，否则另一方当事人可以提出诉讼拘束之抗辩。我国现行民事诉讼立法或司法解释中没有使用“诉讼系属”的专门术语，而是使用的是“诉讼中”或“案件审理中”的类似表述。不过，“诉讼中”或“案件审理中”是关于诉讼进程的抽象表达，其并不表达特定的程序效力，而且，其所代表的诉讼程序时空范围、内涵较广，即其不限于一审诉讼程序，还包括二审、再审的诉讼程序，甚至是执行程序，而一般所言一审判决成立即属于诉讼系属后。

法律上对原告起诉行为所具有的使诉讼程序开始的后果，在概念上将其归纳并理解为诉讼上的状态，也就是争议案件诉讼系属的状态，其具体是指民事诉讼在通常诉讼程序的起诉，必须向法院提出诉状，从而使争议案件系属于法院。根据《民事诉讼法》第 185 条“对简单的民事案件，原告可以口头起诉”的规定，简易诉讼程序及小额诉讼程序的起诉，允许原告以言辞的形式起诉。原告以言辞形式起诉的，自法官做成笔录时起，发生诉讼系属的效力。诉讼系属的状态继续至以终结诉讼为目的的诉讼判决确定为止，或因诉讼和解成立与撤回诉讼而终结诉讼时为止。由此，诉讼系属抗辩意义的禁止重复起诉的时间范围是以前诉的诉讼系属为始，以前诉的诉讼系属终结为止。发生诉讼系属的情形，仅限于起诉，但调解程序或督促支付命令程序依法转换为起诉程序的，也产生诉讼系属的效力。

诉讼系属是一种诉讼程序状态，其不仅拘束当事人也拘束法院。这种拘束力具体表现为，诉讼系属能够产生实体法及程序法上的多重法律效果。其中程序法上的效果包括：管辖恒定、当事人的确定与恒定、诉讼标的之恒定以及提起反诉之准许和禁止重复起诉。[1] 实体法上的效果包括：权利保存、权力扩张和权利强化等。[2] 其中，与诉讼系属效力联系最密切的一项程序效力是禁止重复起诉，即前诉诉讼系属后，当事人不得就同一案件向法院再行起诉。如果违反这一规则，法院将以诉不合法为由驳回。在此意义上，《民诉法司法解释》第 247 条规定的禁止当事人就已经提起诉讼的事项在诉讼过程中再次

---

[1] 参见毕玉谦：“民事诉讼起诉要件与诉讼系属之间关系的定位”，载《华东政法大学学报》，2006 年第 4 期。

[2] 参见【日】中村英朗：《新民事诉讼法讲义》，陈刚、林剑锋、郭美松译，法律出版社 2001 年版，第 150 页。

起诉，这种意义上的禁止重复起诉与大陆法系民事诉讼上所言的禁止重复起诉属于等值的概念。前诉在诉讼系属后，即发生诉讼系属的效果，那么，只要第一个诉的诉讼系属持续，则不允许该诉讼标的在其他或者同一个法院另行发生系属。因为被告和法院都不应为同一案件付出双份劳动，更主要是为了消除矛盾裁判的危险，这种矛盾裁判使当事人的诉讼成果破灭并严重损害了司法声誉。❶

诉讼系属仅就诉讼上的请求发生诉讼系属，即使后诉是在前诉的诉讼程序中以诉的变更、追加或反诉的方式提起的，也发生诉讼系属的效力。例如，在前诉诉讼系属中，被告就相牵连的权利提起反诉为请求时，反诉的权利义务关系发生诉讼系属效果。因而重复起诉的形态，不限于后诉的独立起诉情形，其以反诉方式、参加诉讼、变更诉讼等方法，从而达成相同当事人的后诉讼与前诉讼在内容上完全相同的情形，也发生重复起诉的问题。而对于作为攻击防御方法被主张或抗辩的权利义务关系，不发生诉讼系属。❷ 诉讼系属依判决程序予以裁判，故依判决程序以外的程序予以处理的事件，也不发生诉讼系属的效力。❸ 比如，民事执行程序、诉外调解程序、民事保全程序中的事件均不发生诉讼系属效力，从而当事人在上述程序中就同一事件前后主张的，也不构成对禁止重复起诉规则的违反。

2. 前诉判决确定后的重复起诉禁止

判决确定后即产生既判力，也叫确定力，是大陆法系判决效力理论体系中的核心概念。已确定判决的既判力于当事人而言不得重复起诉或提出相反主张，并可用作其他诉讼的攻防手段；于法院而言，不得再行审理并作出判决。既判力所具有的禁止在后诉中提出与基准时前相同的主张的这种效力，在理论上也被称为“失权效”或者“遮断效”，也要求法院禁止受理已经确定的有关同一事项各纠纷诉讼，这意味着判决确定后必然导致诉权的消灭，再诉则缺乏诉的利益，其目的是维护法律上的安定性，否则将出现后诉颠覆前诉判决的现象。❹ 我国民事立法中没有使用“既判力”术语的表达，学界通常将《民诉法》第 124 条第 5 项有关起诉消极要件的规定作为类似既判力的规定。司法实务者也逐渐认识和接纳既判力概念，如最高人民法院民一庭编著的《民事诉讼证据司法解释的理解与适用》中所述，“已为人民法院生效

---

❶ 【德】奥特马·尧厄希尼：《民事诉讼法》，周翠译，法律出版社 2003 年版，第 221 页。

❷ 陈荣宗、林庆苗：《民事诉讼法》（中册），三民书局股份有限公司 2011 年版，第 377 页。

❸ 邱联恭：《口述民事诉讼法讲义》（二），许士宦整理，2012 年版，第 44 页。

❹ 参见骆永家：《既判力研究》，三民书局股份有限公司 1981 年版，第 21 页。

裁判所确认的事实属于当事人免证的事实，其理论基础和依据来源于民事诉讼中的既判力理论”。再有关于既判力重要的规定就是《民诉法司法解释》中关于既判力的规定，根据《民诉法司法解释》第 247 条规定，禁止当事人就已经提起诉讼的事项在裁判生效后再次起诉，此为判决既判力消极作用所具有的效果。

判决确定后重复起诉行为的认定与既判力的范围关系密切。若后诉的诉讼标的被前诉既判力的客观范围所涵盖，那么后诉因既判力的消极效果而属于重复起诉。这主要是因为法院的确定判决实质上是对当事人以诉之方式，向法院提出的纠纷予以解决，无论该判决有无误判，该判决既判力所确定的当事人间的实体权利关系，即成为规范以后双方当事人在私法法律关系上的基准，当事人均受判决的拘束，而不能再对该判断提出争议或相矛盾的主张。[1] 如果没有既判力，那么确定判决的判断就会随时被推翻，败诉的当事人可以对纠纷反复地进行争议，如此一来，争议将永无终结之时。[2] 由于在终局判决获得确定之前，当事人已经穷尽了通常的不服裁判的救济方法，那么一旦当事人在前诉中“获得程序保障”，在当事人方面就产生在前诉中应当提出主张及证据的自我责任。因此，当事人必须将前诉的终局判决的判断作为纠纷的解决基准加以尊重，而不得再就同一事件另行起诉进行争议。根据我国《民事诉讼法》第 124 条第 5 项规定，同一事件不存在有既判力的判决是消极的起诉条件，那么，前诉在判决确定后的重复起诉情形属于法院依职权审查的事项。如果相同当事人之间就已被生效判决确定的同一案件另行起诉进行争议，应当视后诉不合法而驳回。但若将既判力作用范围严格限定于判决主文的范围内，可能会发生矛盾判决的问题。如甲对乙提起进行房屋过户登记的请求，此时的诉讼标的是房屋过户登记请求权。如果此案法官没有支持甲的诉讼请求，即判决中驳回了甲的房屋过户请求，之后，甲是否可以再次对乙提起确认其对前诉所涉房屋所有权的诉讼？若按照既判力限于判决主文的要求，则后诉不受既判力作用所及，后诉可以再次提起。但是，前后诉均会对作为主要争点的房屋所有权归属进行审理，那么，后诉的审理可能会对前诉判决产生矛盾的危险，且重复审理也是对司法资源的浪费。由此，禁止重复起诉的客观范围应超出判决主文范围，而在判决理由部分产生拘束力，从

---

[1] 【日】高桥宏志：《民事诉讼法——制度与理论的深层次分析》，林剑锋译，法律出版社 2003 年版，第 477 页。

[2] 【日】高桥宏志：《民事诉讼法——制度与理论的深层次分析》，林剑锋译，法律出版社 2003 年版，第 480-481 页。

而在判定重复起诉时需要对判定重复起诉的标准予以修正。

由于民事中的事态是时时刻刻都在发生变化的，而发生既判力的判决只确认特定时刻的权利状态，不是确认所有未来的权利状态，那么，成为本案审判对象（诉讼标的）的权利或法律关系，由于时间的经过有随时间而发生变动的可能。于是，若不考虑时间因素，既判力的消极作用很可能将无论任何时候提起的，与前诉相同内容的后诉都认定为重复起诉。因此，确定判决既判力认定的权利义务关系，究竟是针对什么时间点上的权利义务关系作出的判断，则有明确加以规定的必要，否则无法判断前后两诉既判力作用范围的界限。大陆法系的既判力理论，将民事诉讼言辞辩论终结时认定为既判力的基准时点，也就是说，以当事人言辞辩论终结时的诉讼事实状态所包含的法律关系为确定内容。那么，在事实审口头辩论终结之前，当事人都可以提出有关事实的资料，终局判决也必须在口头辩论终结前提出的资料的基础上做出，因此，在最后言辞辩论终结时的有关权利关系的判断将产生既判力。❶从而，在前诉基准时之后，禁止当事人对前诉确定判决中具有既判力的判断另行提起后诉进行争议。

不过，如果一味地强调既判力的作用，而忽视个案的实体公正，则有违诉讼的终极目标。具体而言，由于民事判决对象的实体法律关系是不断在变化的，其后该判决确定的实体法律关系有可能因发生新事实而与先前裁判结果不同。因而，一方面，在言辞辩论终结之后，如果发生新的事实，因当事人对该事项未充分辩论，也不构成判决的基础，从而使判决所确定的权利义务关系发生变动，则不属于既判力确定的内容，❷ 如所确认的请求权被履行和被消灭，原告被确认的财产所有权又被转让，等等。另一方面，既判力基准时点的设定主要是基于当事人程序保障的考虑，那么，承认言辞辩论终结后发生新的事实作为既判力例外的合理性，在于当事人和法院在判决时对于新事实的发生是不可预知的，法院只是针对将来的情况依照通常情况做出了依照预测性的判断，当客观事实发生了不符合预期的变化时，基于公平价值的考量，可以对诉讼的效率价值进行限制，进而突破既判力。❸ 因而，当事人基于新发生的事实在新诉讼中陈述该变更，则不能因既判力而受到排除，人民法院应当依法受理当事人的起诉，并应调查是否存在着不受既判力拘束的新主张。对此，《民诉法司法解释》第 248 条规定，裁判发生法律效力后，发生

❶ 【日】新堂幸司：《新民事诉讼法》，林剑锋译，法律出版社 2008 年版，第 479 页。
❷ 曹云吉："论裁判生效后之新事实"，载《甘肃政法学院学报》，2016 年第 3 期。
❸ 江必新：《新民诉法解释——法义精要与实务指引》，法律出版社 2015 年版，第 562 页。

新的事实，当事人再次提起诉讼的，人民法院应当依法受理，此即为关于既判力的例外规定。需要注意的是，在当事人主张不受既判力拘束的新事实时，法官并不展开狭义上的实体审理，仅审查“新的事实”是否有证据，对有关实体上的审理，有待于受理后进行审查处理。当发现没有这种新事由时，一方面，人民法院应裁定驳回起诉；当存在着不受既判力拘束的新事实时，法院应就该新事实有无理由为审判，并将其结果与前诉具有既判力的判断进行结合，做出后诉请求妥当与否的本案判决。❶ 值得注意的是，言辞辩论终结后发生的新的事实不是原生效裁判未查明或涉及的事实，也不是当事人在原审中未提出的事实。❷

依上表明，诉讼系属抗辩效力与既判力消极作用的两种意义的禁止重复起诉在适用范围和制度旨趣上并不相同。诉讼系属抗辩效力意义的禁止重复起诉不仅发生于诉讼判决程序中，还发生于诉讼和解、诉讼调解程序中，而且，当事人就关联请求提起的诉之变更、追加或反诉也发生禁止重复起诉的效果。在上述程序中，如果当事人就同一事件重复起诉，当然地发生禁止重复起诉的效果。既判力的消极作用发生于同一事件的前诉已有判决确定，不过，如果有新的事实发生，从而使前诉判决确定的权利义务关系发生变动，且严重影响到当事人间的实体公正，则既判力的消极作用发生例外，即允许当事人就此新事实再次主张予以争议。

（二）对民事诉讼禁止重复起诉内涵界定的原因分析

从比较法的角度，日本及我国台湾地区民事诉讼立法上的禁止重复起诉是作为专门术语来使用的，其具体是指禁止当事人就已诉讼系属的同一事件再行提起后诉。我国《民诉法司法解释》第 247 条关于禁止重复起诉内涵的规定并未依循上述民事诉讼立法的逻辑进路，而是将禁止重复起诉界定为当事人不得在前诉诉讼系属中或裁判确定后再就同一事件提起别诉，因而我国法语境下的禁止重复起诉具体包括诉讼系属抗辩效力与既判力消极作用的两种意义的禁止重复起诉。那么，对该条规定的重复起诉内涵的成因分析，将是理解我国法语境下的禁止重复起诉规则的基础，也是研究禁止重复起诉问题的起点。

---

❶ 【日】新堂幸司：《新民事诉讼法》，林剑锋译，法律出版社 2008 年版，第 491 页。

❷ 奚晓明、杜万华：《最高人民法院民事诉讼法司法解释适用解答》，人民法院出版社 2015 年版，第 279 页。

1. “禁止重复起诉”并非专门的法律术语

从字面意义上理解，重复起诉表达的是一种当事人就同一案件重复起诉的现象，而这在民事诉讼中可具体表现为两种形态，一是当事人在前诉诉讼系属中就同一案件重复起诉，二是当事人在前诉判决确定后就同一案件重复起诉，因而，上述两种情形在一般的口语表达上都可被统称为重复起诉。而在民事诉讼理论上，上述两种情形分属不同的诉讼制度调整，前者称为诉讼系属抗辩效力意义的禁止重复起诉，后者称为既判力的消极作用。诉讼系属抗辩效力意义的禁止重复起诉与既判力的消极作用在适用上有着不同的效力范围，而且，两者在实践上均有着不同的制度旨趣，诉讼系属抗辩效力意义的禁止重复起诉不仅具有防止矛盾判决发生的制度功能，也有谋求相关纠纷在同一诉讼程序中得到一次根本解决，从而扩大诉讼制度解纷的功能，实现诉讼经济的目标。而既判力的消极作用皆在使判决所确定的当事人间的权利义务关系成为规范当事人今后法律关系的基准，实现终局性地解决纠纷的目标。[1] 这样一来，禁止重复起诉显然无法将不同制度功能的诉讼系属抗辩效力与既判力消极作用的两种意义上的禁止重复起诉糅合在一起规定。

在此意义上，《民诉法司法解释》第 247 条规定的重复起诉是对当事人在民事诉讼上的重复起诉行为的统称，强调的是禁止当事人在诉讼的任何节点上对同一事件重复起诉，而不具体指涉某个诉讼阶段上的重复起诉行为，更没有将涉及不同基础理论的两种意义的禁止重复起诉进行区分。由此，《民诉法解释》第 247 条上的禁止重复起诉概念并非一个专门的法律术语，而是对字面意义上的重复起诉情形的口语化表达。如此一来，就可解释该条文将双重意义的禁止重复起诉糅合在一起规定的原因。事实上，禁止重复起诉在大陆法系民事诉讼上有着具体的内涵，并在司法实践中被严格使用。[2] 如德国、法国民事诉讼立法上采用的是“诉讼系属抗辩”的表达，日本及我国台湾地区民事诉讼立法上使用了“禁止重复起诉”的专门术语。尽管上述民事诉讼立法上使用了不同的概念称谓，但它们在具体内涵上均指禁止当事人在前诉诉讼系属中就同一事项再行提起后诉，而将当事人在前诉判决确定后就同一事件再行提起后诉的情形归为既判力消极作用调整。

2. 诉讼系属与既判力制度在立法上的缺失

《民诉法司法解释》第 247 条将前诉在诉讼系属中和判决确定后的两种重

[1] 参见张煌辉、何理：“禁止重复起诉的理论源流及判断标准”，载《人民法院报》2009 年 7 月 21 日，第 006 版；吴景禹、李晖：“‘一事不再理’应成为民诉法的基本原则”，载《人大建设》，2005 年第 3 期。

[2] 赵钢、占善刚：“试析起诉的消极条件”，载《法商研究》，1996 年第 5 期。

复起诉情形糅合在一起规定，与诉讼系属制度及既判力制度在我国民事诉讼立法体系上的缺失有关。民事诉讼系属是指通过原告起诉案件（何人对何人提起什么样请求、向法院申请什么样的判决获得特定），进而形成“特定案件由特定法院来审判”的状态。以诉讼系属为前提，原告的起诉可发生诉讼法上的具体效果。如可以进行诉讼参加、诉讼告知、诉的变更或提起反诉，在这其中，禁止重复起诉的效果尤为重要。[1] 诉讼系属在大陆法系民事诉讼上是一个重要概念，并形成了系统的理论体系，其体现着当事人诉权、民事管辖权与审判权的交错运行、相互转化。[2] 不过，我国现行民事诉讼立法上没有使用诉讼系属的概念，更没有关于诉讼系属制度的系统规定，而在相关的表述中使用了一般口语化的表达，如“在诉讼过程中”“人民法院受理后”等，虽然这些表达在具体指涉时可代替诉讼系属的表述，但这些口语化的表达不足以替代诉讼系属所涵盖的丰富内涵与其所产生的一系列法律效果。民事诉讼理论上也鲜有将诉讼系属作为专门的问题论述，至于因诉讼系属而产生的各种法律效果更缺少详细的研究，因而诉讼系属制度从未在我国民事诉讼上作为一个内容设计周延的程序方案被提出过。另外，在“实体真实”“有错必纠”的司法观念影响下，既判力制度在我国民事诉讼立法上并未真正确立。[3] 这与学界对既判力问题的研究不足有关，国内现有研究由于仅局限在理论上对既判力制度进行探讨，没有有机结合我国民事诉讼上的具体问题进行深入分析，尤其是没有对我国实践中的既判力问题进行系统的实证调查，致使有关既判力的研究脱离我国司法实际。[4] 从而，现有关于既判力问题的研究未能为我国民事诉讼立法及司法提供可靠的理论指导，有关既判力的理论研究也不能为我国民事诉讼立法者及司法实务者熟知。由此，既判力制度在我国民事诉讼中处于立法上被轻视，实践中被漠视的境地。[5]

由于诉讼系属与既判力制度在我国民事诉讼立法上的缺位，禁止重复起

---

[1] 【日】新堂幸司：《新民事诉讼法》，林剑锋译，法律出版社2008年版，第161页。

[2] 蒋玮：“大陆法系诉讼系属中重复起诉禁止及经验借鉴”，载《甘肃社会科学》，2016年第6期。

[3] 参见叶自强：“论判决既判力”，载《法学研究》，1997年第2期；徐彤：“一事不再理原则的理论基础与司法实践”，载《四川理工学院学报》（社会科学版），2013年第3期。

[4] 张卫平：“既判力相对性原则——根据、例外与制度化”，载《法学研究》，2015年第1期。

[5] 刘学在：“既判力论在中国的困境探析——以民事诉讼为视角”，载《北京科技大学学报》（社会科学版），2003年第3期；任重：“论中国民事诉讼的理论共识”，载《当代法学》，2016年第3期；林剑锋：“既判力相对性原则在我国制度化的现状与障碍”，载《现代法学》，2016年第1期；朱孝彦：“构建我国民事判决既判力制度的法理分析”，载《政法论丛》，2009年第4期。

诉的具体效力范围就难以界定，[1] 从而禁止重复起诉制度也就无法与其他相似制度作明确区分，进而禁止重复起诉的价值与功能也就无法体现。由此，现行民事司法解释上将诉讼系属中的重复起诉与判决确定后的重复起诉的两种情形糅合在一起规定也就不足为奇了。反观大陆法系民事诉讼上，诉讼系属制度与既判力制度都有着成熟的制度理论和完善的立法体系，那么，依据两者各自的法理依据与制度旨趣，将禁止重复起诉界定为禁止当事人在前诉诉讼系属中就同一事件再行提起后诉，而将禁止当事人在前诉判决确定后就同一事项提起后诉称之为既判力消极作用，也就顺理成章了。

3. 诉讼系属中的重复起诉问题在我国并不突出

《民诉法司法解释》第 247 条将诉讼系属中的重复起诉与判决确定后的重复起诉糅合在一起规定，与我国民事诉讼的起诉实行立案登记审查制有关。现行民事诉讼立法上对原告的起诉有专门的立案受理环节的规定，原告的起诉必须符合起诉条件的规定。[2] 这表明诉讼并非一经原告起诉就发生诉讼系属的效力，而是需要法官依据民事诉讼立案受理要件的规定，对原告起诉的适法性进行审查后才能发生诉讼系属的效果。[3] 这样一来，如果原告基于同一事件重复起诉，法官在诉讼系属之前的起诉审查阶段就可审查明确而不予受理。况且，一般而言，相同当事人间就同一事件的后诉也由前诉法院管辖，那么该法院就前后诉是否为重复起诉则掌握有充实的判定资料和能充分地了解当事人前后诉请求的真意。另外，在立案受理环节，被告当事人也有机会对原告的重复起诉行为向法官提出异议，进而使法官审查确定而予以不予受理原告的起诉。[4] 总而言之，对于诉讼系属中的重复起诉情形很容易在立案受理环节被证实，那么，法官在起诉阶段就依职权过滤了相当部分的诉讼系属中的重复起诉，从而使同一事件的后诉不能进入诉讼程序。我国台湾地区民事司法实践上对此种重复起诉情形的处理，法官一般不写不予受理或驳回起诉的裁定书，而是劝谕当事人撤回，或依案情适时公开心证予以说明。因为法官忙碌，如再写裁定书影响办其他案件，但在原告不撤回时，只好裁定驳回。[5] 我们认为这种做法也适合于我国民事司法实践的整体情况。由此，诉讼系属

---

[1] 沈德咏：《最高人民法院民事诉讼法司法解释理解与适用》（上册），人民法院出版社 2015 年版，第 637 页。

[2] 《民事诉讼法》第 119 条有关于立案积极条件的规定，第 124 条有关于立案消极条件的规定。

[3] 赵钢、占善刚：“试析起诉的消极条件”，载《法商研究》，1996 年第 5 期。

[4] 王子伟、田中曼、高翔：“当事人重复起诉引起的管辖争议问题研究”，载《人民法院报》，2007 年 1 月 29 日，第 005 版。

[5] 邱联恭：《口述民事诉讼法讲义》（二），许士宦整理，2012 年版，第 55 页。

中的重复起诉问题在我国民事司法实践上表现得并不突出，那么，这也是该种情形的重复起诉问题（大陆法系民事诉讼上所言的“禁止重复起诉”）在我国现行法语境下被忽视的原因。但随着未来民事诉讼起诉的实质上的立案登记制的实施，诉讼系属中的重复起诉问题也可能会逐渐显现。

与之相对的是，关于判决确定后的重复起诉情形，一方面，由于前诉程序已经诉讼终结，且立案受理阶段仅对案件进行形式审查，尤其是对形式上变换当事人的重复起诉或违反实质上的重复起诉情形，很少能在立案受理阶段被发现或者得到证实，从而针对同一事件的后诉程序就很可能被启动。由此，现行我国法语境下的关于重复起诉的典型问题是判决确定后的重复起诉类型。另一方面，由于既判力制度在我国民事司法实践中被轻视，当事人缺乏对法院裁判的尊重，就同一事件提起后诉的情形经常发生，从而加剧了判决确定后的重复起诉问题的恶化。[1] 而在大陆法系民事诉讼上，一般认为，诉讼一旦被提起，即生诉讼系属的效力，法院必须对原告通过诉所表达的保护权利要求做出应答，那么，对于原告的起诉是否为重复起诉很难能在起诉时得到查明。而且，同一事件不曾诉讼系属为诉讼消极要件，而诉讼要件是诉讼系属后法院进行审理、判决的前提条件。因而，法院在起诉时并不对原告的起诉是否违反该项消极诉讼要件进行审理，而是在诉讼程序内对其展开调查。这样一来，相较于我国民事诉讼上关于诉讼系属中的重复起诉问题，在其他大陆法系国家民事诉讼上表现得更为突出。

依上表明，民事诉讼理论上对禁止重复起诉制度的研究不足，现有的研究成果又不能很好地为司法实务者理解，而且，与禁止重复起诉相关的制度在我国民事诉讼立法上尚未形成体系化的规定。这样一来，一方面，《民诉法司法解释》第247条将司法实践上出现的前诉在诉讼系属中或判决确定后的重复起诉混同在一起规定，也就无可奈何了。另一方面，尽管我国现行民事诉讼立法上规定原告的起诉实行立案登记制，而事实上，法官仍需在起诉阶段对原告起诉的合法性进行审查，[2] 这从侧面上过滤了相当部分的无实益的重复起诉。这样一来，诉讼系属中的重复起诉问题在我国民事司法实践上表现得并不突出，而判决确定后的重复起诉问题有进一步加剧恶化的可能。

二、民事诉讼禁止重复起诉的实践情形

上述是对重复起诉概念及类型的总括性描述，在此基础上，对重复起诉

[1] 邓辉辉：“论既判力的作用”，载《学术论坛》，2010年第6期。

[2] 肖建华、王勇：“论我国民事诉讼立案登记的积极要件”，载《浙江工商大学学报》，2017年第2期。

的实践状况进行考察，可为我们全面认识重复起诉问题提供一个大体上的方向，也为下文展开对禁止重复起诉的研究树立问题靶向。法官对实践上重复起诉问题的成因有比较全面的了解，因而，通过对法院中有关重复起诉的实践情形作以客观、清晰地梳理和分析，可对重复起诉问题的表现和类型有一个直观性的认识。通过与法官访谈并将访谈的内容加以归纳与整理，可形成对重复起诉问题发生原因的研判。由此，遵循上述有关重复起诉问题的逻辑脉络，对重复起诉在司法实践上的表现、类型及其成因予以具体分析。

（一）重复起诉的表现

为了全面认识重复起诉问题，还需要考察司法实践上重复起诉的具体表现。这种考察可以采用诸如深入法院实证调研方式，或与法官进行个别访谈的田野调查方式，也可以采取对裁判文书进行整理、分类的文献分析方式。基于笔者现有条件，关于对重复起诉表现的考察，本书采取了后一种方式。在裁判文书的来源上，本书主要利用了目前国内收录裁判文书最全的“中国裁判文书网——中国法院裁判文书库”，并选定以 A 直辖市所属范围内的 16 个基层法院已公布的裁定文书为研究范本。在数据库以“重复起诉”作为“全文关键词”检索 2017—2019 年三年间裁定的有关重复起诉的民商事案件，共收集到 1661 份裁判书。需要注意的是，根据《民诉法解释》第 247 条第 2 款规定，当事人重复起诉的，裁定不予受理；已经受理的，裁定驳回起诉，因而，不论是对重复起诉的后诉不予受理，还是对重复起诉的后诉驳回起诉，原则上都是以作出裁定书的形式排除当事人对同一案件重复起诉，但是司法实践上多数案件是以判决书的形式作出。之所以在判决书中出现“重复起诉”的关键词，主要是因为以判决书作出裁判的案件中，案件的主要争议并非本诉是否为重复起诉，只是当事人在诉讼中提出重复起诉的主张或抗辩，法院在判决理由中对是否为重复起诉作出过判断，而在判决主文中并没有作出判断。本书以基层法院所作出的裁定书为考察对象，主要是基于基层法院往往是最先、也最全面地接触到重复起诉的案件，因而能相对准确地反映司法实践中重复起诉案件的数据。此外，为什么选定 A 直辖市所属范围内的 16 个基层法院为考察对象，我们认为 A 直辖市经济发展水平高，利益纠纷复杂，有关重复起诉的表现形态也最全面。而且，A 直辖市所属范围内基层法院法官的法律素养相对较高，对民事诉讼重复起诉有较深入地认识，从而能准确地执行现行民诉法解释中关于禁止重复起诉的规定。

A 直辖市所属范围内的 16 个基层法院于 2017—2019 年所作的有关重复起

诉的 1661 份裁判书，这当然不是中国法院涉及重复起诉的全部裁定文书。正如有法官所言，即使我国民事诉讼的起诉实行立案登记制，但法官在立案受理阶段仍须对案件是否符合起诉条件进行审查，因而，事实上很多有关重复起诉的案件在立案受理阶段已被排除。并且，对该重复起诉的不予受理或驳回起诉情形，法官一般不予出具相应的裁定书，而是口头劝导或告知当事人撤回起诉。这也表明，对重复起诉的案件能到最后以法院作出裁定文书的方式加以排除的，可能是该争议案件所涉案件事实复杂，利益纷争较大；还有可能是当事人不理解法律的相关规定或者与法官存有认识上的分歧，执意要以裁定文书的形式作出判断。在此意义上，即使我们到最后搜集到的有关重复起诉的裁定书并非实践中有关重复起诉案件的全部，但这对我们关注的问题而言，应该说已经具有足够的代表性，也能够深刻地反映出重复起诉在司法实践中存在的问题。通过对 A 直辖市所属基层法院所作出的这 1661 份有关重复起诉的裁判书浏览、整理，其中，2017 年因重复起诉所作的裁判书为 483 份（判决书 280 份、裁定书 203 份），2018 年因重复起诉所作的裁判书为 531 份（判决书 344 份、裁定书 187 份），2019 年因重复起诉所作的裁定书为 647 份（判决书 376 份、裁定书 271 份），如图 1 所示。[1]

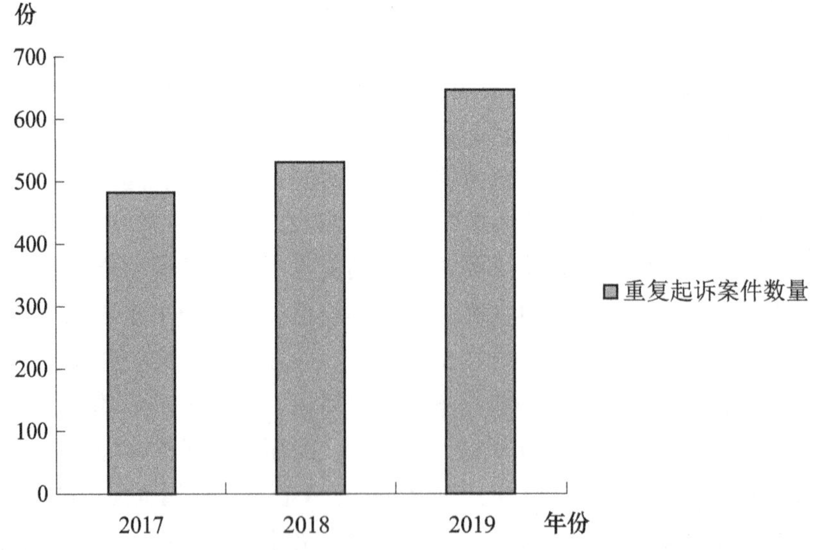

图 1　A 直辖市所属基层法院于 2017—2019 年间所裁判的重复起诉案件数量

---

[1] 数据来源于“中国裁判文书网——中国法院裁判文书库”，通过对 A 直辖市所属范围内的 16 个基层法院于 2017—2019 年三年间已公布的因重复起诉所作出裁定书的案件进行统计、整理得出。

由图 1 可知，于 2017—2019 年三年间 A 直辖市所属范围内的基层法院因重复起诉所裁定的案件数量，大体上呈现出一种逐年增加的趋势。这一方面与法院系统全面贯彻落实立案登记制度改革有关，即为保障当事人的诉权，尽可能地使原告的起诉被立案或进入诉讼审理程序中；也与当事人间所涉纠纷利益变得日益易发、复杂有关，这使当事人通过诉讼解决纠纷的意愿较为强烈，并认为起诉越及时越有利。但不容忽视的是，这种重复起诉的滥诉行为增加了被告的诉累，浪费了有限的司法资源，背离了诉讼效益原则，而这对于其他亟须利用司法资源的其他案件当事人而言是不能容忍的，更重要的是，对同一案件重复起诉，会使前后诉的裁判发生冲突，进而影响司法公信力。

通过对 2017—2019 年三年间 A 直辖市所属范围内的基层法院因重复起诉所作的裁判书的数量分析，可以让我们对重复起诉在民事司法实践中的表现获得一些大体上的印象。此外，通过对这些有关重复起诉的裁定书进行浏览、分类可知，重复起诉在司法实践中的表现主要包括以下几种类型：诉讼系属中的重复起诉、判决确定后的重复起诉、调解生效后的重复起诉、仲裁裁决生效后的重复起诉及裁定生效后的重复起诉。不过，其主要表现为相同当事人之间对已提起的事项在判决确定后再行提起诉讼，另外，调解生效后和裁定生效后的重复起诉也可归属为此种意义上重复起诉类型。需要注意的是，一般而言，重复起诉是指当事人在诉讼程序中对同一案件的重复起诉行为，而在我国民事司法实践中，通过仲裁程序所作出的仲裁裁决生效后，该仲裁裁决中对争议事项的判断也产生禁止重复起诉的效力。

通过对 A 直辖市所属范围内的 16 个基层法院于 2017—2019 年三年间因重复起诉所作出的裁定书的案件数量及类型进行考察，可使我们对重复起诉的司法实践状况作以清晰的描述，并形成对有关重复起诉问题的大体认识。不可否认的是，这种利用以点带面的方法对重复起诉的实践现状作出分析，难免在数据的定量分析上与其他地区存在差异，更何况各地区纠纷案件类型、诉讼文化差异及法官的法律素养等方面均存在不同。但在现有条件下，笔者以此种方式来研究分析最能客观、清晰地反映出重复起诉在司法实践上的现状，并且，上述考察范本在司法实践上也代表着一种有关重复起诉的态势和现象。

（二）重复起诉的类型

在民事诉讼实务上，当事人可能对尚处于诉讼系属之中的案件，再行提起相同内容的后诉；还可能对已被生效判决确定后的案件，再行提起相同内容的后诉。比如，甲和乙因加工承揽合同发生纠纷，原告甲向被告乙所在地人民法院提起诉讼，请求解除加工承揽合同，在该诉的诉讼系属中，乙基于趋利避害或诉讼策略的考虑，又以甲为被告向合同履行地人民法院提起诉讼，请求继续履行加工承揽合同。再如，原告甲对被告乙提起确认 A 房屋之所有权的前诉，经判决甲获得胜诉的确定判决后，乙又对甲提起后诉，请求确认 A 房屋的所有权属于乙。在上述情形下，相同当事人之间就已提起的事项在诉讼系属中或判决确定后再次起诉，会对被告造成重复应诉的负担，也会造成有限司法资源的浪费，最重要的是，重复起诉会发生矛盾判决的危险，进而危害司法公信力。由此，在民事司法实践上，民事诉讼重复起诉具体表现为两种形态，一是原告在诉讼系属中对同一案件重复起诉；二是原告在判决确定后对同一案件重复起诉。不过，尽管这两种重复起诉类型都表现为相同当事人之间对同一案件的重复起诉，但这两种重复起诉发生在不同的程序阶段，而且，对这两种重复起诉类型规制的法理依据及具体措施等方面均存有一定程度上的差异，那么，准确地理解这两种重复起诉类型关系到能否对司法实践上的重复起诉问题形成有效地规制。

1. 诉讼系属中的重复起诉

诉讼系属在民事诉讼上是一个重要的法律概念，其具体是指通过原告起诉所形成的“特定事件由特定法院来审判”的状态。所谓特定事件，是指何人对何人请求法院如何判决的事件，如诉请裁判确认合同有效，请求返还借款等。关于起诉的方法，普通诉讼程序的起诉原则上以向法院提出诉状的书面方式进行，在诉讼状里记载法律所规定的事项；对简单的民事案件以简易诉讼程序起诉的，也可以口头进行，即原告在法院向法官口头陈述事项，法官将之整理成笔录，即发生诉讼系属的效力。此外，诉之提起，有时则是以诉状以外之书状或言辞的诉之追加、变更或提起反诉为之，还有因其他诉讼行为转换为起诉，如调解程序或督促支付命令程序依法转换为起诉程序的，也产生诉讼系属效力。以诉讼系属为前提，发生诉讼系属抗辩的诉讼法效果，即只要第一个诉的诉讼系属持续，就不允许该诉在其他或者同一个法院再行发生系属。尽管《民诉法解释》第 247 条中没有使用“诉讼系属”的概念，而是以“诉讼过程中”的类似表述来表达此种诉讼上的状态，但也因此发生诉讼系属的效果。由此，为尊重该法院之处理情形及避免裁判分歧，当事人不得就已经提起的事项在诉讼系属中再向其他（或同一）法院另诉，否则将构成重复起诉。

诉讼因终结而脱离法院，一般而言，以终结诉讼为目的之终局判决或裁定确定时，则诉讼系属消灭，如果不是以终结诉讼为目的之裁判，即使已经确定，诉讼系属仍不消灭。诉讼系属归于消灭的情形还表现为，在诉讼系属中，经双方当事人合意将事件移付调解，至调解成立时，诉讼系属发生消灭。诉讼上的和解成立的，其与确定判决一样而使诉讼系属消灭。原告在判决确定前，撤回诉之全部或一部，则视同未起诉，从而诉讼系属消灭。法院在诉讼程序中审查认为原告的诉或上诉人的上诉为不合法，以裁定驳回，从而使诉讼系属消灭。当事人在诉讼系属中死亡者，且无人承受诉讼的情形，也发生诉讼系属消灭的效力。

以诉讼系属为界限，当事人争讼的事件在法院发生受审判的状态，并以判决成熟的催促为目标，易言之，自原告的起诉发生诉讼系属以后，法院即有终结诉讼之义务。易言之，诉讼系属状态有一定的时间范围，因特定诉讼行为或者事实的出现而产生或消灭，因而，在讨论诉讼系属中的重复起诉问题时，须明确诉讼系属状态的发生和结束的时间点。关于诉讼系属发生的时点，学界现有诉状提出说、诉状送达说、受理说等不同主张。我国民事诉讼法学界一般认为，虽然我国现行民事诉讼的起诉实行立案登记制，但民事诉讼立法上仍有关于“起诉和受理”的立案规定，那么，原告的起诉只有待法院审查确认合法后才发生诉讼系属的效力。[1] 但是，根据《民诉法解释》第247条第2款“当事人重复起诉的，裁定不予受理”的规定，我国民事诉讼上发生禁止重复起诉效力的时点应在原告起诉之时。由此，我国民事司法解释上所规定的发生禁止重复起诉效力的时点与民事诉讼立法上所规定的发生诉讼系属的时点之间并不一致。而民事诉讼上一般认为，案件发生诉讼系属后即生禁止重复起诉的效力，因而，发生诉讼系属的时点与案件产生禁止重复起诉效力的时点应当是一致的。我们认为，造成发生诉讼系属的时点与产生禁止重复起诉效力的时点相互脱节的原因是，我国民事诉讼的起诉实行立案登记审查制，即原告的起诉只有在法院审查受理后才发生诉讼系属的效力，而不是原告一旦起诉即生诉讼系属的效果。从民事诉讼理论上来看，原告的起诉应当一经向法院提起就发生诉讼系属的效果，而且，如果于法院审查原告的起诉合法后才发生诉讼系属效果，则无法对原告起诉之后、发生诉讼系属之前这段时间内发生的原告与法院在诉讼上的权利义务关系的原因作出合

[1] 《民事诉讼法》第119条、第124条分别有关于立案积极条件、立案消极条件的规定。参见：肖建华、王勇：“论我国民事诉讼立案登记的积极要件”，载《浙江工商大学学报》，2017年第2期；张卫平：“民事案件受理制度的反思与重构”，载《法商研究》，2015年第3期。

理解释。另外，从起诉的性质来看，起诉是原告的单方诉讼行为，那么，原告在向法院提交诉状之时就应该发生诉讼系属的效果。因而，民事诉讼发生诉讼系属的具体时点应摒弃诉状受理说，而采诉状提出说最为妥当，即原告一旦提起诉讼，就发生诉讼系属的效果。需要说明的是，如果于原告起诉时点作为发生诉讼系属的具体时点，则应剔除民事诉讼法上关于“立案和受理”的规定，从而我国民事诉讼的起诉应全面实行立案登记制，但这基于我国目前的民事司法实际来看只是一种理论上的学说。

同一案件的诉讼系属情形，不限于向同一法院起诉，向其他法院起诉也发生诉讼系属效力，那么，前后两诉发生禁止重复起诉效果，不限于向同一法院起诉，就同一事件先后向不同的法院重复起诉也构成重复起诉。[1] 诉讼系属的事件应依判决程序裁判，故依判决程序以外的程序予以处理的事件，不发生诉讼系属的效力。[2] 比如，以诉外调解程序、民事保全程序、强制执行程序等为非判决程序所处理之事件，均不发生诉讼系属效力。因此，当事人在上述程序中就同一事件同时或先后主张的，则不构成重复起诉。诉讼系属仅就诉讼上的请求发生系属，即使后诉请求是在前诉的诉讼程序中以诉之变更、追加或反诉的方式提起的，也发生诉讼系属的效力。由此，重复起诉的发生形态，不限于后诉的独立起诉情形，其以诉之变更、追加或提起反诉方式提起诉讼请求，从而达成相同当事人的后诉讼与前诉讼在内容上完全相同的情形，也发生重复起诉的问题。

根据《民诉法解释》第247条规定：“当事人就已经提起诉讼的事项在诉讼过程中或者裁判生效后再次起诉，同时符合下列条件的，构成重复起诉：（一）后诉与前诉的当事人相同；（二）后诉与前诉的诉讼标的相同；（三）后诉与前诉的诉讼请求相同，或者后诉的诉讼请求实质上否定前诉裁判结果。”对诉讼系属中的重复起诉情形，可从下则案例予以具体理解。

案例一：原告××投资公司诉称，2016年2月3日，原告与被告付××签订《股权转让协议书》，其中协议约定：“剩余5000股权转让款于2016年12月30日前付清，逾期后的资金占用费按每月2%计算，逾期时间超过6个月，原告××投资公司有权解除本股权转让协议，退回原股权。”协议生效后，原告按照约定办理了股权变更登记手续，但被告不仅不按协议约定时间履行支付股权转让款义务，而且歪曲事实隐瞒转股真相，利用获得的股东身份伪造印件公文侵占公司财产，故原告诉之法院，请求解除原、被告签订的《股权转让

[1] 刘金林：“从维护既判力角度适用‘一事不再理’”，载《检察日报》，2003年5月14日。

[2] 邱联恭：《口述民事诉讼法讲义》（二），许士宦整理，2012年版，第44页。

协议》。原审法院审理查明，2017 年 7 月，原告××投资有限公司就与被告付××签订的《股权转让协议》的履行事宜已向其他法院提起诉讼，诉讼请求为："请求判令被告付××支付欠原告 5000 万元股份转让款及资金占用费 600 万元（资金占用费从 2017 年元月 1 日起按 2% 比例计算至 2017 年 6 月 30 日止，合计 600 万元；2017 年 7 月 1 日起按 2% 比例计算至 5000 万元股份转让款还清止，资金占用费另行计算支付"）。该案目前正在审理中。法院最后审理认为，该案前后两诉的当事人、诉讼标的及诉讼请求相同，从而后诉之提起违反禁止重复诉讼规则，依法应驳回原告的起诉。❶

在该案中，原告在前诉中就《股权转让协议》的履行事宜已向其他法院提起诉讼，请求判令被告支付欠原告 5000 万元股份转让款及资金占用费。在前诉的诉讼系属中，原告又以被告不按协议约定时间履行支付股权转让款义务为由，向法院起诉请求解除原、被告签订的《股权转让协议》。比较前后两诉的内容，前后两诉的当事人均为原告××投资有限公司与被告付××，诉讼标的均为《股权转让协议书》的合同纠纷，诉讼请求虽在形式上不同，但实质上均为请求被告支付欠原告 5000 万元股份转让款及资金占用费 600 万元。在此情形下，法院对前后两诉的审理不仅会对被告带来反复应诉的麻烦，也会浪费司法资源，且有发生相互冲突判决的危险。据此，法院认为前后两诉构成重复起诉，从而应当驳回后诉的起诉。

对诉讼系属中的重复起诉情形，只要第一个诉的诉讼系属持续，就不允许相同当事人间就同一案件在其他或者同一个法院再行发生系属，否则应认为属于重复起诉。然而，现代民事诉讼纠纷变得日益复杂，且各种民事纠纷的集聚性、关联性愈发明显，因而，实践中的重复起诉情形也变得纷杂多样，这具体表现为重复起诉的情形并不限于后诉与前诉的要素在内容上完全相同的情形。易言之，从禁止重复起诉的旨趣来看，尽管前后两诉的要素不尽相同，但前后两诉的诉讼请求所依据的主要争点共通或请求的基础事实相同，即前后两诉的主要事实争点或基础事实，有其社会事实上的共通性及关联性，而就前诉所主张的案件事实及证据资料，可在后诉中加以利用，且无害于对方当事人程序权的保障，也符合诉讼经济的要求。❷ 在此情形下，法院对该共通争点或相同请求基础事实的重复审理，有发生诉讼不经济，且会发生相互矛盾裁判的危险，从而应当认为前后诉构成重复起诉。实际上，为克服诉的要素标准在判定重复起诉方面的不足，避免前后两诉因有共通的争点或相同

❶ 案件字号：（2017）黔 2601 民初 4155 号，审理法院，贵州省凯里市人民法院。

❷ 刘明生：《民事诉讼法实例研究》，元照出版有限公司 2011 年版，第 194 页。

的请求基础事实而引发重复起诉问题，民事诉讼理论上早有学者主张摆脱诉的要素的判定重复起诉标准的窠臼，而扩大化地以判决理由中所认定的事实事项来判定前后两诉是否构成重复起诉。如日本学者中有主张，尽管前后两诉的诉讼标的不同，但前后两诉的主要争点共通或请求的基础事实相同，前后两诉构成对禁止重复起诉旨趣的违反，从而也应认为构成重复起诉。❶ 我国台湾地区民事诉讼立法上规定，如果前后两诉的请求基础事实同一，当事人不得另行起诉，而应通过诉之变更、追加或提起反诉的方式将后诉的诉讼请求合并于已系属的前诉程序内一并解决，同时强化法官对当事人为诉之变更、追加或提起反诉的阐明义务。❷ 德国民事司法实践中主要通过将诉讼标的之范围扩张至广泛熟悉的生活案件事实的领域，进而扩大化地适用禁止重复起诉规则。❸ 为满足对司法实践中的重复起诉问题规制的需要，我国民事诉讼法学界也有学者主张不应恪守诉的要素的判定重复起诉标准，而应细化前后两诉的诉讼请求所及的事实主张，从而在事实层面探究前后两诉是否构成重复起诉。❹ 民事司法实践中也认为，如果前后两诉有共通的争点或相同的请求基础事实，法院对该前后两诉的审理有违反禁止重复起诉旨趣的情形，也应认为前后两诉属于重复起诉。对此重复起诉情形的理解可具体参见下则案例。

案例二：原审原告××公司诉称，其与原审被告××公司签订《房屋租赁合同》约定，原审原告将其所有的租赁物租赁给原审被告使用。后因该租赁物属于政府拆迁范围，原审原告要求原审被告返还租赁物。原审法院审理查明，原审被告曾以原审原告为被告提起诉讼，要求变更原租赁合同计租面积，并要求原审原告支付拆迁补偿费用、履行租赁义务、赔偿损失等。原审原告在

---

❶ 参见【日】高桥宏志：《民事诉讼法——制度与理论的深层次分析》，林剑锋译，法律出版社2003年版，第113页；【日】新堂幸司：《新民事诉讼法》，林剑锋译，法律出版社2008年版，第163页。

❷ 参见杨建华：《民事诉讼法要论》，郑杰夫增订，北京大学出版社2013年版，第221页；许士宦：《诉讼理论与审判实务》（第六卷），元照出版有限公司2011年版，第211页。

❸ 【德】罗森贝克、施瓦布、戈特瓦尔德：《德国民事诉讼法》（下册），李大雪译，中国法制出版社2007年版，第673页。

❹ 参见柯阳友："也论民事诉讼中的禁止重复起诉"，载《法学评论》，2013年第5期；张卫平："重复起诉规制研究：兼论'一事不再理'"，载《中国法学》，2015年第2期；段文波："日本重复起诉禁止原则及其类型化解析"，载《比较法研究》，2014年第5期；卜元石："重复诉讼禁止及其在知识产权民事纠纷中的应用——基本概念解析、重塑与案例群形成"，载《法学研究》，2017年第3期；袁琳："'后诉请求否定前诉裁判结果'类型的重复起诉初探"，载《西南政法大学学报》，2017年第1期；王亚新、陈晓彤："前诉裁判对后诉的影响——《民诉法解释》第93条和第247条解析"，载《华东政法大学学报》，2015年第6期；陈杭平："诉讼标的理论新范式"，载《法学研究》，2016年第4期；严仁群："既判力客观范围之新进展"，载《中外法学》，2017年第2期。

前诉中抗辩双方的合同已经解除等。前诉法院审理认为原审原告行使单方解除权的行为均不能产生合同解除的法律后果，原审原告据此主张合同已解除的抗辩亦不予支持。原审原告不服原判，并提起上诉，目前该案二审正在审理中。原审法院审理认为，前诉已对租赁合同的效力、是否解除等问题作出认定，原审原告的本次诉讼的诉请实质上是要求对上一案件中裁判有关事项的重新评判，故属重复起诉。原审原告不服原判提起上诉。上诉法院审理认为，原审原告在本案中的诉讼请求是要求被上诉人返还涉案房产，而该请求成立的基础是上诉人享有的合同解除权成立，而在前诉中原审原告已经抗辩双方之间合同已经解除，但未得到一审法院的支持，故原审原告再次以其享有合同解除权为由单独起诉，显然构成重复诉讼。

在该案中，原审原告在前诉中提出租赁合同已解除的抗辩，且前诉法院已在判决理由中认定原审原告单方解除租赁合同的抗辩不成立。在后诉中，原审原告又以租赁合同已经解除为由请求原审被告返还租赁物。比较前后两诉的内容，尽管前后诉的诉讼请求不同，但原审原告在前诉中已对解除租赁合同的抗辩理由事项予以主张，且系当事人的主要争点，而法官对此主要争点予以认真审理过，并在判决理由中也加以判断。在此情形下，前后诉法院对该争点的重复审理，有违反禁止重复起诉旨趣的情形，因此，原审原告主张的解除租赁合同的抗辩理由虽非判决主文中的事项，但亦应有拘束后诉讼的效力，即禁止当事人另行提起与前诉讼具有共通争点的后诉讼，否则应认为后诉讼的提起构成重复起诉。[1]

依上所述，对诉讼系属中的重复起诉，如果前后两诉讼的主要争点共通或请求的基础事实相同，法院对前后两诉的审理会发生矛盾裁判的危险等违反禁止重复起诉旨趣的情形，从而应当认为构成重复起诉。不过，在此情形下，法院不能简单地依据《民诉法解释》第 247 条关于“不予受理”或“驳回起诉”的规定对重复起诉的后诉作出处理。因为，上述情形下的前后两诉的要素不尽相同，从而前后两诉均有被独立提起的诉的利益。对于上述重复起诉情形的处理，为防止后诉因违反禁止重复起诉的旨趣被驳回及实现诉讼经济的目标，法院应适用“禁止另行起诉并进行强制合并”的方式来处理。具体言之，如果当事人欲就具有共通争点或相同请求基础事实的后诉诉请审判，法官应促使其利用前诉程序为诉讼请求的变更、追加或提起反诉，以使后诉的诉求合并于前诉程序内一并解决，而不得再行提起后诉。这样一来，

[1] 姜世明：《民事诉讼法基础论》，元照出版有限公司 2011 年版，第 426 页。

以诉的合并的方法提出后诉的审判申请则就不会构成重复起诉，又能就前诉的诉讼资料及证据资料期待在后诉请求的审理中予以利用，借此能避免被告应诉之烦及法院审理之负担，也能在整体上扩大诉讼制度解决纷争的功能，实践纷争解决一次性的目标。对此情形的具体理解可从下则案例加以说明。

案例三：原告郑××、尹××诉称，杨×1因在原告郑××生日聚会中饮酒死亡，被告杨×2、刘××、杨×3（死者杨×1的家属）将杨×1死因归咎于原告郑××、尹××，并逼迫郑××出具《承诺书》，承诺赔偿死者家属费用30.8万元、安葬费、医疗及开支等内容。而该《承诺书》是郑××、尹××受到巨大的精神胁迫而出具的，承诺内容并非真实的意思表示。故诉至法院，请求判令撤销郑××出具的《承诺书》。法院审理查明，本案被告杨×2、刘××、杨×3曾以本案原告郑××、尹××为被告并依据本案讼争的《承诺书》，向法院提起给付之诉，且该案已被立案受理。法院审理认为，法院在审理前诉之杨×2、刘××、杨×3依据《承诺书》提起的给付之诉时，必然对本案涉及的《承诺书》的效力进行审查，而法院在审理后诉之郑××、尹××提起的撤销《承诺书》之诉时，也必然对《承诺书》的效力进行审查，因而郑××、尹××在本案中主张撤销讼争《承诺书》实质是对杨×2、刘××、杨×3提起的给付之诉裁判结果的否定，且两案当事人相同、诉讼标的同一，从而构成重复起诉，应予驳回起诉。[1]

在该案中，前后两诉的要素不尽相同，但存有关于《承诺书》效力问题的共通争点，那么，前后诉法院对该《承诺书》效力问题的重复审理，在内容上有使前后诉的裁判发生相互矛盾的危险。据此，法院认为后诉的提起违反“后诉的诉讼请求实质否定前诉裁判结果”要件，应当认为构成重复起诉。在对重复起诉的后诉处理上，尽管后诉法院对重复起诉的后诉以驳回起诉的方式予以处理，但根据该案判决书中“郑××、尹××也可以实施相应的抗辩或者以反诉的方式主张撤销《承诺书》或者确认《承诺书》无效，其另行起诉的行为，仅是对已有完全保护途径的利益提出的一种重复保护方式”的表述，表明法院已经意识到将后诉请求通过提起反诉的方式合并于前诉程序内一并审理更为恰当。不过，受限于《民诉法解释》第247条第2款关于“不予受理”或“驳回起诉”的规制重复起诉措施的规定，法院对重复起诉的后诉作出驳回起诉的处理也是无奈之举。

综上所述，当事人就已经提起诉讼的事项在诉讼过程中再次提起诉讼，

---

[1] 案件字号：（2015）锦江民初字第2694号，审理法院，四川省成都市锦江区人民法院。

则构成重复起诉。着眼于避免出现“两个诉讼程序分别对同一案件展开审理”的不合理状况，消除发生矛盾裁判的危险，如果相同当事人之间就尚在诉讼系属中的同一案件提起后诉，则应对重复起诉的后诉作出“不予受理”或“驳回起诉”的裁判。不过，诉讼制度的发展趋势是扩大诉讼解纷的功能，避免重复起诉带来诉讼的负担，以及达成诉讼经济的目标。在这一背景下，司法实务上对重复起诉范围的认定有扩张的趋势，即尽管前后两诉的要素在内容上不尽相同，但前后两诉的主要争点共通或请求基础事实相同，法院对共通的主要争点或相同的请求基础事实的重复审理在裁判结果上有发生矛盾判决的危险，从而也应认为此种情形的前后诉构成重复起诉。对此种重复起诉的后诉处理，由于存在着“禁止另行起诉”的规定，所以当事人不得对具有共通争点或相同的请求基础事实的后诉另行起诉。但后诉有被独立提起的诉的利益，因此，法官应促使当事人通过诉之变更、追加或提起反诉的方式，将具有相同基础事实或共通争点的后诉请求合并于前诉程序内一并解决，由此，后诉的提起就不会构成重复起诉，也能实现纠纷一次性根本解决的诉讼目标。

2. 判决确定后的重复起诉

终局判决一旦生效后，确定判决的判断为当事人间过去的纷争画下句号，当事人可以此法院的判断为新的“出发点”，各自安排其未来的法律生活。如果允许当事人就同一案件提起后诉，则就承认当事人可对纠纷反复地争议，那么确定判决的判断可能随时会被推翻，这将使争议永无终结之时。[1] 因此，《民诉法解释》第 247 条规定，当事人就已经提起诉讼的事项在裁判生效后再次起诉，则构成重复起诉。民事诉讼上将此种重复起诉的情形归属为既判力制度调整，一方面，由于我国现行民事诉讼立法上尚未真正确立既判力制度，且在“实体真实”“有错必纠”的司法观念影响下，民事诉讼判决没有得到应有的尊重。[2] 另一方面，由于我国民事诉讼的起诉实行立案登记审查制，诉讼系属中的重复起诉类型很容易在立案受理阶段被排除，因而，诉讼系属的重复起诉情形在民事司法实践中表现得并不突出，由此，判决确定后的重复起诉类型被认为是司法实践上重复起诉的典型形态，且有进一步恶化的趋势。

判决确定后的重复起诉在司法实践上通常表现为以下三种具体的情形：首先，前诉败诉的原告对于前诉被告提起相同的请求，例如，原告甲对被告

---

[1] 参见张煌辉、何理：“禁止重复起诉的理论源流及判断标准”，载《人民法院报》，2009 年 7 月 21 日，第 006 版。

[2] 参见叶自强：“论判决既判力”，载《法学研究》，1997 年第 2 期；徐彤：“一事不再理原则的理论基础与司法实践”，载《四川理工学院学报》（社会科学版），2013 年第 3 期；邓辉辉：“论既判力的作用”，载《学术论坛》，2010 年第 6 期。

乙诉请返还货款 10 万元，于前诉遭驳回判决确定后，原告甲又对被告乙就相同之货款提起第二个诉讼。在这种情形下，原告甲不得提出在既判力之基准时点前所存在之事由，法院也不得重新地就该笔货款是否存在进行审理，否则，基于驳回请求（前诉）判决既判力的作用，该请求在后诉中也将再次被法院驳回。其次，前诉败诉的被告向前诉原告提起的请求，其内容正好是与前诉请求相反。例如，原告甲对被告乙提起确认 A 房屋之所有权属于甲的请求，经判决甲获得胜诉后，乙又对甲提起后诉，请求确认 A 房屋的所有权属于乙。在此情形下，基于实体法上的一物一权原则，A 房屋势必不可能同时属于甲、乙二人单独所有，因而，乙于后诉提起的请求与前诉法院之判断处于矛盾对立关系中，此时本于既判力，后诉法院受前诉确定判决的既判力所拘束，从而应驳回后诉之起诉。最后，前诉就诉讼请求之判断为后诉请求之先决问题，即在诉讼请求不同的后诉中，前诉的既判事项成为其先决问题，此时，后诉法院应以前诉的判决为基础就后诉作出判决，而不得就该先决问题重新审理。例如，甲乙就 A 房屋所有权有争执，甲在前诉中对乙请求确认 A 房屋之所有权属于甲，法院判决甲胜诉后，甲又依所有物返还所有权诉请乙返还 A 房屋，此情形下，虽然前后两诉的诉讼请求不同，但前者乃是后者的前提法律关系，基于既判力的作用，乙不得再主张 A 物之所有权，后诉法院亦不得为相反之认定。

在民事诉讼理论上，既判力原则上只产生于判决主文中所表示的法院判断。所谓判决主文是指，对应于原告在诉状中提出的请求，法院以诉讼上的请求为内容作出的判决事项。这样一来，法院对诉讼请求所作出的判断事项发生既判力，而作为判决主文以外的判决理由中的事实判断事项不发生既判力。之所以不承认判决理由中的事实判断事项产生既判力，是因为判决理由中的事实判断对象相对于诉讼上的请求而言，只是为达到判断本案请求存在与否的手段，正是因为这种判断的手段性与次元性，于是就存在着当事人未对作为这种判断之基础的争点予以严肃考虑的可能性，如果让这种争点也产生拘束力，进而在这种争点与其他诉讼标的的关系上，阻断当事人对其进行争议的可能性，那么难免会对当事人造成突然袭击。其次，正是因为这些只不过是对判决要解决的前提手段的判断，并不是判决所面临的问题，于是当事人只要关注诉讼请求之结论的胜负即可，而无必要将此种判决理由中的事实判断也定位为既判力所欲强制解决的纷争对象。而且，从这种争点与本案诉讼标的关系来看，不让法院针对这种争点作出的判断产生既判力，不但不会使双方当事人因对这种争点进行过于严格的争议而浪费过多的时间，而且在某种程度上也会使当事人更易于对此作出自认，如此一来，就会有助于促进法院机动且迅速地对诉讼标的作出审理及判断。❶ 但是，如果一概地否认判决理由中的事实认定不产生判决拘束力，那么，在判决发生法律效力之后，当事人仍可对判决理由中的事实判断事项提起诉讼，法院也可以对其做出不同的认定或判断。这此一来，当事人对前诉判决理由中的判断在后诉中为不同主张，就很难保证前诉判决主文中的判断得以确定，甚至在内容上会发生矛盾判决的危险，从而有违禁止重复起诉的旨趣，影响司法威信。

为应对这种不合理的情形，德、日立法上都设置了一种救济途径，即在当事人欲使作为诉讼请求前提的判决理由中的事实判断也产生既判力，可通过提起中间确认之诉使其获得既判力。通过设置这种中间确认之诉，尽管在大体上使这一问题获得某种程度的解决，但仅仅依据这种措施就是否能够充分地应对上述这一问题，恐怕还是颇具疑问的。正是这种不妥当的存在，促使了德国的“既判力向判决理由中判断扩张”理论以及日本争点效理论的产生。❷ 受上述理论影响，为克服既判力客观范围限于判决主文的局限，以对前后两诉因有共通的争点或相同的请求基础事实而构成重复起诉的情形作出合理的解释，我国民事诉讼理论上也存有以下几种应对措施的主张。第一，既判力客观范围扩张说，该说认为民事诉讼上应突破既判力客观范围限于诉讼标的的限制，进而扩张至判决理由中的事实判断事项，即把该共通的争点或相同的请求基础事实解释为诉讼标的之构成元素，从而认为此种情形下的前后两诉的诉讼标的相同，进而有发生重复起诉的问题。❸ 第二，争点效力理论，该说认为虽然判决理由中的判断事项不具有既判力，但是具有争点效力，即当事人在前诉中为充分攻击防御且法院为实质审理判断的争点，在后诉讼中就同一争点的审理，不许当事人为相反的主张，同时后诉法院也不得为相反的判断。❹ 还有学者认为，由于生效裁判确认的事实无法得到传统既判力理

---

❶ 参见【日】高桥宏志：《民事诉讼法——制度与理论的深层次分析》，林剑锋译，法律出版社2003年版，第505-506页。

❷ 【日】高桥宏志：《民事诉讼法——制度与理论的深层次分析》，林剑锋译，法律出版社2003年版，第507页。

❸ 王亚新、陈晓彤：“前诉裁判对后诉的影响——《民诉法解释》第93条和第247条解析”，载《华东政法大学学报》，2015年第6期；袁琳：“‘后诉请求否定前诉裁判结果’类型的重复起诉初探”，载《西南政法大学学报》，2017年第1期；胡军辉、刘佳美：“民事既判力客观范围扩张的理论及评析——兼论我国解决民事既判力客观范围扩张之路径”，载《湘潭大学学报》（哲学社会科学版），2012年第4期。

❹ 参见李龙、闫宾：“代位诉讼中的适格当事人研究”，载《西南大学学报》，2004年第5期；蒲菊花：“论债权人代位诉讼的诉讼标的”，载《河北法学》，2003年第5期；赵新会：“既判力客观范围的历史考察与现实定位”，载《理论探索》，2006年第2期。

论的支持，为达到扩大既判力的目的，应当允许当事人就其提起独立的中间确认之诉。[1] 由此，为试图让构成诉讼请求判断前提的、有关事实存在与否之判断产生判决拘束力，上述学说主张为解释既判力客观范围扩张提供了理论依据，并为解决司法实践中因前后诉有共通的争点或相同的请求基础事实所带来的重复起诉问题提供了预设性方案。

在民事司法实践中，为解决判定重复起诉的标准限于前后两诉的要素相同上而造成诉讼解纷功能的减弱，并可能引发纷争的再燃以及发生前后相互矛盾裁判的危险等问题，已有案例认为，作为诉讼请求前提的判决理由中的事实判断事项也产生拘束后诉的效力，并认为此种情形下提起的后诉违反“后诉的诉讼请求实质上否定前诉裁判的结果”的禁止重复起诉要件，从而前后两诉属于重复起诉。在此情形下，即使当事人另行提起后诉的，也应当以其不适法为由作出“不予受理”或“驳回起诉”的裁定。如此一来，司法实践已突破《民诉法解释》第 247 条中所规定的诉的要素的判定重复起诉标准，进而扩张至以判决理由中所认定事实事项来把握前后两诉是否构成重复起诉。对此重复起诉情形的理解可具体参见下则案例。

案例四：2015 年 6 月 18 日，××农村商业银行股份有限公司（简称××农商行）与××酒业公司签订借款合同，6 月 18 日原告××公司、谭××、唐××作为保证人与××农商行签订保证合同。现××公司、谭××、唐××请求判决撤销与××农商行签订的保证合同。法院审理查明，2016 年 6 月 24 日，××农商行起诉××酒业公司、××公司、谭××、唐××金融借款合同纠纷，主张××酒业公司等偿还借款，××公司、谭××、唐××、缪××依据合同约定承担担保责任。法院判决××酒业公司承担还款义务，××公司、谭××、唐××、缪××等人承担连带清偿责任。该案执行期间，缪××申请对该案进行再审，本院裁定对该案进行再审，现该案尚在审理之中。法院审理认为，××农商行起诉××酒业公司、××公司、谭××、唐××等人金融借款合同纠纷尚在审理之中。该案中，××农商行依据与××公司、谭××、唐××等人签订的保证合同主张××公司等承担担保责任，对该案的审理，需对担保合同的效力进行审查判断。本案中，××公司、谭××、唐××请求撤销保证合同，本案与前诉请求权基础事实相同，即均需对担保合同的效力进行审查判断，因而对本案进行审理构成重复裁判。[2]

在该案中，前诉为××农商行依据与××公司、谭××、唐××等人签订的保证合同，起诉请求××公司、谭××、唐××等人承担保证责任，后诉为××公司、

[1] 曹志勋：“反思事实预决效力”，载《现代法学》，2015 年第 1 期。

[2] 案件字号：(2018) 黔 0303 民初 2481 号，审理法院，贵州市汇川区人民法院。

谭××、唐××起诉请求撤销与××农商行签订的保证合同，尽管前后两诉的诉讼标的、诉讼请求不同，但前后两诉有共同争点，且该争点是法院对诉讼请求判断的前提，在此情形下，前后诉法院存在对该共通争点的重复审理，在判决结果上有发生相互矛盾判决的危险，从而应当认为前后两诉构成重复起诉。该案法官在判定前后两诉是否构成重复起诉时，撇开了诉的要素的判定重复起诉标准，而从禁止重复起诉旨趣出发，认为虽前后两诉的要素不尽相同，但法院对该共通争点的重复审理有可能发生矛盾判决的危险，进而有违禁止重复起诉的旨趣，故此种情形的前后诉属于重复起诉。这表明，司法实践中已突破诉的要素的判定重复起诉标准，而以禁止重复起诉的旨趣为标准来判定前后两诉是否构成重复起诉。这也表明，司法实践中已从判决理由中所认定的事实层面来扩大化地把握重复起诉的范围。

确定判决一经生效，当事人不能对该判定事项再次提起诉讼或者在以后的诉讼中主张与该判决相反的内容，法院也不得对该判定事项再进行判决或在以后的诉讼中作出与该判决相矛盾的判决，由此，被赋予既判力的判断，必须明确是针对什么时间点上的权利关系作出的判断。在事实审口头辩论终结时之前，当事人都可以通过攻击防御方法提出有关事实主张及证据资料，终局判决也必须在口头辩论终结前提出的诉讼及证据资料基础上作出，从而确定双方当事人的权利义务，因此，在最后事实审口头辩论终结时点上有关权利关系的判断将产生既判力。这样一来，在基准时前所存在的诉讼及证据资料，如果当事人于该诉讼中未主张或未提出，则不得在后诉中再为主张，后诉法院在审理时亦应予排斥。然而，作为诉讼标的之民事权利义务关系，会随着时间的经过因发生新事由而变动，如被判决所确认的请求权被履行或被消灭，原告被确认的财产所有权又被转让等，因此，在基准时点后出现的新事实并不能成为前诉的判决依据。而且，就当事人的立场而言，这种新事实是当事人即便想主张但也无法主张的事实，从而也无法使法院斟酌该等新事实，并将其作为前诉判决的依据。在此情形下，如果成为本案审判对象的权利或法律关系因发生新事实而与先前裁判结果不同，且严重影响到当事人间的实体公正，那么，其产生的弊害将大于其确保法的安定的价值。基于此，为保障当事人的实体权利，则例外地承认基准时点后发生的新事实不受既判力的拘束，从而应当允许当事人对此在后诉中再提出主张予以争执。法院也得对基准时点以后有无新事由发生加以调查和审理，如果法院认为有新事实发生，则应以确定判决基准时点所判断的法律关系状态为基础，加上对新事实的审理结果来作出本案判决；当发现没有这种新事由时，应当直接做出遵照前诉判决内容的本案判决。这种在既判力基准时点后发生的事实，现行民事诉讼立法上将其称为“新事实”。如《民诉法解释》第248条规定，前诉裁判确定后，有新事实发生的，当事人可再次提起诉讼争议，人民法院也应当依法受理。根据现行民事诉讼立法及学理上的解释，这里所说的因出现新事实而允许当事人对此予以重复起诉的例外情形主要有以下三种：

首先，对定期金赔偿（反复给付）判决的变更之诉。定期金赔偿的确定判决是建立在对未来关系的预测之上，这使得判决既判力具有指向未来的属性。但这种既判力的预测可能与计算当时所预想的情况发生显著变化，如因情势变更，甚至可能被证实先前预期是错误的。在此情形下，为避免不公正的实体结果出现，法律上应允许当事人对基准时后发生的新事实提起主张并进行举证，并以前诉既判力所确定的定期赔偿金额为前提请求根据将来状况来减少或增加一定数额。[1] 如《民诉法解释》第218条规定，因新情况、新理由，一方当事人可在赡养费、抚养费、抚育费案件的裁判发生法律效力后，另行起诉要求增加或者减少费用。由于有关赡养费、抚养费及抚育费等是一种长期的、需要在将来逐步兑现的费用，因此，在这些情况下，命令支付义务人采取定期支付的方式是较为妥当的。不过，前诉判决关于此类费用的预测可能与计算当时所预想的情况发生变化，或者当事人收入状况发生显著变化，如抚养义务人挣钱更多或变穷、金钱购买力下降以至于判决数额的购买力也下降等。在此情形下，如果还维持原先确定的定期赔偿额度，将对当事人产生不公平的结果。为了避免这种结果的出现，法律应当许可这种对既判力的冲破，即应当允许当事人在发生新事实后对其再行重复起诉。在我国民事诉讼实务中，此种情况的后诉也均作为另案处理，而不受前诉关于赡养费、抚养费、抚育费等判决的拘束。[2] 由此，在命令以定期金额来赔偿的确定判决里，为在制度上保障公平的救济，可以事后情况发生变化为由向法院提起变更判决的后诉。需要注意的是，此处所谓的显著变化，应当理解为以下这种程度的变化，即如果维持原先确定的定期赔偿金额，那么将明显损害当事人之间的公平。对此可以下述案例具体阐释。

案例五：原告贾×1与被告贾×2系父子关系，原告父母经法院调解离婚，原告随母亲生活，原告母亲还抚养5岁女孩史×2，因原告母亲无固定收入和其他经济来源，原告正在哺乳期，靠其母亲一个人抚养其生活，仅能解决温

---

[1] 孟醒：“定期金变更之诉的建构：以德、日两国变更判决之诉为借鉴”，载《中南大学学报》（社会科学版），2017年第2期。

[2] 江伟主编：《民事诉讼法》，高等教育出版社2016年版，第313页。

饱问题，就医等其他费用无着落。现原告为维护其合法权益，请求被告贾×2负担原告抚养费127249元的50%等。被告辩称，被告与原告母亲经法院调解离婚，调解协议中原告母亲放弃了要求被告支付抚养费的请求，现调解书已生效，在没有新的证据、新的事实的情况下提起抚养费诉讼，属重复起诉。法院审理认为，依据最高人民法院《适用〈中华人民共和国民事诉讼法〉的解释》第218条“赡养费、抚养费、抚育费案件，裁判发生法律效力后，因新情况、新理由，一方当事人再行起诉要求增加或减少费用的，人民法院应作为新案受理”的规定，原告起诉被告要求给付抚养费，属法律赋予的诉讼权利，被告关于本案属重复起诉的辩解不予支持。但原告未提交证据证明2017年5月24日原告监护人与被告离婚后，出现了导致其经济状况下降的新情况，亦无其他新理由说明原告监护人无法独自承担原告的抚养义务，故原告请求被告给付抚养费，缺乏事实及法律依据，不予支持。如有新的事实及理由能够证明原告监护人无力独自承担抚养义务时，可另行起诉。[1]

在该案中，审理法院依据最高人民法院《适用〈中华人民共和国民事诉讼法〉的解释》第218条规定，认为赡养费、抚养费、抚育费案件，裁判发生法律效力后，因新情况、新理由，一方当事人再行起诉要求增加或减少费用的，人民法院应作为新案受理，不能视后诉为重复起诉。只是该案原告并没有在诉讼中提出发生新情况、新理由的证据和事实，因而法院判决原告请求被告给付抚养费，缺乏事实及法律依据，不予支持。这也从反面证明了关于定期金赔偿（反复给付）的诉讼，不构成对重复起诉规则的违反。

其次，关于后发性后遗症的赔偿请求。所谓后发性后遗症的赔偿请求，是指原告在有关损害赔偿的判决确定后，发生了在当时未发现的后发性后遗症，且前诉判决与现在损害状况的不相称超过了可以承受的程度，从而原告又基于后发性后遗症的损害提起后诉。如交通事故等侵权行为而产生的“请求赔偿后发性后遗症损害的诉讼”，在前诉中，原告提出的一定数额损害赔偿请求获得法院承认。若严格依照传统既判力基准时标准，与损害后果牵连的损害行为确认发生在基准时之前，理应受到既判力的遮断。但此后，当受害人发生了前诉当时未发现的后发性后遗症时，前诉的判决与现在状况的不相称超过了可以承受的程度，进而如果还维持原先确定的赔偿费用将产生不公平的结果，那么，原告基于这种后发性后遗症的损害赔偿请求是否受前诉的既判力遮断呢？从结论上来看，法院认为当计算当时所预想的后遗症障碍的

[1] 案件字号：（2017）甘0821民初897号，审理法院，平凉市泾川县人民法院。

程度显著发生变化时，如果还维持原先确定的赔偿额度，将产生不公平的结果，原告可基于后发性后遗症的损害再次提起损害赔偿请求的后诉。[1] 在理论上，如果基于既判力根据的程序保障的立场，那么，这种基于可预料性的调整是应当被肯定的，即当一方当事人在前诉中对于其可主张的事项不具有可预料性时，也即未获得程序保障时，既判力的遮断效就不能及于这种主张。为保障原告获得公平救济，学说上也主张当原告在前诉中对未主张的事实不具有可预料性，即未获得充分的程序保障时，则既判力的失权效必须软化，进而允许原告对后发性后遗症的损害提起再诉，法院也得对这种可预料性的有无进行审理。[2] 由此，通过这种诉，前诉判决的既判力遮断效被解除，进而允许原告对标准时后发生显著变更的情势提出主张及进行举证，并以前诉判决所确定的损害赔偿金额为前提请求根据现在的状况来增加一定数额。对此可以下述案例具体说明。

案例六：原审原告与原审被告医疗损害责任纠纷一案，城区法院于2015年6月26日下达了（2015）城未民初字第6号民事判决书，判决原审被告赔偿被上诉人医疗费、住院伙食补助费、陪护费、残疾生活补助费、陪护费等各项损失共计680301.2元。前诉判决后，现原审原告于被上诉人梁××的后续治疗、康复费用提起诉讼。一审法院认为：原告因受伤害进行继续治疗所发生的门诊及住院医疗费均系必要的花费，其他费用因在本院作出的（2015）城未民初字第25号民事判决书中确认，本案不予支持。一审判决后，原审被告提起上诉称，2015年5月11日被上诉人以同样的案由再次起诉上诉人要求赔偿医疗费、陪护费、住院伙食补助费等各项费用，属于重复起诉，应当驳回被上诉人的诉讼请求。二审法院审理认为，本案中的后续治疗费系后发性损害赔偿请求，是在前诉判决中因没有实际发生而被认定，但在后诉中受害人提出的基于前诉伤害的赔偿请求，是基于新的实际发生的费用提出的诉讼，不违法一事不再理原则。[3]

---

[1] 参见案件字号：（2015）梅中法民一终字第113号，审理法院，广东省梅州市中级人民法院；案件字号：（2011）浙商外终字第89号，审理法院，浙江省高级人民法院；案件字号：（2014）田民一初字第259号，审理法院，广西壮族自治区田林县人民法院。

[2] 参见【日】高桥宏志：《民事诉讼法——制度与理论的深层次分析》，林剑锋译，法律出版社2003年版，第509页；黄毅：“部分请求之再检讨”，载《中外法学》，2014年第2期；蒲菊花：“部分请求理论的理性分析”，载《现代法学》，2005年第1期；段文波：“日本民事诉讼法上部分请求学说与判例评说”，载《环球法律评论》，2010年第4期；王娣、王德新：“论既判力的时间范围”，载《时代法学》，2008年第4期；张卫平：“一事不再理原则的法理根据及其运用”，载《人民法院报》，2004年5月28日，第005版。

[3] 案件字号：（2017）晋05民初终610号，审理法院，山西省晋城市中级人民法院。

该案法院审理认为，根据《民诉法解释》第 248 条规定，裁判发生法律效力后，发生新的事实，当事人再次提起诉讼的，人民法院应当依法受理。该案原审原告对后续医疗费用的 59166.22 元的诉讼请求属于后发性赔偿请求，在前诉判决时原审原告不能预料，且为后续实际发生的损害，应当允许其再行提起后诉，而不构成重复起诉，进而不受禁止重复起诉效力的拘束。

最后，基于政策上的考量，对有关身份关系判决的既判力削弱，以为当事人的社会生活提供便利。身份关系的诉讼不仅涉及当事人之间的权利义务关系，而且具有一定的公益属性，因而，不能放任当事人自由处分，且要广泛运用法官职权探知案件事实。如人事诉讼中的婚姻关系诉讼，其不仅涉及夫妻之间的个体利益，更影响社会秩序，涉及公序良俗等公共利益。若允许当事人针对同一婚姻关系不断提起前后相同的诉讼，自然是不恰当的。这样一来，如果一味地强调有关身份关系判决的既判力效用，而忽视身份关系的划一性处理，进而不允许当事人依据新事实再行提起后诉，则有违人身关系的伦理和社会的和谐稳定，也有违诉讼的终极目标。由此，基于立法政策上的考量，诉讼上有对涉及身份关系判决的既判力效用予以削弱，从而允许当事人在发生新事实时冲破既判力拘束，对发生既判力的事项另行提起后诉讼予以争执，以此来为当事人的社会生活提供便利。比如，我国《民事诉讼法》第 124 条第 7 项规定的“判决不准离婚和调解和好的离婚案件，判决、调解维持收养关系的案件，没有新情况、新理由，原告在六个月内又起诉的，不予受理”。从此规定可以看出，对于维持婚姻、收养关系的前诉来说，如果在六个月内，出现新情况、新理由时，原告又起诉的，人民法院应当受理，此处的新情况、新理由即可理解为能够突破一事不再理的新事实。[1] 因而在上述情形下，当事人再对已发生既判力的事项再次提起诉讼而进行争执，则不受禁止重复起诉规则的约束。对此可从下述案例具体理解。

案例七：原告邓×与被告于 2009 年经人介绍相识，并登记结婚。婚后因双方性格不合，经常发生矛盾，原告于 2014 年 11 月向法院提起离婚诉讼，经法院判决不准离婚，邓×提起上诉，2015 年 4 月 16 日中级人民法院作出（2015）六民一终字第 00230 号民事裁定书：准许邓×撤回起诉；准许邓×撤回上诉。2016 年 1 月原告再次以夫妻感情确已破裂，无法共同生活为由向本院提起离婚诉讼。被告辩称本案受理不当，应驳回起诉。法院审理认为，判决不准离婚和撤诉的，原告可六个月后再次起诉，本案原告于 2015 年 4 月 16 日

---

[1] 江必新：《新民诉法解释——法义精要与实务指引》，法律出版社 2015 年版，第 562 页。

在第二审程序中撤回起诉，现提起离婚诉讼，不属于重复起诉，本院应当受理。❶

在该案中，法院审理认为，判决不准离婚和调解和好的离婚案件，判决、调解维持收养关系的案件，没有新情况、新理由，原告在六个月内又起诉的，不予受理。而该案中原告于后诉提起离婚的时间已超过六个月的法定期限限制，且原被告双方夫妻关系没有改善，现无和好可能，夫妻感情确已破裂。据此原告提起离婚的后诉不构成对禁止重复起诉规则的违反。

承认重复起诉例外情形的合理性，在于当事人和法院在判决时对于新事实的发生是不可预知的，因而，法院只是针对将来的情况依照通常情况做出了预测性的判断，而当客观事实发生了不可预料性的变化而影响到公平的价值时，可对诉讼效率的价值进行限制，进而突破既判力。❷ 不过，出于对既判力之制度性效力性质的考虑，从严把握可预料性的调整可能是较为妥当的，因此，当事人仅仅以“在前诉中自己不知道该事实存在”为理由主张其不受既判力遮断恐怕是不足够的。应当说，只有当其在前诉中存在合理原因而不知道该事实的存在时，对于该事实的主张才可以不受既判力遮断。需要注意的是，在当事人主张不受既判力拘束的新事实时，法官并不展开狭义上的实体审理，而仅审查“新的事实”是否有证据，对有关实体上的审理，有待于受理后进行审查处理。当经实体审理发现没有这种新事由时，人民法院应裁定驳回起诉；当存在着不受既判力拘束的新事实时，法院应就该新事实有无理由为审判，并将其结果与前诉具有既判力的判断进行结合，做出后诉请求妥当与否的本案判决。❸ 另外，新事实不是前诉裁判未涉及或查明的事实，也不是当事人在前诉程序中未提起的事实，而是言辞辩论终结后发生的事实。

依上所述，判决确定后的重复起诉在民事诉讼上为既判力消极作用所调整，即通过禁止当事人在判决确定后就同一案件重复起诉，避免在新的程序中出现第二个矛盾的裁判，实现“解决纠纷”之民事诉讼制度目的；从照顾法院的角度出发，为了维护法院的声望，也需要避免出现相互矛盾的裁判，因而它们不应重新卷入已经不可辩驳地裁判了的纠纷。❹ 不过，尽管前后两诉的要素不尽相同，但共通的争点或相同的请求基础事实已在前诉程序中被当

---

❶ 案件字号：（2016）皖1503民初第524号，审理法院，六安市裕安区人民法院。

❷ 江必新：《新民诉法解释——法义精要与实务指引》，法律出版社2015年版，第562页。

❸ 【日】新堂幸司：《新民事诉讼法》，林剑锋译，法律出版社2008年版，第491页。

❹ 【德】罗森贝克，施瓦布，戈特瓦尔德：《德国民事诉讼法》（下册），李大雪译，中国法制出版社2007年版，第1151页。

事人充分争执，且法院也对该争点或请求的基础事实予以判断，那么，应当认为其具有拘束后诉的效力。因为，如果允许当事人在后诉中对该共通争点或请求的基础事实重复主张、争执，法院对该争点事项的重复审理，在内容上会发生矛盾判决的危险，从而也构成对禁止重复起诉旨趣的违反。为避免法院对前后两诉中的共通争点或相同的请求基础事实的重复审理而发生重复起诉问题，民事司法实践中已有案例承认该共通争点或请求基础事实的事项有禁止重复起诉效力，从而不得再行提起以此为基础的后诉。需要注意的是，对判决确定后的重复起诉类型，因出现新事实而使作为前诉判决基础的法律关系发生了显著的变化，且明显损害当事人之间的实体公正，则前诉判决的既判力作用发生例外，从而应当允许原告就此新事实再次提起后诉予以主张。

（三）重复起诉的成因分析

对重复起诉成因的分析，可更加全面地认识司法实践中有关重复起诉问题的全貌，也能为下文对如何规制重复起诉问题的研究提供实践基础。重复起诉的成因能在审判过程中得以具体显现，在此意义上，对重复起诉成因的分析，运用与法官进行个别访谈的方式，将访谈的内容加以整理、归纳并对其作以大体上的呈现。通过对与 A 直辖市所辖范围内基层法院的法官访谈内容的梳理发现，民事司法实践上发生重复起诉的原因主要有以下几个方面：

第一，我国民事诉讼实行立案登记制度改革，法官在立案时仅对原告的起诉进行形式上的审查。根据《民事诉讼法》第 119 条规定，有明确的原被告、具体的诉讼请求、属于法院管辖的案件都应当受理，而对实质上属于重复起诉的案件，单纯从形式上对这些起诉要件审查，很难界定、辨别哪些原告的起诉属于重复起诉。如有些案件通过变更案由及增减诉讼主体方式重复立案。如基于同一事实以及相同诉讼请求，但其以不同的法律关系为基础，将同一事件诉至法院。在一起有关房屋产权证内附图存在错误，业主要求更换附图以及赔偿损失的案件中，业主先以商品房预售合同纠纷将开发商诉至法院，经审理法院驳回其部分诉讼请求，业主又以委托合同纠纷为由将开发商、代办方等诉至法院，继续要求更换附图以及赔偿损失。又如通过调整诉讼请求方式重复立案。在法院对一定事实作出认定、制作文书并生效后，当事人以增加诉讼请求或变换诉讼请求表述的方式进行立案，以期达到通过“新”的诉讼请求将案件带回审判程序。还有的以提交“新证据”为由启动诉讼重复立案。个别当事人对于判决类案件中因法院以“证据不足”未予以采信的案件，介于立案阶段的形式审查，提交所谓的“新”证据，要求法院立案受理。因而，在上述情形下，如果仅从形式上审查起诉要件，很难查明原告的起诉是否构成重复起诉。

第二，原告起诉时机有时并不成熟，如重复起诉要求误工费，部分案件中原告在出院后便急于起诉要求赔偿医疗费，但伤情并未完全康复，且可能还需要复查或进行二次手术。案件判决后，原告在复查、二次手术或继续治疗过程中又产生了误工损失，便再次起诉到法院，要求被告支付相应的误工费。又如伤残鉴定后再次起诉要求支付伤残赔偿金，部分案件中原告第一次起诉时，由于伤情不稳定或其他原因导致伤残鉴定还无法进行，等伤情稳定或进行伤残等级鉴定的其他条件成就时，原告便进行伤残等级鉴定并再次起诉至法院，要求赔偿伤残赔偿金、被抚养人生活费等费用。

第三，原告一味地追求胜诉判决或为获得更多的利益，甚至是为泄愤报复而重复起诉。为获得胜诉判决，有的纠纷已经法院审理、判决，由于当事人不认同裁判结果或无法执行，试图通过再次起诉来实现自身利益；有些案件当事人对相关法律的规定不甚了解，以错误的法律关系向法院提起诉讼，在法院进行释明后仍拒绝变更其诉讼请求，以致在被驳回诉讼请求后又重新起诉；有的原告通过在不同辖区法院就同一基本事实立案，利用不同法院之间的立案标准以及案件查询的难度的不同，将正在审理中或已经审理终结的案件再次启动，进入审判程序。原告为获得更多的利益，在有些案件审理过程中，法官发现因同一民事纠纷还会引发其他诉讼，在向当事人进行释明后，当事人仍明确表示不要求在一个案件中解决，而于一案结束后另行起诉。如交通事故发生时原告配偶怀孕，第一次起诉时原告故意不主张被抚养人生活费，待子女出生后再次起诉要求被抚养人生活费；再如新的城乡居民人均收支等情况数据还未发布，原告在第一次起诉中故意不主张相关项，等上述数据发布后再次起诉。更有甚者，原告出于不正当竞争或发泄私愤的目的，通过向同一或其他法院重复提起诉讼将对方卷入诉讼，造成对方诉累，给对方带来精神上、名誉上、经营上或财产上的损失。

第四，纷争所涉利益关系复杂，法官对原告的起诉是否构成重复起诉很难把握。在有些案件中，当事人间的利益纷争相当复杂，且又都具有矛盾尖锐性、易发性、传染性的特点，比如，据有关基层人民法院统计，拆迁利益分配纠纷的重复起诉量相较于普通民事纠纷约高 29%。一方面，涉拆迁案件往往诉讼标的额较大，家庭成员参与面较广，看似简单的案件，往往是家庭之间的利益之争，当事人患得患失的心理往往让其举棋不定，容易受外界影响。另一方面，在这些利益纠纷中，当事人可以依不当得利、分家析产、继承、离婚、确认合同无效、赠与、农村房屋买卖合同纠纷等案由同时或先后提起诉讼，而且，涉拆迁群众基于对失去拆迁利益的担心，通过诉讼解决纠纷的意愿较为强烈，往往认为起诉越及时越有利。另外，有的律师受经济利益的驱动，为多收代理费，会为当事人出谋划策，故意引导当事人对同一纠纷反复提起诉讼，或将本可在同一诉讼程序中解决的纠纷分别以不同的案由立案，致同一纠纷多次成讼。

上述重复起诉的成因中涉及多方面的因素，有些重复起诉的成因应当完全可以避免；有些需要强化法官的释明义务，以促使原告在一次起诉中解决相关请求；有些需要多方协作，形成筛查重复起诉的防范机制；有些需要加强审判管理，完善和建立相关惩戒机制。这样一来，为解决司法实践上的重复起诉问题，上述重复起诉成因有的须从禁止重复起诉制度本身方面予以规制，也有的须从相关配套措施方面来予以化解，从而达成规范原告起诉行为的制度目标，进而使诉讼程序有序化、良性化地运行。

第三章
民事诉讼重复起诉判定标准的适用

禁止重复起诉的价值和功能预设与重复起诉判定标准的设置密切相关，在一定意义上，禁止重复起诉的价值与功能预设决定着重复起诉判定标准的具体设置，而重复起诉判定标准的司法适用又反作用于其价值与功能的实现。因而，重复起诉的判定标准是禁止重复起诉制度的核心内容，换言之，准确地把握重复起诉判定的标准是禁止重复起诉在司法实践上有效运行的关键。在2015年《民诉法司法解释》颁行之前，审判实践中对如何判定重复起诉缺乏可操作性的标准，多凭审判人员的朴素理解，适用的状况和效果比较混乱。[1] 有鉴于此，2015年《民诉法司法解释》第247条对我国法语境下的禁止重复起诉规则首次作出明确规定，这为认识实践中的重复起诉问题提供了清晰的脉络，也为规制实践中的重复起诉问题提供了规范依据。其中，在判定重复起诉的标准上，该规定以诉的要素为标准判定前后两诉是否构成重复起诉，具体以后诉与前诉的当事人相同、诉讼标的相同与诉讼请求相同为要件来判定重复起诉。[2] 不过，该条文仅对这些判定重复起诉的要件作出了原则性的规定，而对如何适用这些要件缺乏具体的操作性指导，且这些要件涉及复杂的民事诉讼基础理论，因而，审判实践中存在的最大问题就是判定重复起诉的要件不确定。[3] 为对上述问题作以回应，我们认为只有在制度的内在要求下对上述判定重复起诉的要件作出统一的认识和规范的操作，才能从整体上理解判定重复起诉的标准，进而才能为禁止重复起诉规则的司法适用提供基础支撑。这样，发展和细化重复起诉的判定标准问题，主要就转化为对判定重复起诉要件的具体化解释问题。

---

[1] 参见杜万华：《最高人民法院民事诉讼法司法解释实务指南》，中国法制出版社2015年版，第395页；杜晓：“‘一事不再理’引发马拉松式诉讼”，载《法制日报》，2011年4月2日，第008版。

[2] 江必新：《新民诉法解释——法义精要与实务指引》，法律出版社2015年版，第559页。

[3] 奚晓明、杜万华：《最高人民法院民事诉讼法司法解释适用解答》，人民法院出版社2015年版，第277页。

一、判定重复起诉标准的学说主张与现实选择

判定重复起诉的标准是禁止重复起诉制度适用所必须具备的内容，因而，对判定重复起诉标准的具体考察是理解和适用禁止重复起诉制度的基础。传统民事诉讼上从诉的要素出发对前后两诉是否具有“同一性”进行判定，因为诉的要素既是对诉共性的归纳，也是使诉予以特定化和具体化的标准，所以按照诉的要素可以区别此诉与彼诉。[1] 具体言之，诉的要素是某一诉最本质的部分，据此能使诉得以特定化，也是“此诉”区别与“别诉”的根据，由此，以诉的要素为标准对前后两诉是否为重复起诉进行判定，就不会在个案的适用上带来显著不同。不过，具体着眼于诉的要素的判定重复起诉标准，民事诉讼法学者对诉的构成要素尚存有分歧，主要表现为“两要素说”“三要素说”以及“四要素说”的不同主张。“两要素说”认为诉的要素只有两个：一个是作为诉的客体的诉讼标的，另一个是作为诉的主体的当事人。而且，该主张认为依照当事人、诉讼标的之诉的要素来判定前后诉有无重复起诉也不会带来太多的理论难题。[2]“三要素说”则认为除了诉讼标的、诉讼当事人外，还应包括诉讼理由。[3] 还有学者认为，如何认定为同一诉讼事件，应依当事人、诉讼标的、诉讼请求的“三要素说”为判断标准。[4]“四要素说”则认为诉的要素除了当事人、诉讼标的、诉讼请求外，还包括诉讼理由。[5] 不过，若单从诉的要素的标准出发，对某些情形的前后诉必然会推导出种种“不违反禁止重复起诉”的结果，但从“避免重复审理的浪费”“预防判决效力发生抵触”等禁止重复起诉的旨趣来看，依然会造成对同一事件的重复审理和

---

[1] 田平安：《民事诉讼法学》（第四版），法律出版社 2015 年版，第 246 页。

[2] 李浩：《民事诉讼法学》，法律出版社 2016 年版，第 110-111 页；夏璇：“论民事重复起诉的识别及规制”，载《法律科学》，2016 年第 2 期；田平安主编：《民事诉讼法学》，法律出版社 2015 年版，第 247 页；段文波：“日本重复起诉禁止原则及其类型化解析”，载《比较法研究》，2014 年第 5 期；严仁群：“既判力客观范围之新进展”，载《中外法学》，2017 年第 2 期；李龙：“论我国民事诉讼标的理论的基本框架”，载《法学》，1999 年第 7 期；张卫平：“重复诉讼规制研究：兼论‘一事不再理’”，载《中国法学》，2015 年第 2 期。

[3] 赵钢、占善刚、刘学在：《民事诉讼法》，武汉大学出版社 2015 年版，第 18 页；江伟、肖建国主编：《民事诉讼法》，中国人民大学出版社 2015 年版，第 30-31 页；王福华：《民事诉讼法学》，清华大学出版社 2012 年版，第 282 页。

[4] 杨建华：《民事诉讼法要论》，郑杰夫增订，北京大学出版社 2013 年版，第 194 页；邱联恭：《口述民事诉讼法讲义》（二），许士宦整理，2012 年版，第 237 页；李龙、闫宾：“代位诉讼中的适格当事人研究”，载《西南大学学报》，2004 年第 5 期。

[5] 江伟、肖建国主编：《民事诉讼法》，中国人民大学出版社 2015 年版，第 24 页；邵明：“民事之诉的构成要素与诉的识别”，载《人民司法·应用》，2008 年第 17 期。

矛盾判决的现象发生。为此，有学者主张现代民事诉讼应摆脱诉的要素标准，由禁止重复起诉的规范意旨，即从避免被告应诉之烦、法院审理的重复及判决矛盾发生的观点，重新界定禁止重复起诉的适用标准，这在理论上被称为“新同一事件说”（或广义的禁止重复起诉）。[1]

（一）判定重复起诉标准的学说主张

关于诉的构成要素的判定标准，持“两要素说”的学者认为，在诉的同一性的判定方面，以前后两诉的当事人相同与诉讼标的相同为要件即可判定前后诉是否构成重复起诉。诉讼请求为诉讼标的之上位概念，即诉讼请求在内容上包含诉讼标的，因此，如果将诉讼标的相同与诉讼请求相同并列作为判定重复起诉的要件将会造成规定上的重复，所以应将诉讼请求相同之判定要件从中剔除。[2] 通过研读上述观点的理论依据，发现其建立在德、日民事诉讼理论上的将诉讼标的等值于狭义的诉讼请求概念的基础之上。具体言之，德、日民事诉讼通说认为诉讼上请求由两部分内容构成，即原告针对被告的一定法的利益之主张，以及原告针对法院的承认该主张并作出判决（胜诉的给付判决、确认判决及形成判决）之要求。为对不同用法下的“请求”予以明确，将原告针对被告之利益主张之意义的请求，称为“狭义的请求”，而将包含原告针对法院之裁判要求在内之意义上使用的请求，称为“广义的请求”。诉讼标的之术语一直以来是作为狭义的诉讼上请求的同义语被使用，亦即原告对被告主张的实体权利。[3] 由此，德、日等大陆法系民事诉讼上的诉讼标的与诉讼请求概念在内涵上一般是作为同义语来使用的。而关于诉讼标的与诉讼请求概念的内涵，我国现行民事诉讼法似乎是将二者区别界定的。例如，《民事诉讼法》第 54 条第 1 款规定，“诉讼标的是同一种类、当事人一方人数众多在起诉时人数尚未确定的，人民法院可以发出公告，说明案件情况和诉讼请求，通知权利人在一定期间向人民法院登记”。该条分别使用了“诉

---

[1] 参见【日】高桥宏志：《民事诉讼法·制度与理论的深层次分析》，林剑锋译，法律出版社 2003 年版，第 104 页；黄国昌：《民事诉讼法教室》（Ⅰ），元照出版有限公司 2010 年版，第 85 页。

[2] 张卫平：“重复起诉规制研究：兼论‘一事不再理’”，载《中国法学》，2015 年第 2 期；夏璇：“论民事重复起诉的识别及规制”，载《法律科学》，2016 年第 2 期；段文波：“日本重复起诉禁止原则及其类型化解析”，载《比较法研究》，2014 年第 5 期。

[3] 【日】新堂幸司：《新民事诉讼法》，林剑锋译，法律出版社 2008 年版，第 216-217 页；【日】高桥宏志：《民事诉讼法——制度与理论的深层次分析》，林剑锋译，法律出版社 2003 年版，第 108 页；【德】汉斯-约阿希姆·穆泽拉克：《德国民事诉讼法基础教程》，周翠译，中国政法大学出版社 2005 年版，第 86 页；【德】罗森贝克、施瓦布、戈特瓦尔德：《德国民事诉讼法》（下册），李大雪译，中国法制出版社 2007 年版，第 669 页。

讼标的”和“诉讼请求”两个概念，且从文义上理解二者在内涵上并不等同。另一方面，德、日民事诉讼实行当事人主义，法院裁判案件的范围依据原告的诉讼请求确定，原告主张的诉讼请求就是法院裁判案件的对象，即诉讼标的，因而，诉讼请求与诉讼标的概念的内涵具有相对应的关系。[1] 而我国民事诉讼受职权主义审判的影响，法院的裁判范围可能扩张至与当事人所争议的法律关系相关的全部诉讼请求，从而，诉讼标的与诉讼请求的概念在内涵上并不具有对应关系。[2] 由此，与德、日民事诉讼不同，诉讼标的与诉讼请求概念的内涵在我国民事诉讼上是有差别的，进而我们就不能简单地认为我国民事诉讼上采行诉的要素的“两要素说”也具有妥当性。

既然诉讼标的与诉讼请求是两个具有不同内涵的概念，那么将后诉与前诉的诉讼请求相同从判定重复起诉的要件中剔除并不合理，并且，后诉与前诉的诉讼请求相同的要件在判定前后两诉是否属于重复起诉上具有重要的实践意义。民事诉讼的类型有给付之诉与确认之诉之分，那么，诉的权利保护形式应属于诉讼请求的构成内容。例如，原告声称，他有要求被告支付10万元债权的请求权，则他可以通过确认之诉对这种权利主张确认，但以同样的主张，他也可以要求判令被告给付。因而，如果当事人之间基于同一法律关系，以确认之诉提起请求与以给付之诉提起请求，两者的诉讼请求并不相同，从而应允许当事人再行提起给付之诉的后诉，由此，在判定重复起诉时，应将后诉与前诉的诉讼请求相同作为判定重复起诉的要件。反之，如果不将后诉与前诉的诉讼请求相同作为判定重复起诉的要件，会无形中扩大禁止重复起诉的效力范围，从而有违对原告诉权的保护。比如，相同当事人之间基于同一法律关系先后提起确认之诉与给付之诉，此即，前后两诉的当事人相同，且诉讼标的均为同一法律关系。在此情形下，如果仅依据后诉与前诉的当事人相同、诉讼标的相同之要件，那么后诉之提起违反禁止重复起诉规则，从而应当禁止当事人提起后诉之给付之诉。而事实上，虽然前后两诉的当事人相同、诉讼标的之法律关系相同，但前后两诉的诉讼请求不同，即前诉的确认请求不能涵盖后诉的给付请求，且给付之诉相对确认之诉而言具有执行效力。因此，在前诉判定原告具有确认利益的情形下，应当允许其提起后诉之给付之诉，否则将侵犯原告的诉权，进而使其实体权利也得不到有效保护。

---

[1] 【日】高桥宏志：《民事诉讼法——制度与理论的深层次分析》，林剑锋译，法律出版社2003年版，第505页。

[2] 陈荣宗、林庆苗：《民事诉讼法》（中册），三民书局股份有限公司2011年版，第374页；姚飞：“诉讼请求与诉讼标的不是一回事”，载《法学》，1982年第12期；汤维建：“也论民事诉讼中的变更诉讼请求”，载《法律科学》，1991年第2期。

由此，在判定前后两诉是否构成重复起诉时，也应将后诉与前诉的诉讼请求相同作为判定重复起诉的要件。

有持“三要素说”和“四要素说”的学者认为，“案件事实、理由”也为诉的构成要素，因而，在判定重复起诉时，也应将之相同作为判定重复起诉的要件。对此观点主张，正如有学者所言，以案件事实、理由作为判定前后两诉是否为重复诉讼的要件并不准确，也很难成为一种统一遵循、操作的规范。因为诉讼理由欠缺准确性，不同的案件事实当然构成不同的案件，但案件事实相同，则并不一定是相同的案件，区别的关键在于诉讼标的或诉讼请求的诉的要素。因此，诉讼事实、理由仅仅是判断诉讼标的的辅助材料。[1]我们对此也很赞同。事实、理由是解释说明诉讼请求的依据，而并不属于诉讼请求的内容。比如，要对诉讼请求作本案判决之判断，可能依据多项理由为之，当事人持其中一理由作为达成本案判决之目的即可，不一定要就全部事实、理由事项作最后之解决。[2] 而且，在这些诉中，请求目的及内容，或者形成效果是相同的，那么纵使权利人提出不同的事实、理由，也应当将其视为同一请求，从而应在一个诉讼中予以解决，而不允许权利人按照实体法上请求权或形成原因之个数分别构建不同的诉讼。例如，《婚姻法》第 32 条规定有 6 款离婚之原因事实，即原告可依 6 款内容中的任何一个原因事实请求解除婚姻法律关系，当原告依其中任一原因事实起诉并获得胜诉判决后，就不能依据其他原因事实再行起诉离婚。因为原告所要消灭、使之变动之婚姻法律关系只有一个，所以要求离婚的诉讼请求只有一个。而且，从《民事诉讼法》第 119 条“有具体的诉讼请求和事实、理由”规定来看，现行《民事诉讼法》也没有将事实、理由作为诉讼请求构成要素的意旨。因此，事实、理由系有关判断诉讼请求有无理由所必要之前提事项，当事人仅将其当作手段予以主张而已，而不是诉讼请求本身的事项，因为当事人的主要目的系就其主张的诉讼请求取得本案判决。

在司法实践中，禁止重复起诉的根据也并非仅仅产生于前诉与后诉在内容上（诉的要素）完全相同的情形，尽管前后诉的诉讼标的不同，但前后诉的请求基础事实相同或主要争点共通，会构成对禁止重复起诉旨趣的违反，从而也应认为前后诉属于重复起诉。易言之，尽管从诉的要素标准出发，前后诉不构成对禁止重复起诉规则的违反，但法院对前后诉中相同的案件事实的重复审理，会造成被告反复应诉的负担，法院诉讼资源的浪费及发生矛盾

---

[1] 张卫平：《民事诉讼法》，法律出版社 2016 年版，第 295 页。

[2] 邱联恭：《口述民事诉讼法讲义》（三），许士宦整理，2012 年版，第 313 页。

判决的危险，从而也应当认为前后诉构成重复起诉。为形成对实践上的重复起诉问题的有效规制，遂有学者主张应摆脱诉的要素的识别标准的窠臼，而扩大化地以禁止重复起诉旨趣为标准来识别重复起诉。换言之，尽管前后诉的要素不同，但法官对前后诉的审理将造成重复应诉的负担，法院司法资源的浪费，可能发生矛盾判决的危险，应当认为有禁止重复起诉规则的适用。如日本学者主张，尽管前后诉的诉讼标的不同，但前后诉的主要争点共通或请求的基础事实相同，则前后诉构成对禁止重复起诉旨趣的违反，从而也应认为构成重复起诉。[1] 我国台湾地区民事诉讼立法上规定，如果前后诉的请求的基础事实同一，当事人不得另行起诉开启新诉讼程序，而应通过诉之变更、追加或提起反诉的方式将后诉的请求合并于已系属的程序内一并解决，同时强化法官对有关诉之变更、追加或提起反诉的阐明义务。[2] 德国司法实践中主要通过将诉讼标的的内涵扩张至广泛熟悉的生活案件事实的领域，进而来扩大化地适用禁止重复起诉规则。[3] 为弥补诉的要素标准在识别重复起诉方面的不足，我国也有学者主张不应恪守诉的要素的识别标准，而应细化前后诉的诉讼请求所包含的事实主张，从而在事实层面探究前后诉是否构成重复起诉。[4]

（二）判定重复起诉标准的现实选择

根据我国现行民事诉讼立法的相关规定，我国法意义上的诉讼标的与诉讼请求在概念内涵上是有差别的，且在判断前后两诉是否构成重复起诉时，需要考虑到诉的权利保护形式等内容，因此，应当将后诉与前诉的诉讼请求

---

[1] 参见【日】高桥宏志：《民事诉讼法——制度与理论的深层次分析》，林剑锋译，法律出版社 2003 年版，第 113 页；【日】新堂幸司：《新民事诉讼法》，林剑锋译，法律出版社 2008 年版，第 163 页。

[2] 参见杨建华：《民事诉讼法要论》，郑杰夫增订，北京大学出版社 2013 年版，第 221 页；许士宦：《诉讼理论与审判实务》（第六卷），元照出版有限公司 2011 年版，第 211 页。

[3] 【德】罗森贝克、施瓦布、戈特瓦尔德：《德国民事诉讼法》（下册），李大雪译，中国法制出版社 2007 年版，第 673 页。

[4] 参见柯阳友："也论民事诉讼中的禁止重复起诉"，载《法学评论》，2013 年第 5 期；张卫平："重复起诉规制研究：兼论'一事不再理'"，载《中国法学》，2015 年第 2 期；段文波："日本重复起诉禁止原则及其类型化解析"，载《比较法研究》，2014 年第 5 期；卜元石："重复诉讼禁止及其在知识产权民事纠纷中的应用"，载《法学研究》，2017 年第 3 期；袁琳："'后诉请求否定前诉裁判结果'类型的重复起诉初探"，载《西南政法大学学报》，2017 年第 1 期；王亚新、陈晓彤："前诉裁判对后诉的影响——《民诉法解释》第 93 条和第 247 条解析"，载《华东政法大学学报》，载 2015 年第 6 期；陈杭平："诉讼标的理论新范式"，载《法学研究》，2016 年第 4 期；严仁群："既判力客观范围之新进展"，载《中外法学》，2017 年第 2 期。

相同作为判定重复起诉的要件。在此意义上，以诉的要素作为判定重复起诉的标准时，其具体包括后诉与前诉的当事人相同、诉讼标的相同及诉讼请求相同的判定重复起诉要件，即采用了诉的要素的“三要件说”，而且，这种判定重复起诉的标准更加合理、明确，也更加符合我国民事诉讼立法及司法的实际。此判定重复起诉的标准也在《民诉法解释》第 247 条关于禁止重复起诉的规定中加以确认。不过，上述关于判定重复起诉要件的规定比较粗糙和抽象，不够细化，且作为判定重复起诉要件中的诉讼标的与诉讼请求的概念尚未建立在固定的含义基础之上，由此，要破解禁止重复起诉规则的适用难题，必须厘清这些判定重复起诉要件的具体指涉。

1. 诉的要素的判定标准

(1) 后诉与前诉的当事人相同

当事人为特定诉讼法律关系的主体，是构成诉的主观要素，因而，后诉与前诉的当事人相同是判定前后两诉是否为重复起诉的主观方面的要件。民事诉讼中的当事人是指因民事权利义务发生争议，以自己的名义进行诉讼，并请求法院行使民事裁判权的人及其相对人，即在特定诉讼中的原告与被告。[1] 由于民事诉讼是一种“只要达到纠纷相对性解决之程度即可”的纠纷解决手段，亦即，基于诉讼程序保障的要求，判决的既判力在一般情形下仅发生于当事人之间。在这种纠纷解决构造下，当事人争议的法律关系存否，只要在该原告与被告间获得相对解决即可，而且，只要将判决的效力及于对立的双方当事人，通常就可以实现纠纷的相对性解决。这样一来，禁止重复起诉的效力原则上及于对立的当事人双方，当事人以外的第三人不受当事人间诉讼结果的拘束，易言之，只要前后两诉中的诉讼当事人是相同的，则就满足重复起诉中的当事人相同的要件。如果前后两诉中的当事人相异，即便诉的客体是相同的，也不发生重复起诉的问题。例如，甲起诉，列乙为被告，请求确认 A 房屋所有权，与甲起诉，列丙为被告，请求确认 A 房屋所有权，则前后两诉不属于重复起诉的情形。究其原因，是因为虽然将乙列为被告的诉讼与将丙列为被告的诉讼均在主张甲对同一房屋的所有权，但因为前后两诉的主张主体不尽相同，甲与乙之间的确认诉讼，原则上仅限于在甲与乙间有强制的通用力，而在甲与丙之间不发生任何效力，也无关甲与丙之间的纠纷解决。

---

[1] 李浩：《民事诉讼法学》，法律出版社 2016 年版，第 73 页；常怡：《民事诉讼法学》，中国政法大学出版社第 2016 年版，第 117－118 页；张卫平：《民事诉讼法》，法律出版社 2016 年版，第 123 页。

然而，社会生活中所发生的纷争，除当事人外，往往涉及程序之外的第三人，如果贯彻纠纷在诉讼当事人间相对地解决的原则，除了将产生裁判矛盾的危险外，还常常导致诉讼不经济的结果。为此，在某些特殊情形下，应通过判决解决的纠纷不仅现实地存在于诉讼当事人之间（显在性纠纷），而且可能在包括围绕同一问题的其他人的范围内存在着（潜在性纠纷）。如果不预防这些人将来可能发生的纠纷，就无法得到判决的根本性和实效性解决。❶ 由此，为使当事人与就诉讼标的之法律关系有一定利害关系之第三人之间，就该纷争得以划一地全面解决，实有将判决之拘束力扩张至一定范围的第三人的必要性。于是，法律上和法理上应允许和承认判决效力突破这一原则性限制，对本案当事人之外的第三人发生作用。❷ 在此意义上，即便不是诉讼当事人相同，而是受判决效力波及之人员，在考虑是否属于重复起诉的问题时，这种人员的诉讼地位也应被视为同当事人一视同仁的人，进而其再行提起与前诉相同内容的后诉，也可能构成对后诉与前诉的当事人相同要件的违反。这样一来，前后两诉的当事人虽有不同，但因前诉的一方当事人，所受判决既判力得及于一定之人，于后诉就相同的诉讼标的及诉讼请求，对此一定之人起诉的，也属于重复起诉。基于不同的扩张基础，这种受判决效力波及的特定第三人主要有：口头辩论终结后当事人的继受人、诉讼担当的被担当人、为当事人或其继受人占有请求的标的物之人、诉讼参加人，以及特定对世判决效力所及的一般第三人。

第一，当事人的继受人。诉讼系属后，因当事人死亡、企业法人合并和分离等原因，当事人的实体权利义务移转给了诉讼当事人以外的其他人，该实体权利义务的承担者便承担了当事人的实体地位，此承担人被称为当事人的继受人，继受人承受原当事人的诉讼权利，由其代替原当事人继续进行诉讼。一方面，若是口头辩论终结前的权利义务继承，基于当事人的恒定和诉讼程序的稳定性，此情形不承认实体权利义务的主体变动给已经系属诉讼的诉讼主体带来变动，即此情形不考虑当事人的变动问题，但判决的效力及于诉讼承担人。另一方面，即便原当事人退出诉讼程序的辩论，判决效力仍及于原当事人。❸ 在口头辩论终结后，由于判决是确定口头辩论终结时的法的状态，那么口头辩论终结后的继受人应受判决效力拘束。这里的继受人应理解

❶ 【日】谷口安平：《程序的正义与诉讼》，王亚新、刘荣军译，中国政法大学出版社 2002 年版，第 285 页。

❷ 杨建华：《民事诉讼法要论》，郑杰夫增订，北京大学出版社 2013 年版，第 47 页。

❸ 张晓茹："论民事既判力主观范围的扩张范围及扩张基础"，载《河北法学》，2012 年第 5 期。

为是承担作为诉讼标的的权利或法律关系的主体地位的人，而不问这些继受人是基于何种原因而继受其权利主体地位的，即不问是通过继承还是通过转让、时效取得、设定抵押权等方式继受权利主体之地位。❶

继受人依其继受的原因不同，民事诉讼理论上将其分为一般继受人和特定继受人之分。一般继受人是自然人死亡、法人当事人消灭时，继受原当事人权利义务的人。因一般继受人实际上与当事人处于同一法律地位，故而应为禁止重复起诉效力所及。如我国《民事诉讼法》第232条规定，作为被执行人的公民死亡的，以其遗产偿还债务。作为被执行人的法人或者其他组织终止的，由其权利义务承受人履行义务。这一规定虽仅指执行力的扩张，其前提却是基于一般继受而导致的既判力扩张。特定的继受人是指依法律行为或法律规定的原因，在判决确定后承担当事人权利义务的主体。特定继受包括两种情形：其一，基于债权让与或债务承担所发生的特定继受。如因买卖、赠与等法律行为之任意处分，或因法院拍卖、转付命令等强制处分而受让诉讼标的权利义务的情形。其二，不是依当事人自由处分，而是基于国家强制处分所发生的特定继受。如因法律规定而受让诉讼标的权利义务的情形。一般来说，自享有实体权利的当事人处为受让的特定继受人，应当受判决既判力的拘束，因为判决根本不会损害该继受人的利益。❷ 就继受的对象而言，包括三种情形：一是对于作为诉讼标的的权利义务关系的继受；二是对于诉讼标的的争执物的继受；三是诉讼标的外的继受。就口头辩论终结后继受人受禁止重复起诉效力拘束而言，如果继受人不受禁止重复起诉效力的拘束，可以在后诉中争执前诉之诉讼标的，则前诉将毫无意义，因为败诉的当事人可以向第三人处分作为前诉诉讼标的的法律关系，从而避免败诉的实际后果。因而，当事人的继受人虽然没有以当事人身份参与此前的诉讼，但从当事人承继其诉讼主体的利益，即诉讼标的权利关系的地位的人，与当事人同时或代替当事人接受既判力。❸ 诉讼标的之法律关系已移转于第三人，为维持纠纷解决的实效性，实现纠纷一次性根本解决，判决的既判力也应及于当事人的继受人。既判力对继受人扩张，意味着胜诉原告的继受人具有胜诉原告的实体权利，败诉被告的继受人依然应承担败诉被告的义务。因而，禁止重复起诉效力对继受人的扩张，其目的在于维持纠纷解决的实效性。❹ 具体言之，如

---

❶ 张卫平："既判力相对性原则：根据、例外与制度化"，载《法学研究》，2005年第1期。

❷ 翁晓斌："我国民事判决既判力的范围研究"，载《现代法学》，2004年第6期。

❸ 兼子一、竹下守夫：《民事诉讼法》，白绿铉译，法律出版社1995年版，第161页。

❹ 【日】高桥宏志：《民事诉讼法——制度与理论的深层次分析》，林剑锋译，法律出版社2003年版，第477页。

果同一权利关系的诉讼标的在诉讼系属中或被判决确定后，当事人的继承人以对方当事人为被告，就该权利义务关系另行提起新诉，或原告对方当事人以当事人的承继人为被告提起新诉，前后两诉的当事人相同。此外，对于原告转让作为诉讼标的的债权的情形，通常情形下原告会主动要求退出诉讼，请求法院让实际受让人作为原告进行诉讼。如果受让人同意参加诉讼，则原告变更成功，原来的原告退出诉讼。在此情形下，原来原告也受禁止重复起诉效力的拘束，若其再行提起相同内容的后诉，则会违反禁止重复起诉规则。

第二，诉讼担当的被担当人。适格的当事人原则上要求为作为诉讼标的的权利义务关系的主体，如原告请求被告给付借款，原告主张自己为该借款的请求权人（债权人），而以被告为给付义务人（债务人）。然而，有时实体法归属主体就诉讼标的之法律关系在实体法上的管理处分权，遭受限制或剥夺，则其将随之丧失诉讼实施权，而必须改由取得该管理处分权的人实施诉讼。❶ 在此情形下，出现了“诉讼标的法律关系的归属主体”与“诉讼法上的正当当事人”二者脱钩的现象，学理上称之为诉讼担当，亦即，实体权利主体或法律关系以外的人，以自己的名义为他人利益或代表他人利益实施诉讼行为，法院判决效力及于原来的权利主体，就是诉讼担当。此时，该第三人（担当人）为诉讼上的“形式当事人”，该诉讼标的法律关系主体为“被担当人”。❷ 诉讼担当分为法定诉讼担当和任意诉讼担当。法定诉讼担当，是指基于法律的规定，权利义务关系主体之外的第三人就他人的权利义务关系而以自己名义行使诉讼实施权的情形，如破产管理人对破产财团进行的诉讼、遗产管理人或遗嘱执行人就遗产进行的诉讼。任意的诉讼担当，是指基于权利关系主体授权，第三人获得诉讼实施权，从而成为适格当事人的情形，如我国民事诉讼中的诉讼代表人。在诉讼担当的情形下，不论是法定的诉讼担当，或意定的诉讼担当，诉讼担当人是形式当事人，而该他人是实际的利益归属主体，以担当人（形式当事人）名义为当事人所受的确定判决，其既判力原则上均及于被担当人的实质当事人。❸ 使得担当人所受确定判决的既判力，扩张及于被担当人的最重要的正当性基础是，被担当人对该诉讼标的法律关系所抱持的利益，已透过担当人的实施诉讼，在规范上被认为已由担当人所充分代表，从而可认为被担当人已受有相当程度的程序保障。❹ 因此，在

❶ 胡云鹏：“既判力主观范围扩张的法理探析”，载《河南社会科学》，2009 年第 5 期。

❷ 黄国昌：《民事诉讼法教室》（Ⅰ），元照出版有限公司 2010 年版，第 119 页。

❸ 参见【日】伊藤真：《民事诉讼法》（第三版），有斐阁 2004 年版，第 151 页。

❹ 翁晓斌：“论既判力及执行力向第三人的扩张”，载《浙江社会科学》，2003 年第 3 期。

诉讼担当的情形中，当事人在形式上不同，但在实质上却相同，有诉讼事件的同一性问题，从而发生重复起诉情形。例如，甲对选定当事人起诉请求交还某土地后，甲对选定人诉求交还同一土地，则前后两诉讼的当事人存在同一性的问题。在诉讼担当的情形，《日本民事诉讼法》第 115 条第 1 款第 2 项规定，“当事人为他人而成为原告或被告时的该他人”确定判决对该他人有效力。我国立法上也有关于诉讼担当的规定，如《继承法》规定遗嘱执行人制度、《民事诉讼法》规定的破产清算组制度、代表人制度。

第三，为当事人或其继受人占有请求的标的物之人。所谓为当事人或其继受人占有请求的标的物之人，是指以请求特定物的给付为诉讼标的的情形，该占有人专门为当事人或继受人的利益而占有请求的标的物，而其自身对于该标的物的占有并不具有固有的利益。如受任人、受寄人及保管人等，而承租人、质权人等是为自己利益而占有标的物，原则上不属于该占有人，从而不受该判决效力拘束。此规定的目的是为防止当事人或其继受人在诉讼系属后，使他人占有该诉讼标的物，以致妨害将来的强制执行。因而，当请求标的是要求现实交付的特定物时，对该特定物之持有不具有自己固有利益，而专门为当事人或其继受人之利益而持有之人要受当事人所受判决既判力的拘束。而且，在包含某种程度实体法判断的强制执行中，确定判决的执行力，也得当然及于此占有人。[1] 由此，占有请求的标的物之人应被视为同当事人一视同仁的人。例如，原告对被告提起的交付动产请求与被告因此而对该动产持有人提起的交付动产请求之间，由于前者的判决效力及于该动产持有人，因此被告就没有对动产持有人重复诉讼的必要。[2]

所谓请求的标的物，主要是指属特定返还请求对象的特定物（动产或不动产）。所谓持有人，则指非为自己的、无独立占有权的人，如受托人、管理人或同居人等，因为其是为了当事人的利益而占有标的物，那么其应被视为等同于当事人之人，进而该特定物的持有人也要受禁止重复起诉效力的拘束。[3] 标的物持有人受禁止重复起诉效力拘束目的在于避免因单纯的保管利益而妨碍判决的执行，使得已胜诉当事人的权利得不到实现，且这也不会损害标的物持有人固有的实体利益，故无论持有开始的时间，甚至对于言辞辩论终结前的持有人都不影响其效力。如我国《民事诉讼法》第 249 条规定，有

---

[1] 李龙：“论民事判决的既判力”，载《法律科学》，1994 年第 4 期。

[2] 【日】高桥宏志：《民事诉讼法 · 制度与理论的深层次分析》，林剑锋译，法律出版社 2003 年版，第 108 页。

[3] 张卫平：“既判力相对性原则：根据、例外与制度化”，载《法学研究》，2005 年第 1 期。

关单位持有该项财物或者票证的，应当根据法院协助执行通知书转交，并由被交付人签收。对该条文义的理解，这里的“有关单位”就是为当事人及其继受人的利益而占有标的物的第三者。[1]

第四，诉讼参加人。所谓诉讼参加人是指在诉讼系属中参与到原被告双方当事人已提起的诉讼中的第三人。根据诉讼参加人是否对原告和被告争议的诉讼标的有独立请求权，《民事诉讼法》第56条规定，诉讼参加人包括有独立请求权第三人和无独立请求权第三人的两类诉讼参加人。其中，有独立请求权第三人对原被告之间已系属的诉讼标的的物或权利有请求权并因此针对这一主诉讼的双方当事人提起诉。由于有独立请求权的第三人是以独立诉讼的方式参加到他人之间的诉讼之中，并与原告的请求是对立的，在诉讼中具有当事人的地位，因而这里涉及一个独立的诉。那么，在该诉与第一个诉讼有重复诉讼的危险时，有独立请求权的第三人不得再对当事人间争议的诉讼标的的法律关系提起后诉，也即有独立请求权的第三人受禁止重复起诉效力的拘束。[2] 有独立请求权第三人通过提起第三人之诉参加了他人之间的诉讼，法院实际上是在同一诉讼程序中基于第三人之诉与本诉的牵连，将他人之间的本诉与第三人之诉进行了合并审理。因此，对本诉的判决除了在原告与被告之间发生既判力之外，基于本诉与第三人独立请求之诉的牵连性和矛盾性，该判决对有独立请求权第三人也有既判力，该第三人不得再行提起诉讼对本诉诉讼标的涉及的权利事项进行争议，否则，将构成对重复起诉规则的违反。无独立请求权第三人存在辅助当事人参与诉讼和有独立的诉讼地位并承担判决责任的两种情形。辅助当事人实施诉讼的第三人在诉讼中仅为辅助地位，并不存在要求对自己提起的或针对自己提起的请求予以审判的申请。就这一点而言，辅助参加人是专门附随被参加人来实施被参加人的诉讼，并不能说是真正意义上的当事人。那么，当事人间的本诉判决的效力不直接及于无独立请求权第三人，从而无独立请求权第三人也不受禁止重复起诉的效力拘束。独立进行诉讼并承担判决责任的第三人实质上具有独立的当事人地位，那么，其应受本诉判决的约束，从而受禁止重复起诉效力的拘束。例如，原告债权人以保证人为被告起诉请求履行保证债务。主债务人主张其债务已经清偿，主债务人对保证人的败诉有法律上的利害关系，为辅助保证人起见，因而参加诉讼。此际，保证人败诉判决确定时，判决既判力及于主债务人，从而主债务人其后不得再对同一事件予以争执。此外，判决无独立请求权第

[1] 翁晓斌：“我国民事判决既判力的范围研究”，载《现代法学》，2004年第6期。

[2] 张卫平：“既判力相对性原则：根据、例外与制度化”，载《法学研究》，2005年第1期。

三人承担责任的判决对于该事实的被告也有既判力。这是因为，该诉讼的被告是该诉讼形式上的当事人，因此，本诉的判决对被告仍然具有既判力。若原告与被告型第三人之间的判决对被告没有既判力，则可能发生被告在以后的诉讼中提起与该裁决事项矛盾的主张的情形，从而也构成对重复起诉规则违反。[1]

第五，特定对世判决效力所及的一般第三人。对特定类型法律关系所产生的纷争，因事件本身具有统一解决的强烈需求，此时如仍维持纷争在各当事人间个别地、相对地解决的规范模式，有可能发生矛盾判决的危险，进而造成利害关系人之间法律关系和社会生活的混乱。因此，往往透过法律的特别规定或学说的解释，将这类案件的判决既判力例外地扩张至一般第三人，以便在同一诉讼中寻求法律关系的划一性处理。但是，使既判力扩至一般第三人时，有可能侵害到这些第三人的利益，有鉴于此，法律个别地设定了需要划一处理的请求类型，并规定在这种类型下，既判力向利害关系人或一般第三人予以扩张。[2] 如在涉及身份关系或团体法律关系等具有对世效力的诉讼中，为实现法律关系的统一处理，实现身份关系的稳定与和谐，大陆法系国家普遍认同人事、团体法律关系诉讼是形成之诉，可以使法院作出具有形成力的判决，这种判决一般具有对世效力，[3] 从而一般第三人也受禁止重复起诉效力的拘束。如有关身份关系的诉讼，由于身份关系的存否将广泛地影响现行法律制度所建构的人伦秩序，可谓是具有最强烈统一确定的案件类型。因此，身份关系诉讼的确定判决的既判力得扩张至一般第三人，如就婚姻无效、撤销婚姻或确定婚姻成立或不成立、收养关系案件和亲子关系之诉所为的判决，对于一定范围的第三人，就有统一加以认定的必要，否则，无法维持身份关系的统一。[4] 再如，法人内部纷争，由于法人是否有效设立，其意思决定是否成立、有效、撤销等争议，均涉及多数股东、债权人及其他投资人的权益，从而对此类纷争所为的判决，除对法人外，原则上也对其他的股东及债权人发生效力，以避免法人内部关系的混乱与不安定，严重影响法人活动的进行。如撤销股东会决议之诉及股东会决议无效之诉。在前者，依传统多数见解，法院撤销股东会决议的判决，为形成判决，对全体股东及债权人均具有效力。在宣告股东会决议无效的判决，虽就其为确认判决或形成判决存有

---

[1] 张卫平："既判力相对性原则：根据、例外与制度化"，载《法学研究》，2005 年第 1 期。

[2] 【日】新堂幸司：《新民事诉讼法》，林剑锋译，法律出版社 2008 年版，第 490 页。

[3] 郭美松："人事诉讼判决既判力扩张与失权效之法理分析"，载《西南大学学报》（社会科学版），2010 年第 5 期。

[4] 叶自强："论判决既判力"，载《法学研究》，1997 年第 2 期。

争议，一般均认为无论如何其都具有对世效力。因而，上述判决对于非当事人的公司股东及其他债权人或投资人有加以统一认定的必要。[1] 由此，这些诉讼在请求类型上大多是形成诉讼，一旦形成原因成立，对于原有法律关系消灭或变更的判决，一般第三人都必须予以承认，因而，具有利害关系的第三人在此情形下均受禁止重复起诉效力的拘束。

此外，在债权人代位诉讼中，如果前诉的债权人代位诉讼尚在诉讼系属之中或已被生效判决确定后，那么，债务人是否可依同一债权再对次债务人提起后诉呢？亦即，前后两诉中的代位债权人与债务人是否具有同一性的问题。所谓债权人代位诉讼，是指债权人以自己的名义为原告代位行使债务人的权利，以第三债务人为被告提起的诉讼。在债权人代位诉讼中，原告（债权人）所主张的法律关系，并非其自身对被告（第三债务人）的权利，而系债务人对第三债务人的权利。由于代位债权人并非以“保护诉讼标的法律关系归属主体的利益”为直接目的而进行诉讼，那么，债务人自己进行诉讼与通过代位债权人代表自己进行诉讼，毕竟有所不同，从而代位债权人所受确定判决的效力是否以及在何条件下及于债务人，学者间因此产生激烈的议论。其中，有观点认为债权人代位诉讼为法定诉讼担当，即代位债权人具有当事人适格，债务人丧失当事人适格，不论代位诉讼胜败，既判力均及于债务人。又因为在前诉中，代位债权人系代位债务人的地位，行使的是债务人对次债务人的债权，后诉的诉讼标的也为债务人对次债务人的权利，故前后两诉的诉讼标的同一，从而应当认为后诉讼之提起违反重复起诉禁止的规则。[2] 也有观点主张债权人代位诉讼不属于法定诉讼担当，代位债权人与第三人债务人诉讼的结果，即就债务人的权利存否所作的判决既判力不应及于债务人。因为代位债权人与债务人两者之间的关系，不仅当事人不同且利害关系未必一致，多系利害对立的状态，若将判决效力及于债务人，债务人将因代位债权人的败诉而蒙不测的损害。此外，还有观点主张应视诉讼结果的不同而作出差异的处理，具体言之，在代位债权人胜诉而对债务人有实质利益时，既判力能及于债务人；若在败诉情形，因判决对债务人不利益，故既判力不能及于债务人。关于代位债权人在代位诉讼中的法律地位，我们认为应将其理解

---

[1] 吴明童：“既判力的界限研究”，载《中国法学》，2001 年第 6 期。

[2] 参见黄国昌：《民事诉讼法教室》（Ⅰ），元照出版有限公司 2010 年版，第 225 页；翁晓斌：“论既判力及执行力向第三人的扩张”，载《浙江社会科学》，2003 年第 3 期；常廷彬：“民事判决既判力主观范围研究”，载《法学家》，2010 年第 2 期；李龙、闫宾：“代位诉讼中的适格当事人研究”，载《西南大学学报》，2004 年第 5 期；孙邦清：“债权人代位诉讼若干问题研究”，载《政法论丛》，2003 年第 1 期。

为诉讼担当人，从而，在对后诉与前诉的当事人相同判定时，代位债权人与债务人具有当事人的同一性。

（2）后诉与前诉的诉讼标的相同

诉讼标的为诉的客观构成要素，是当事人进行攻击防御的目标，也是法院审理裁判的对象，其具有“贯穿于自起诉至作出判决”的基本性概念地位，因而，诉讼标的是此诉区别于彼诉的本质要素。这样一来，在判断前后两诉是否具有同一性的问题上，后诉与前诉的诉讼标的相同为判定重复起诉的客观方面要件，也是居于核心地位的要件。那么，如何界定诉讼标的的内涵就成为判定重复起诉的关键。然而，要对诉讼标的作出一个可以面面俱到的定义并非易事。对诉讼标的作出完美定义的困难，在相当大的程度上系肇因于就“诉讼标的此概念所应承载的观念”以及“个别诉讼所应承载强制解决纷争的最低能量”，存在不同的看法与评价。[1] 由此，恰当地界定诉讼标的之基准范围，对准确地把握前后两诉是否为重复起诉具有重要意义。关于“以何作为识别诉讼标的之基准”等问题，民事诉讼理论上曾以旧实体法说与诉讼法说的对立为中心展开论争，旧诉讼标的理论认为诉讼标的是当事人间争议的实体法上的请求权，而新诉讼标的理论认为诉讼标的是以诉的声明或包括事实在内的要素构成。在此论争中，新旧诉讼标的理论的优点与缺点均被发掘出来。另外，随着诉讼标的学说的讨论逐步趋于精致化，这种精致化的发展趋势反而日益衬托出诉讼标的概念在实践中的局限性，于是有学者提出诉讼标的相对论的概念，即不应透过单一制基准，予以划一地认定诉讼标的，而应根据不同诉讼类型或诉讼阶段而相对化地决定。

首先，诉讼标的的旧实体法说。民事诉讼上的诉讼标的概念最初是基于实体法理论提出的，在制定1877年德国民事诉讼法时，所谓私法的诉权论处于支配地位，德国民诉法的立法者认为诉讼乃实体法上权利的行使，而本案诉讼的对象亦即实体法上请求权。此项理解也为日本及我国台湾地区立法者所认同，于是，诉讼标的沿用实体法上请求权的概念。[2] 这种朴素地将诉讼标的与实体法所规定的表面性权利直接形成对应，换言之，每一个实体法上的请求权在诉讼上都构成一个诉讼标的，这在理论上被称为旧诉讼标的理论，也被称为旧实体法说。然而，如果严格遵循诉讼标的之旧实体法说，在实体法请求权竞合的情形，因同一原因事实符合数个实体法请求权的构成要件，则数个实体法请求权在诉讼上构成数个诉讼标的，那么，即便原告分别依据

[1] 黄国昌：《民事诉讼法教室》（Ⅰ），元照出版有限公司2010年版，第75页。

[2] 邱联恭：《口述民事诉讼法讲义》（二），许士宦整理，2012年笔记版，第132页。

不同的实体法请求权单独提起同一目的的请求，也将因诉讼标的不同而允许就实质上属于同一案件进行二次诉讼。❶ 因而，一方面，会造成法院对实质上属于同一案件的前后两诉进行重复审理，进而有发生矛盾裁判的危险。另一方面，随着确认诉讼及形成诉讼分别被承认为独立的诉讼类型，旧实体法说在这些权利保护形式方面也存在着一定适用上的困难。因为确认之诉不是要求确认实体法上的请求权，而是要求确认某种法律关系存在与否；形成之诉是请求变更或者消灭一定的民事法律关系，也不以实体法上的请求权为审判对象。❷

依上所述，在采行旧诉讼标的论下，前后诉的实体法上请求权或实体权利关系相同，则诉讼标的相同，那么，当以同一给付为目的的数个请求权发生竞合时，只要依据请求权的数量来确定诉讼标的即可。在这一前提下，若原告仅选择其中之一请求权为诉讼标的，禁止重复起诉的效力仅及于该权利，而不及于未作为诉讼标的的其他竞合的权利，故原告仍可就支持同一经济目的的其他竞合的实体法请求权另行提起新诉。反之，依新诉讼标的论，诉讼标的完全不具有实体法上的性质，而以要求给付的法的地位来把握诉讼标的。那么，要判断前后诉讼的诉讼标的是否相同，是以原告有几个受给付的法的地位来加以判定。从而，纵使几个实体法请求权发生竞合，各竞合的实体法请求权仅为支持诉讼请求的攻击防御方法，当事人可在诉讼程序中就其他竞合的实体法请求权为补充或更正法律上陈述，而诉讼标的仍属同一。由此，如果原告先后以竞合的实体法请求权提出诉讼，则构成对禁止重复起诉规则的违反。这样一来，法官因采新旧诉讼标的理论的不同，对前后诉是否为同一性的判断也会得出不同的论断，从而造成实践上识别前后诉是否为重复起诉的标准不统一。

其次，诉讼标的的新实体法说。对于旧实体法说在司法适用上遇到的问题，人们试图继续利用实体法的方法来解决这些问题。即受诉讼标的论争的影响，在实体法理论的侧面也产生了一些新的动向。具言之，将基于同一原因事实产生的多个实体法请求权概括成一种新型的实体法请求权，其判断标准是从这些单个请求权是否构成统一的处分客体或者是否追求统一的目的来判断。那么可以说，对于被新诉讼标的论所设定的诉讼标的，新实体法说也在实体法上将其作为请求权来予以把握。具体言之，如果在实体法上真正值

---

❶ 江伟、段厚省：“请求权竞合与诉讼标的理论之关系重述”，载《法学家》，2003年第4期。

❷ 王洪亮：“实体请求权与诉讼请求权之辩——从物权确认请求权谈起”，载《法律科学》，2009年第2期。

得保护之实体法上的法律地位有一个，即应该构成一个实体法上之给付请求权，而以此实体法上给付请求权作为诉讼标的予以处理。这在学理上被称为新实体法说。针对请求权竞合问题，新实体法说的解决方案很少可以提出反对意见。不过，民事实体法立法者的立场仍是侧重于关注具体实体法请求权规范的独立性，并认为这种个性也应当通过判决获得确定，从而拒绝将种类的各个请求权归纳为一个统一的、构成诉讼中的“诉讼标的”的请求权。如民事实体法上仍为各个实体法请求权分别规定诉讼时效和证明责任，这从而加大了用统一的实体请求权解决请求权竞合的想法的难度。[1] 实体法请求权的属性差异不仅在法的观点的属性上得到体现，在请求金额方面也同样会发生差异。如司法实践中也有可能出现这种情形，如果是以侵权行为对待，那么应承认请求额是 100 万元；而若是作为不当得利来处理，那么应承认请求额则是 90 万元。如此一来会产生如下问题，原告仅以不当得利起诉而获得承认请求额 90 万元，在这种情形下，对于 90 万元与若以侵权行为应能获得 100 万元之间的这 10 万元的差额，该如何处理呢？因而，这种针对旧实体法说的弊端进行改造的新实体法说在民事诉讼理论上并不具有说服力。

再次，诉讼标的的诉讼法说。针对旧实体法说在司法适用上产生的弊端，早在 20 世纪 10 年代后半期到 20 世纪 30 年代前后，德国民事诉讼法学界对旧实体法说展开了严厉的批判。实际上，至今诉讼标的的旧实体法说在现行德国民事诉讼理论上和司法实务界都没有得到过多的强调。日本在 1950 年开始，诉讼标的之争论非常激烈，并试图动摇旧实体法诉讼标的理论。[2] 其后，随着公法的诉权说成为支配性理论，诉讼标的即实体法上请求权的想法也有所改变，遂面临需从诉讼法上观点变换其意涵的局面，而基于此观点引发、展开了诉讼法诉讼标的理论。所谓诉讼法诉讼标的理论，又称新诉讼标的理论，是指将诉讼标的作为涵盖这些实体法上请求权在内的上位概念——一个要求给付的法的地位（一个受给权）——来予以把握。[3] 诉讼法诉讼标的理论将诉讼标的概念从实体法上的表面性权利层次中解放出来，而从诉讼法的立场立足于一个更高层面，即整个实体法秩序所认可的“一次受给付”的地

---

[1] 【德】罗森贝克、施瓦布、戈特瓦尔德：《德国民事诉讼法》（下册），李大雪译，中国法制出版社 2007 年版，第 673 页；【德】汉斯-约阿希姆·穆泽拉克：《德国民事诉讼法基础教程》，周翠译，中国政法大学出版社 2005 年版，第 88 页。

[2] 邱联恭：《口述民事诉讼法讲义》（二），许士宦整理，2012 年笔记版，第 144-145 页。

[3] 【日】新堂幸司：《新民事诉讼法》，林剑锋译，法律出版社 2008 年版，第 219-220 页。

位来予以理解。[1] 而对于原告提出的诉讼上请求而主张的实体法上请求权，系用以达到胜诉判决的法律上的观点，属于支持此受给权的攻击防御方法，其本身并非诉讼标的。攻击防御方法要如何提出，是辩论主义或职权探知主义的范围，而诉讼标的的决定，则系所谓处分权主义范围的问题。这样一来，关于诉讼标的概念的理解脱离与实体法上请求权的联系，从而新诉讼标的理论解决了旧诉讼标的理论下的请求权竞合问题。在此意义上，如果相同当事人间基于竞合的实体法请求权先后提起两个诉讼，因受给付的法的地位同一，所以前后诉的诉讼标的相同，进而前后诉构成对禁止重复起诉规则的违反。由此，诉讼法诉讼标的理论基于一个纠纷一次解决之理想，扩大了对诉讼标的范围的界定，并解决了旧诉讼标的理论下的请求权竞合问题，从而能实现纠纷一次性根本解决的理想，达成维护诉讼经济的目标。

就理论层面而言，新诉讼标的理论比旧诉讼标的理论更具优势。基于此，为适应现代民事诉讼发展及解决司法实践上存在问题的需要，我国民事诉讼理论上也不乏主张采新诉讼标的理论的观点，即主张为适应现代民事诉讼发展及解决司法实践上存在问题的需要，民事诉讼上应以诉之声明或包括案件事实在内的要素作为界定诉讼标的之基准。[2] 对于形成之诉，新诉讼标的理论也以“从整个实体法秩序出发，是否认可其一次性给付或者一次性形成”来作为诉讼标的的识别标准。例如，在作为形成诉讼之典型的离婚诉讼中，如果严格地遵循旧实体法说的观点，那么依据不同的法定离婚原因分别构成不同的诉讼标的；与之相反，诉讼法说则认为在同一夫妻之间只有一个诉讼标的，因为一对夫妻不能同时进行两次离婚。不过，对于确认之诉，新说仍然肯定“一个观念性存在的实体法权利构成一个诉讼标的”之观点。

关于诉讼法之诉讼标的理论，学说上有二分肢说与一分肢说的界分。二分肢说是为解决旧实体法说下的请求权竞合问题而产生的，其具体是指诉讼标的不能以实体法请求权为识别基准，而应当以诉之声明和案件事实作为等值元素来确定诉讼标的。二分肢说适用于所有的法律保护形式，且可将所有实体法上请求权竞合的情形根据实际需要概括为一个诉讼整体，因而，二分肢说主要是为解决旧诉讼标的理论的不足而出现的。基于此，我国民事诉讼法学界也有学者认为，从长远来看新诉讼标的理论的二分肢说更具有理论的

---

[1] 【日】高桥宏志：《民事诉讼法——制度与理论的深层次分析》，林剑锋译，法律出版社 2003 年版，第 25-26 页。

[2] 江伟、徐继军：“民事诉讼标的的新说——在中国的适用及相关制度保障”，载《法律适用》，2003 年第 5 期。

解释力，也能很好地识别诉讼标的问题，从而其更符合民事诉讼的发展趋势。[1] 在德国民事诉讼理论上，二分肢说很早就开始成为通说，德国法院也主要以二分肢诉讼标的概念为准。在界定诉讼标的之基准时，“二分肢说”以案件事实为讨论的前提，只要是诉之声明和案件事实二者中的任何一方发生变化，都将构成不同的诉讼标的。需要注意的是，德国民事诉讼上的诉讼标的不能完全等同于纯粹的权利主张，而应将法律保护形式一并包含在诉讼标的的概念中。例如，原告声称，他有要求被告支付1000欧元的请求权，则他可以通过确认之诉对这种权利主张确认，但以同样的主张他也可以要求判令被告给付。[2] 因而，如果当事人间基于同一法律关系或同一请求权，以确认之诉提起请求与以给付之诉提起请求，两者的诉讼标的并不相同。而且，要判断诉讼标的为何，除看其诉之声明以外，尚须结合事实关系一起判断。所以纵使请求给付的对象同一，也可能因案件事实的不同而构成另一诉讼标的。换言之，未经当事人主张，法院也未审理判断的不同原因事实，不受禁止重复起诉的效力所及，当事人仍可再行起诉主张。

然而，“二分肢说”在界定重要的生活案件事实方面会发生困难，因为，如果对请求权只能基于一个还是可以基于两个不同的生活事件有疑问，那么，在界定诉讼标的中的案件事实上就存在难以解决的问题。此外，要判断诉讼标的为何，除看其诉之声明以外，尚须结合事实关系一起判断，而同一请求权里可能基于一个或者多个案件事实提出，所以纵使诉之声明同一，也可能因案件事实不同而构成另一诉讼标的。[3] 例如，在请求离婚之诉中，当事人可主张的离婚事实可能有多个，如对方出轨、婚姻无效、长期分居等，倘若原告同时或先后分别依据这些事实提起后诉讼，也不违反禁止重复起诉规则，法院也必须对其进行审理和裁判，但这违背生活常理。[4] 在此意义上，诉讼标的之二分肢说并未彻底走出旧实体法说的理论误区。

针对二分肢说在界定案件事实上的困难，德国有学者认识到如果单纯地根据原告的诉讼请求来确定诉讼标的，把诉讼理由中陈述的事实仅仅作为对

---

[1] 参见郗伟明：“论诉讼标的与请求权规范之竞合——以旧诉讼标的理论的两案实践为视点”，载《法商研究》，2016年第3期；吴杰：“德国诉讼标的理论的演绎及其启示”，载《学海》，2008年第3期；江伟、韩英波：“论诉讼标的”，载《法学家》，1997年第2期；江伟、徐继军：“民事诉讼标的新说——在中国的适用及相关制度保障”，载《 法律适用》，2003年第5期。

[2] 【德】罗森贝克、施瓦布、戈特瓦尔德：《德国民事诉讼法》，李大雪译，中国法制出版社2007年版，第673-674页。

[3] 常怡：《民事诉讼法学研究》，法律出版社2010年版，第195页。

[4] 邵明：“诉讼标的论”，载《法学家》，2001年第6期；曹志勋：“反思事实预决效力”，载《现代法学》，2015年第1期。

请求的解释，这些困难就可以得到克服。❶ 随后，当二分肢说被介绍到日本时，就被以诉讼标的基准不清为由遭到了学界一致的批判。因为判断某个事实关系是否与另一个事实关系相同并不能在事实关系本身中寻求同一性基准，而只有在确立一定的目的或标准后才可以论及其同一性问题。后来日本民事诉讼理论上倡导的新诉讼标的理论以这种批判为前提，从接受给付的法的地位来寻求区分诉讼标的的标准，进而避免以事实关系这种模糊标准来再次识别诉讼标的。❷ 这种学说在理论上被称为新诉讼标的之一分肢说。易言之，一分肢说主张诉讼标的只能以诉之声明为识别基准，如果诉之声明只有一个，即使存在不同的事实、理由，诉讼标的也只有一个。这样一来，诉讼标的之一分肢说撇去案件事实而仅以诉讼请求作为诉讼标的的构成元素，而诉讼理由中的事实因素仅仅作为解释请求的依据，那么就可克服二分肢说在适用上的局限，并可避免原告依据不同的案件事实重复起诉而增加被告的麻烦及法院因重复审判而造成的司法资源浪费，又能防止发生矛盾判决的危险。❸ 因之，我国民事诉讼理论上也有观点主张采行新诉讼标的理论之一分肢说，即将原告所主张的诉之声明作为界定诉讼标的之基准，从而追求实现一次性解决纷争的诉讼目标。❹ 但是，一分肢说在种类物或金钱给付请求的诉讼中适用时，则可能因相同当事人之间存有多个相同的种类物或金钱给付，此时，如果不结合事实理由来把握诉讼标的，则将无法在诉讼中特定诉讼标的。❺

新旧诉讼标的理论在司法实践的适用上都有无法克服的弊端，旧诉讼标的理论主张以实体法上的请求权为界定诉讼标的的基准，相互竞合的实体法请求权为相互独立的两个诉讼标的，那么，当事人在理论上可就同一事件先后基于竞合的请求权分别起诉，也不违反重复起诉禁止规则。如此一来，对

---

❶ 【德】罗森贝克、施瓦布、戈特瓦尔德：《德国民事诉讼法》（下册），李大雪译，中国法制出版社 2007 年版，第 672 页。

❷ 【日】新堂幸司：《新民事诉讼法》，林剑锋译，法律出版社 2008 年版，第 220 页。

❸ 陈荣宗、林庆苗：《民事诉讼法》（中册），三民书局股份有限公司 2011 年版，第 378 页。

❹ 参见程春华："论民事诉讼中诉讼标的与诉讼请求之关系——兼论法官对诉讼请求变更及诉讼标的释明权之行使"，载《法律适用》，2014 年第 5 期；蒲菊花："论债权人代位诉讼的诉讼标的"，载《河北法学》，2003 年第 5 期；段厚省："请求权竞合研究"，载《法学评论》，2005 年第 2 期；梅夏英、邹启钊："请求权：概念结构及理论困境"，载《法学家》，2009 年第 2 期；李浩：《民事诉讼法学》，法律出版社 2016 年版，第 117 页；江伟、徐继军："民事诉讼标的新说——在中国的适用及相关制度保障"，载《法律适用》，2003 年第 5 期；常怡：《民事诉讼法学》，中国政法大学出版社 2016 年版，第 170-171 页。

❺ 参见周兴宥、郭敬波："对不同阶段分诉不违反一事不再理原则——浙江宁波中院判决一起建设工程施工合同纠纷案"，载《人民法院报》，2008 年 3 月 21 日，第 005 版。

于被告应诉的负担及法院审判工作的负担，均不合比例地被加重，从而造成诉讼不经济的缺点，也有可能因重复审理而发生矛盾判决的危险。因而，旧诉讼标的理论对于被告程序上利益及法院的审理负担未能充分兼顾，纷争也无法实现一次性解决。相对地，新诉讼标的论主张以受给付的法的地位为诉讼标的，此说追求实现纷争一次性解决的理念。但此说也存在缺点，以原告受领给付地位为判断标准，非以个别权利为准而判定诉讼标的，在审理中，两造对攻防对象未必能适当理解，而在判定既判力的客观范围时，也发生判断困难，易使当事人遭受突袭裁判的危险，尤其对于缺乏法律知识的当事人，将受到更大损害。此外，在原告就某事实权利的证明尚未能收集到充分的证据，而暂不想将之作为诉讼标的时，新诉讼标的理论勉强使其在此程序一并解决，将可能使原告无端遭受败诉判决。由此，主张采新诉讼标的论的学说应致力于加强对当事人应有的程序保障，完善防止发生突袭的手段措施；坚持采旧诉讼标的论的学说应尽量促使当事人将相关请求通过诉之变更、追加或提起反诉的方式合并于同一程序内一并解决，以此扩大诉讼制度解决纷争的功能，实现诉讼经济的目标。[1]

最后，诉讼标的的相对论。不论是实体法诉讼标的理论还是诉讼法诉讼标的理论，都无法解决所有诉讼案件中的诉讼标的识别问题。因而，学界从追求统一的诉讼标的之识别基准转向从诉讼阶段之观点予以考察，认为诉讼标的在整个民事诉讼中之每一阶段可能具有不同的功能，此即所谓的诉讼标的相对论。诉讼标的相对论之论据为，诉讼标的之功能在诉讼变动之过程，包括前诉讼及后诉讼，每一诉讼阶段均可能有其不同的功能，故基于保障诉权之诉讼制度目的，并为平衡保护系争实体利益及程序利益，应该从阶段论之观点加以观察。德国民事诉讼法学者首先提出相对的诉讼标的概念，具体言之，诉讼法诉讼标的理论的两种分支在恰当使用时都出现相同的和实用的解决方案，但并不一定在所有诉的合并、诉的变更、诉讼系属和既判力问题上得出统一的诉讼标的。[2] 比如，同一个诉讼标的概念在这个案件中——对诉讼系属而言——导致了可接受的结果，相反在另外一个案件中——在既判力效力上——却并非如此。这便产生了这样一个问题：与诉讼标的在其中起作用的各诉讼规定的目的相适应来确定诉讼标的概念是否合适。这将意味着：整个诉讼法不存在统一适用的诉讼标的概念，而是这一概念具有可变内容，

---

[1] 许士宦：《诉讼理论与审判实务》（第六卷），元照出版有限公司2011年版，第133页。

[2] 【德】罗森贝克、施瓦布、戈特瓦尔德：《德国民事诉讼法》（下册），李大雪译，中国法制出版社2007年版，第672页。

并且这次可能具有一分肢的结构，另一次可能具有二分肢的结构。❶ 日本有民事诉讼法学者认为，在每个涉及诉讼标的论之问题的领域中，诉讼标的概念的效用逐步相对化，那种认为“从起诉到判决为止，诉讼标的对诉讼予以统一规制”的传统思维也日趋受到动摇。❷ 具体言之，在诉讼标的的特定及诉讼系属—诉的合并—诉的变更—既判力客观范围这一系列的问题中，今后有必要对这一系列问题按照不同的阶段来予以探讨，即诉讼标的之概念，在从诉讼开始到诉讼终结的各个阶段都发挥着重要的作用，但在不同的问题中，基于制度旨趣的不同，对于诉讼标的所期待的作用应当存在着差异。而为了明确这种差异，则有必要针对每个领域的具体问题，对除诉讼标的同一性之外的因素予以解明。❸

我国台湾地区民事诉讼理论上将诉讼标的相对论进一步发展与细化，具体言之，有学者认为应对决定诉讼标的的因素加以多元考量，其具体包括依诉讼阶段或依事件适用法理类型而相对。这样一来，原告既可选择以某法律关系为诉讼标的并表明其特定所需原因事实，亦可选择以某纷争为诉讼标的而以原因事实予以特定，借此来划定可资平衡追求实体利益及程序利益之本案审判对象（诉讼标的）范围，而避免蒙受因未被容许为诉讼标的之选择性、相对性特定时所可能招致之程序上不利益或实体上不利益。❹ 也有学者在此基础上提出浮动的诉讼标的概念，即首先由原告在起诉时划定诉讼标的的范围；在诉讼程序进行中，诉讼标的的范围随着两造当事人的诉讼行为而发生变化，诉讼标的可能产生变更或出现范围的变化；在最后判决时，除由原告在起诉时所选定的诉讼标的外，还要考量被告的诉讼行为以及法院的释明活动，由此三者综合考量而共同决定最后发生既判力的诉讼标的范围。质言之，诉讼标的从起诉——诉讼进行——判决并不是一个固定的范围，而是随着诉讼程序的进行而发生变化。❺ 深受上述诉讼标的相对论的影响，我国民事诉讼法界

---

❶ 【德】汉斯-约阿希姆·穆泽拉克：《德国民事诉讼法基础教程》，周翠译，中国政法大学出版社 2005 年版，第 90 页。

❷ 【日】高桥宏志：《民事诉讼法——制度与理论的深层次分析》，林剑锋译，法律出版社 2003 年版，第 51 页。

❸ 【日】新堂幸司：《新民事诉讼法》，林剑锋译，法律出版社 2008 年版，第 228-229 页；【日】高桥宏志：《民事诉讼法——制度与理论的深层次分析》，林剑锋译，法律出版社 2003 年版，第 51-52 页。

❹ 邱联恭：《口述民事诉讼法讲义》（二），许士宦整理，2012 年笔记版，第 166 页。

❺ 许士宦：《诉讼理论与审判实务》（第六卷），元照出版有限公司 2011 年版，第 133 页；黄国昌：《民事诉讼法教室》（Ⅰ），元照出版有限公司 2010 年版，第 78 页；邱联恭：《口述民事诉讼法讲义》（三），许士宦整理，2012 年笔记版，第 185 页。

也有学者认为，“一体化”或“体系性”的诉讼标的概念适用于整个诉讼程序不仅未达到制度的预设目标，更难以回应实务上多义甚至“无序”的概念使用，从而主张应当结合具体程序场景中的含义来使用相对化的诉讼标的概念。[1] 也有学者认为，不同法律保护形式的诉的目的与功能都有所不同，从而应依据诉的不同类型来界定诉讼标的。[2]

这种根据诉讼程序进行之阶段或具体的程序场景来评估诉讼标的的识别基准，虽然能解决具体领域的问题和充分发挥具体制度的功能，但该理论的可适用性未得到验证，且其适用路径显得较为抽象和零乱，缺乏实践上的操作性。并且，此理论片面追求制度上的逻辑自洽，而对其运用要求法官具备较高的法律水准、健全的律师制度等完善的相关配套措施，我国目前司法环境尚不具备这些条件，因而，如果司法实务上对相对诉讼标的之理论适用不当，可能会对当事人造成裁判突袭等程序利益的损害。在此意义上，从我国目前的民事诉讼来看，诉讼标的相对论脱离我国民事诉讼立法及司法的实际。这也表明，诉讼标的相对论在我国目前的民事诉讼上只是一种理论上的假说，而在民事司法实践中并不具有普遍适用性。

综上所述，关于诉讼标的之范围应以何种基准加以界定，理论上曾以诉讼标的理论之旧实体法说和诉讼法说对立为中心展开论争。尽管我国民事诉讼法学界主流观点主张我国民事诉讼应采诉讼标的之旧实体法说，但也有学者认为应采诉讼标的之诉讼法说。这样一来，在判定前后两诉是否具有同一性方面，因采不同的诉讼标的之识别基准而会得出差异的论断。随着关于识别诉讼标的基准的讨论逐步深入，对诉讼标的之识别基准，学界逐渐认识到，有必要针对每个领域的具体问题，在考虑各自制度旨趣的基础上，自觉地分析有关诉讼标的所应发挥作用的差异，对依据此前诉讼标的理论得出的结论予以再调整，此即为现代民事诉讼上学者所主张的诉讼标的相对论。诉讼标的相对论的实施和运行，需要法官具备较高的法律素养及律师强制代理制度等相关配套措施的建立，以保障当事人在诉讼的不同阶段或诉讼类型中能对诉讼标的之识别基准作出准确地把握和选择，而我国目前的民事诉讼立法及司法实际中并不具备这样的现实基础。

---

[1] 参见李龙：《民事诉讼标的理论研究》，法律出版社 2003 年版，第 72-78 页；陈杭平：“诉讼标的理论的新范式——‘相对化’与我国民事审判实务”，载《法学研究》，2016 年第 4 期；蒋玮：“大陆法系诉讼系属中重复起诉禁止及经验借鉴”，载《甘肃社会科学》，2016 年第 6 期。

[2] 张卫平：《民事诉讼法》，法律出版社 2016 年版，第 69 页；任重：“论中国民事诉讼的理论共识”，载《当代法学》，2016 年第 3 期。

（3）后诉与前诉的诉讼请求相同

关于诉的要素的识别标准，通说是以当事人的相同及诉讼标的的相同来识别前后起诉的事件是否为同一。[1] 而根据《民诉法司法解释》第247条的规定，除当事人、诉讼标的要素的相同外，我国法语境下也将前后诉的诉讼请求相同作为识别重复起诉的要件，即后诉与前诉的诉讼请求相同，或者后诉的诉讼请求实质上否定前诉裁判结果的两种情形。一般认为，诉讼请求是指原告向法院提起保护自己权益的具体内容，[2] 其决定了法院的审理对象和范围，从而其在民事诉讼中是必备的内容。[3] 诉讼请求为法院审理和裁判的对象，属于诉的客观要素，[4] 且诉讼请求在识别重复起诉的问题上具有重要的作用，因而，后诉与前诉的诉讼请求相同也为判定重复起诉的要件之一。

《民诉法解释》第247条在判定重复起诉的标准中规定后诉与前诉的诉讼请求相同，或后诉的诉讼请求实质上否定前诉的裁判结果为识别重复起诉的要件。所谓后诉与前诉的诉讼请求相同，是指相同当事人之间在前后两诉中基于同一法律关系向法院提起相同内容的诉讼请求。根据最高人民法院大法官对该项要件的解释说明，诉讼请求是建立在诉讼标的的基础上的具体声明，在采旧实体法说理解诉讼标的的前提下，具体的请求内容对于诉讼中识别诉讼标的及厘清其范围具有实际意义。[5] 由此，诉讼请求与诉讼标的的关系甚为紧密，在诉讼客体的界定上，通常系以诉讼标的为中心，而诉之声明系由诉讼标的所进一步延伸而出。[6] 在这个意义上，诉讼标的与诉讼请求共同构成诉讼的客体，只要两者之一在诉讼程序进行中发生变动，均属诉之客体变更。在此意义上，如果相同当事人之间基于同一法律关系前后提起两诉，且前后诉的诉讼请求也相同，那么，后诉的提起就违背禁止重复起诉规则。因前后

---

[1] 参见陈荣宗、林庆苗：《民事诉讼法》（中册），三民书局股份有限公司2011年版，第379页；【日】高桥宏志：《民事诉讼法——制度与理论的深层次分析》，林剑锋译，法律出版社2003年版，第162-163页；【德】罗森贝克、施瓦布、戈特瓦尔德：《德国民事诉讼法》（下册），李大雪译，中国法制出版社2007年版，第717页。

[2] 王学棉：“‘具体’的诉讼请求”，载《国家检察官学院学报》，2016年第2期。

[3] 张晋红：“诉的合并有关问题的思考——兼论提高民事诉讼效率的有效途径”，载《广东商学院学报》，2002年第4期；赵钢：“论法官对诉讼请求变更事项的告知义务——以《关于民事诉讼证据的若干规定》第35条为分析基础”，载《法商研究》，2005年第6期。

[4] 张晋红：“诉的合并有关问题的思考——兼论提高民事诉讼效率的有效途径”，载《广东商学院学报》，2002年第4期；赵钢：“论法官对诉讼请求变更事项的告知义务——以《关于民事诉讼证据的若干规定》第35条为分析基础”，载《法商研究》，2005年第6期。

[5] 沈德咏：《最高人民法院民事诉讼法司法解释理解与适用》（上册），人民法院出版社2015年版，第635页。

[6] 黄国昌：《民事诉讼法教室》（Ⅰ），元照出版有限公司2010年版，第63页。

两诉的诉讼请求在内容上可呈现为相反、可代用及先决性等法律关系，从而，司法实践上对后诉与前诉的诉讼请求相同要件的判定相当复杂。

虽然现行民事诉讼法上使用了诉讼请求的概念，但对其内涵并未作出明确的规定，学界对诉讼请求的内涵也存在着多种解读。❶ 要理解我国民事诉讼法上有关诉讼请求的规定，必须追溯至德国民事诉讼法，在当时，德国民事诉讼法仅承认给付之诉这一诉讼类型，故而当时的请求系采用于实体法上请求权之请求一语。德国民法上的请求权除了表明一种实体法上的权利，也表明一个特定人针对他人的特定请求可以通过诉讼来主张和执行。❷ 对此认识，我国民法学者也认为请求权作为独立的实体权利，连接了实体法和程序法的权利，在当事人进入诉讼领域之后，请求权派生出诉权，具有可诉性。❸ 因而，诉讼请求虽为诉讼法上的概念，但其来源于实体法请求权的概念，并同实体法有着内在的联系，易言之，实体权利规范和诉讼规则性质因素彼此融合于诉讼请求之中。这样一来，对诉讼请求内涵的理解，需要从与实体法请求权的关系来把握诉讼法上的请求，但这里的诉讼请求不应被理解为实体法上请求权。比如，原告在诉讼上的诉讼请求，其可能主张数个实体法权利，亦可能主张一个，那么诉讼请求可能涉及数个实体法请求权，亦可能仅一个。❹ 据此，我们认为民事诉讼法意义上的诉讼请求概念应为当事人根据实体法请求权向对方当事人所提出的具体权益主张。也正如有学者所言，诉讼请求系指实体法请求权概念的后一种意义上的内涵，即特定原告针对被告的特定请求通过诉讼来主张和执行。❺

诉讼请求是以实体法请求权为前提而成立的，即原告根据实体法请求权提出的具体权益主张，因而，诉讼请求属于实体法请求权在诉讼上的反映。民事司法实务上一般将诉讼请求理解为当事人所欲达到的具体的法律上的效果（而不是抽象的法律效果），也可以说是具体的救济方式，例如，给付之诉

---

❶ 关于诉讼请求的概念，理论上至少有六种解释：（1）诉讼请求是诉讼目的；（2）诉讼请求指代诉之声明；（3）诉讼请求有时为争议的民事法律关系，有时为诉讼请求；（4）诉讼请求即为诉讼标的；（5）诉讼请求包括诉的声明与请求的原因事实两部分；（6）诉讼请求是指原告主张的具体化。参见：卜元石："重复诉讼禁止及其在知识产权民事纠纷中的应用——基本概念解析、重塑与案例群形成"，载《法学研究》，2017 年第 3 期。

❷ 【德】卡尔·拉伦茨：《德国民法通论》，王晓晔、邵建东、程建英等译，法律出版社 2003 年版，第 322 页。

❸ 王利明、杨立新、王轶等：《民法学》，法律出版社 2011 年版，第 38 页。

❹ 邱联恭：《口述民事诉讼法讲义》（二），许士宦整理，2012 年版，第 133 页。

❺ 王洪亮："实体请求权与诉讼请求权之辩——从物权确认请求权谈起"，载《法律科学》，2009 年第 2 期。

中的返还财产或赔偿损失的请求、确认之诉中请求确认权利存在或不存在的请求、形成之诉中如解除合同关系的请求等。❶ 以具体法的利益之主张界定诉讼请求的内涵，也从相关民事诉讼立法中得到体现。比如，《民事诉讼法》第51条中“原告可以放弃或者变更诉讼请求”、第119条中原告的起诉要有“具体的诉讼请求”等规定。诉讼请求通常是根据实体法律提出的实体权利方面的具体权益请求，但也有程序权利方面的权益请求，如以《民事诉讼法》第56条规定的第三人撤销之诉为依据提出的诉讼请求，要求法院判令驳回起诉的诉讼请求等。由此，从上述法规范的文义理解，也可将诉讼请求界定为原告欲获得实体法上的法律地位或法律效果的具体权益主张。这样一来，在诉讼标的与诉讼请求的关系上，诉讼请求是原告以诉讼标的之法律关系为基础向法院提出的实体法上的具体权益主张，即只有诉讼标的之法律关系得以确定，才能使系争的请求区别于其他请求，被告也才有明确的诉讼防御目标。换言之，原告只有在实体法律关系中享有实体或程序上的权益，其提出的诉讼请求才能实现；如果法律关系不存在，原告便不能凭空向法院提出任何具体的权益请求。另外，根据民事诉讼处分原则，诉讼请求可以由当事人在诉讼过程中处分、变更，而诉讼标的不得随意处分、变更。❷ 在此意义上，诉讼客体的界定通常是以诉讼标的为中心，而诉讼请求系由诉讼标的进一步延伸而出，❸ 反过来，具体的诉讼请求内容对于识别诉讼中的诉讼标的及厘清其范围也具有实际意义。❹ 由此，《民诉法解释》第247条将后诉与前诉的诉讼请求相同与诉讼标的相同并列作为判定重复起诉的要件，有利于司法实践中对前后两诉是否构成重复起诉作出准确的判定。基于上述对诉讼请求内涵的理解，在对后诉与前诉的诉讼请求相同判定时，如果前后两诉的诉讼请求在具体权益主张的内容上相同，则后诉与前诉的诉讼请求相同；如果前后两诉的诉讼请求在具体权益主张的内容上不同，则后诉与前诉的诉讼请求不相同。在此意义上，对后诉与前诉的诉讼请求相同的判定，通常需借助于原告在诉讼中所提出的具体权益内容加以判定。

此外，《民诉法解释》第247条也从反向进路上规定“后诉的诉讼请求实质上否定前诉的裁判结果”的重复起诉要件，从规范文义上理解，该项判定

---

❶ 江伟、段厚省：“请求权竞合与诉讼标的理论之关系重述”，载《法学家》，2003年第4期；钟蔚莉、崔析宗：“一事不再理原则的法律适用”，载《中国审判》，2011年第2期。

❷ 江伟、肖建国主编：《民事诉讼法》，中国人民大学出版社2015年版，第25-26页。

❸ 黄国昌：《民事诉讼法教室》（Ⅰ），元照出版有限公司2010年版，第63页。

❹ 杜万华：《最高人民法院民事诉讼法司法解释实务指南》，中国法制出版社2015年版，第397页。

重复起诉的要件涉及后诉的诉讼请求、前诉的裁判结果的要素，那么，这就牵涉到请求的基础事实的拘束力问题，从而我们就不能简单地从前后两诉的诉讼请求方面来对该项要件进行理解和适用，这也在一定程度上加大了对该项重复起诉要件判定的困难。民事诉讼理论上对该项判定重复起诉要件的理解和适用尚未形成统一的认识，有学者认为，这里的“后诉的诉讼请求实质否定前诉的裁判结果”要件是指前后两诉的诉讼请求存在相反或相矛盾关系。[1] 还有学者主张，该项规范要件的适用前提是前诉判决已确定，具体是指在前诉判决已经确定后，当事人又提起与前诉裁判既判力相矛盾的情形。[2] 也有学者主张，适用该项要件的典型情形是后诉请求与前诉裁判理由中对于实体性先决问题或其他要件事实的认定存在矛盾关系。[3] 也有学者认为该项要件具体分为“后诉请求实质否定前诉判决主文中的判断”和“后诉请求实质否定前诉判决理由中的判断”的两种情形。[4] 更有学者坚持该项识别重复起诉的要件是兜底条款，因为通过立法列举所有的重复起诉情形是不可能的，由此概括性地规定判定重复起诉的要件，能使实务中准确地适用“一事不再理”原则。[5]

根据最高人民法院大法官对适用“后诉的诉讼请求实质上否定前诉的裁判结果”重复起诉要件的解释说明，后诉的诉讼请求实质上否定前诉的裁判结果主要表现为，在前诉与后诉当事人相同、诉讼标的同一的情形下，后诉提起与前诉相反的诉讼请求，如甲起诉乙要求确认法律关系成立，乙又起诉甲请求确认法律关系不成立。[6] 另外，当前后诉的请求存在包含关系时，也认为后诉的请求实质否定前诉的裁判结果。如给付之诉中包含确认之诉的内容，如果甲起诉乙要求依买卖合同法律关系进行给付，乙又以甲为被告请求法院确认买卖合同的法律关系不成立，属于后诉的请求实质上否定前诉裁判结果

---

[1] 张卫平：“重复起诉规制研究：兼论‘一事不再理’”，载《中国法学》，2015 年第 2 期。

[2] 夏璇：“论民事重复起诉的识别及规制”，载《法律科学》，2016 年第 2 期；王亚新、陈晓彤：“前诉裁判对后诉的影响——《民诉法解释》第 93 条和第 247 条解析”，载《华东政法大学学报》，2015 年第 6 期；卜元石：“重复诉讼禁止及其在知识产权民事纠纷中的应用——基本概念解析、重塑与案例群形成”，载《法学研究》，2017 年第 3 期；袁琳：“‘后诉请求否定前诉裁判结果’类型的重复起诉初探”，载《西南政法大学学报》，2017 年第 1 期；林剑锋：“既判力相对性原则在我国制度化的现状与障碍”，载《现代法学》，2016 年第 1 期。

[3] 袁琳：“‘后诉请求否定前诉裁判结果’类型的重复起诉初探”，载《西南政法大学学报》，2017 年第 1 期。

[4] 严仁群：“既判力客观范围之新进展”，载《中外法学》，2017 年第 2 期。

[5] 杨春疆：“民事诉讼中重复起诉的形式与认定”，载《山东审判》，2017 年第 3 期。

[6] 沈德咏：《最高人民法院民事诉讼法司法解释理解与适用》，人民法院出版社 2015 年版，第 635 页。

的情形。基于上述学者对该项判定重复起诉要件规范的法解释学分析和司法实务者对适用该项要件的解释说明，可以使我们对“后诉的请求实质上否定前诉的裁判结果”重复起诉要件的理解获得一些大体上的经验。这些经验主要包括：前后两诉的诉讼请求在内容上具有包含、相反或先决性法律关系，前后两诉的主要争点共通或请求的基础事实相同等情形。

需要注意的是，诉讼请求的形成是当事人从发生的社会生活事实中选择出案件事实，然后基于案件事实向法院提出本案的诉讼请求。[1] 而同一案件事实可对应不同的法律关系，且当事人依据每一种法律关系又可提出各自的诉讼请求。[2] 这样一来，诉讼请求与法律事实、理由，法律关系以及实体法请求权等存在密切的联系，如果这些因素集合在一起出现，就会加大对后诉与前诉的诉讼请求相同要件判定的困难。在这些情形下，理论上对后诉与前诉的诉讼请求是否相同的判定也存有争论。为对上述争论做以厘清和回应，我们在此提出来并加以阐释，以对理论上的争论做多方面的评估。

第一，给付之诉中的诉讼请求是原告要求被告承担某种给付行为的主张，即便是基于同一案件事实、同一种实体法律关系，也可能存在多种多样履行义务、承担责任或获得救济的具体方式。[3] 那么，对于一个实体法律关系而言，可以只有一项具体的诉讼请求，也可以有几项具体的诉讼请求。例如，基于同一侵权行为，原告依据同一个实体法律关系，可能先后对被告提起损害赔偿、停止侵权、赔礼道歉等多种诉讼请求。在此情形下，我们认为，由于这多个请求的主张均基于同一法律事实、同一法律关系，且都出于同一实体法请求权，那么，这些先后提起的诉讼实质上属于同一民事案件，进而前后诉构成对禁止重复起诉规则的违反。对此，基于民事诉讼的处分原则，似乎应当允许原告在同一实体法请求权下提起不同的请求主张，但诉讼系因集团现象，必须讲求诉讼经济，即一个纷争应尽可能在一次诉讼中得以根本性解决。不过，在此情形下，可在诉讼过程中通过加强法官的释明义务，以使当事人一次提出所有的权利主张。

第二，如果相同当事人间基于同一实体法律关系下的两个实体请求权先后提起两个诉讼，那么，此情形下的前后两诉的诉讼请求是否相同？比如，债权人先后以本金和利息债权提起诉讼，由于本金与利息请求无论从生活常

---

[1] 许尚豪、欧元捷：“诉讼请求变更的理念与实践——以诉讼请求变更原因的类型化为切入点”，载《法律科学》，2015 年第 3 期。

[2] 王亚新：“诉讼程序中的实体形成”，载《当代法学》，2014 年第 6 期。

[3] 王学棉：“‘具体’的诉讼请求”，载《国家检察官学院学报》，2016 年第 2 期。

识，还是从实体法角度来看都是不同的，[1] 从而，尽管前后诉基于同一法律关系，但后诉的利息之诉并非重复起诉。再如，在双务买卖合同关系中，买受人享有要求出卖人给付货物的请求权，同时出卖人享有要求买受人给付价金的请求权。在此情形下，尽管仅存在一个买卖合同法律关系，即诉讼标的仅有一个，但有两个实体法上的请求权，从而当事人可基于不同的实体法请求权先后提出不同的诉讼请求，如买受人起诉出卖人要求其给付货物，出卖人在法院作出判决后也可再行起诉要求买受人给付货款，由于此种情形的前后两诉的诉讼请求不同，从而，前后两诉不构成重复起诉。不过，在上述情形中，虽然不能禁止相同当事人间就同一实体法律关系基于不同的实体法请求权先后提起不同的诉讼请求，但为了彻底解决同一争议法律关系中的所有纷争，提高诉讼效率，法官应通过诉之合并的方式将相关诉讼请求合并在同一程序内解决。[2] 对此，可类推适用《民诉法解释》第 233 条关于同一法律关系或同一事实下有关联的本诉请求与反诉请求应当合并审理的规定。在此意义上，如果当事人滥用诉权而就同一实体法律关系下的不同实体法请求权先后提起不同的诉讼请求主张，法院可依民事诉讼中的诚实信用原则加以制止。

第三，对后诉与前诉的诉讼请求相同要件的判定，有时需借助前后诉中的案件事实、理由因素，但事实、理由并不是诉讼请求的内容。我国民事诉讼为规范出发型的程序构造，在诉讼以前就存在着实体法的权利，因此诉讼制度是建立在“实现实体权利”这一思维之上的，从而实体请求权构成了诉讼请求的实体内容和根据，即只要有实体法上的构成要件得到满足就形成请求。如果从实体法的立场来把握诉讼上的请求，则诉讼是由“事实”与“规范”二元素构成，这样一来，诉讼请求与事实、规范在民事诉讼上是相辅相成的。详言之，“事实”是指追求某种法律效果发生的原告所提出的与能够使该效果发生的要件相对应的事实。[3]“规范”是创设请求权的法律规范，又称请求权基础，这在诉讼上主要表现为原告在起诉时提出的支持权利主张的“理由”。它具体包括构成要件和法律后果，构成要件是请求权成立的前提条件，法律后果规定了请求权人基于该法律规定可以向义务人请求的行为。[4] 由此，后诉与前诉的诉讼请求是否相同，一方面，只要其同一性不是已经从本

---

[1] 严仁群：“既判力客观范围之新进展”，载《中外法学》，2017 年第 2 期。

[2] 张晋红：“诉的合并有关问题的思考——兼论提高民事诉讼效率的有效途径”，载《广东商学院学报》，2002 年第 4 期。

[3] 王亚新：“诉讼程序中的实体形成”，载《当代法学》，2014 年第 6 期。

[4] 【德】汉斯·布洛克斯、沃尔夫·迪特里希·瓦尔克：《德国民法总论》，张艳译，杨大可校，中国人民大学出版社 2012 年版，第 390 页。

身得到澄清，往往须参考诉讼理由中之记载，甚至需要通过从诉讼理由中所陈述的事实来解释。另一方面，由于作为诉讼请求的判决主文文字简洁，如主文为“诉被驳回”，则只有从判决的事实和理由中才知道：诉是最终被驳回还是只作为部分无理由被驳回，或者是进行了诉讼驳回还是实体驳回以及涉及哪些诉讼请求权。[1] 借助于事实情况和裁判理由对诉讼请求解释的基础在于，原告在起诉时要使所主张的权利得到法院的支持，必须包含特定的请求和对支持该诉讼请求的事实、理由作出说明。解释经常是必要的，因为如果不对到底以哪种作为成立的事实、理由加以表示，就不能使诉讼请求特定。比如，基于同一投资合同的不同条款先后起诉，前后诉讼均基于相同的投资合作法律关系，即相同的诉讼标的，但“法律事实”不一致，从而前后两诉讼的诉讼请求也不具有同一性。再如，前后两诉讼均为要求支付现金 10 万元的诉讼请求，但前诉是以借款为由提起请求，后诉以不当得利为由提起请求，即前后两诉基于不同的“理由”，从而前后两诉讼也不构成重复起诉。在此情形下，如果基于不同“理由”的前诉尚在诉讼系属之中，为提高诉讼效率，法院应根据《民诉法解释》第 221 条关于合并审理的规定，可以将基于同一事实的后诉合并于前诉程序内一并解决。不过，如果依据任一理由的诉讼请求获得胜诉判决，则同一诉讼请求的诉的利益即消灭，从而不得依据其他“理由”另行提起相同的诉讼请求主张。

第四，权利保护形式为诉讼请求的构成要素，因而，在判断后诉与前诉的诉讼请求是否相同时，应将权利保护形式的因素考虑在内。比如，由于给付之诉包括确认之诉，如果原告在前诉中已提起给付之诉者，不论胜诉败诉，均具有确认之性质，若其再就据以起诉之法律关系提起确认之诉，则由于前诉的诉讼请求可以代用后诉的诉讼请求，从而应视前后诉讼为同一案件。不过，如果原告在前诉中提起确认之诉，并获得确定判决，尔后原告再据以起诉之法律关系提起给付之诉的后诉，则由于前诉的诉讼请求不可以代用后诉的诉讼请求，且后诉的给付之诉具有执行利益，在此情形下，是否允许当事人提起同一法律关系的给付之诉，应结合诉的利益来判定是否允许原告再行提起后诉之给付之诉。质言之，只有前诉判决原告具有确认利益时，才允许其提起后诉之给付之诉，否则将不允许原告再行提起后诉之给付之诉。如果前诉的确认之诉尚在诉讼系属中，是否允许原告再据以起诉之法律关系提起给付之诉？我们认为，在此情形下，为实现纠纷一次性根本解决及避免发生

---

[1] 【德】奥特马·尧厄希尼：《民事诉讼法》，周翠译，法律出版社 2003 年版，第 329 页。

矛盾判决的危险，法官应促使当事人通过诉之变更、追加或提起反诉的方式将后诉请求合并于前诉程序内一并解决。

关于部分请求的问题。在对后诉与前诉的诉讼请求相同要件判定时，与之相关的另一问题是，当事人在前诉中仅对整体债权中的一部分主张请求后，可否就余额部分另行提起别诉？此即为部分请求的可否性问题。所谓部分请求，是指对于数量上具有可分性的债权，原告在诉讼上将其任意分割而仅就其中一部先为请求，保留余额至后诉讼再为请求。学说上基于当事人的处分权与防御权、法院所代表的实现纷争一次性解决的公益要求等利益考量，向来有着复杂的论争。[1] 其中，部分请求全面肯定说从实体法上的债权行使自由出发，认为既然实体法上的债权人可以自由地分割自己的债权，原告也可以依处分权主义将债权分割而自由地设定诉讼标的。由此，对可分的权利关系的特定部分提起诉讼时，不论胜诉还是败诉，既判力只限于该特定部分并不及于余额部分，进而应当一般地允许当事人提起部分请求的后诉讼。还有学者主张，在部分请求的情形，虽然前后两诉的当事人相同、诉讼标的之法律关系相同，但前后两诉的诉讼请求不相同，因而应当允许原告提起余额请求。[2] 部分请求否定说从被告的程序利益和诉讼经济原则的诉讼法的观点切入，认为应当否定原告在部分请求后再就余额请求提起后诉。[3] 也有学者认为，如果以实体法上的请求权作为界定诉讼标的之基准，那么，部分请求诉讼的诉讼标的为整体债权，且原告就余额请求提起再诉的诉讼标的仍为整体债权，如此一来，前后两诉讼的诉讼标的具有同一性，从而应认为前后两诉讼构成重复起诉。[4] 部分请求折中说主张，当原告明确作出“该诉讼请求是部分请求”的表示时，则不论诉讼胜败，既判力的客观范围仅限于该一部请求，从而允许原告对剩余的部分债权另行起诉。[5] 也有观点认为，在原告对部分请求作出明示的场合，且当原告的部分请求获得胜诉判决时，才许可其就余额请求提起再诉。

对于是否允许当事人就余额请求再行提起诉讼，上述基于不同政策考量的理论学说都有道理，但也都存在着适用上的不足。比如，部分请求肯定说在实践中的难题是，将债权人在实体法上的债权分割行使自由与原告在诉讼

---

[1] 黄国昌：《民事诉讼法教室》（Ⅰ），元照出版有限公司2010年版，第206页。

[2] 杨婷：“诉讼请求变更的认定与处理”，载《人民司法·案例》，2016年第35期。

[3] 蒲菊花：“部分请求理论的理性分析”，载《现代法学》，2005年第1期。

[4] 柯阳友：“也论民事诉讼中的禁止重复起诉”，载《法学评论》，2013年第5期；夏璇：“论民事重复起诉的识别及规制”，载《法律科学》，2016年第2期。

[5] 黄国昌：《民事诉讼法教室》（Ⅰ），元照出版有限公司2010年版，第206页；王福华：“民事诉讼诚信原则的可适用性”，载《中国法学》，2013年第5期。

上将单一债权切割为不同诉讼标的等同视之，从而使原本同一个案件，因原告部分请求而造成审判的实质性重复，进而忽略了对诉讼法上兼顾被告程序利益与法院所代表公益的价值考量，也会因重复审理而发生矛盾判决的危险。而且，当受害人将同一债权分次来提出诉求时，也会产生技术上的困难，如难以明确法院在前诉中已经对哪一部分损害进行了认可。再如，部分请求否定说在不考虑实际情况下而一概地否定原告就余额请求再行提起后诉的权利，有违对当事人实体权利的保护。尽管折中说是一种谋求平衡的观点，但是在理论上也存在着一些难题，如这种观点并未考虑法院重复审理而产生的非效率与不经济因素。❶ 而且，其要求被告在原告明示为部分请求时，通过提起反诉保护自己面临再诉风险的操作手法，这一点对于被告而言有过于苛刻的嫌疑，因为诉讼毕竟系由原告所提起，而将起诉的责任由原告转嫁给被告承担，并不公平，故也不可采。❷ 在上述学说的基础上，有学者主张立足于我国民事诉讼的司法实际，如果因原告欠缺法律知识、因诉讼标的额巨大而负担不起律师费或诉讼费用较高而不愿意以整体债权去冒诉讼风险等正当理由，不得已只提出部分请求的，应当允许当事人就余额请求提起后诉讼，特别是在我国法律援助制度和律师制度不健全的情况下，如果一概地否定原告提起部分请求，则有违保护其合法权益和民事诉讼解决纠纷的目的。❸ 基于以上认识，对原告提起的部分请求是否属于重复起诉，我们认为如果以诉的要素的判定重复起诉标准，以及追求诉讼经济的价值考量，应当认定后诉与前诉的诉讼请求实质上相同，从而前后两诉构成重复起诉。不过，着眼于我国民事诉讼的司法实际，如果原告有对余额请求提起后诉的正当理由时，应当允许其再行提起后诉，以充分保护其实体法上的权益。

2. 禁止重复起诉旨趣的判定标准

关于识别重复起诉的标准，传统民事诉讼上以诉的要素作为识别前后诉同一性的标准，在此识别标准下，诉讼标的要素在判定前后诉的同一性问题上居于核心地位。诉讼标的在学理上存在新旧诉讼标的学说的论争，那么，一方面，因采行新旧诉讼标的学说的不同，法官在识别前后诉同一性的标准问题上可能会得出不同的论断。而且，新旧诉讼标的理论在司法实践的适用上都有无法克服的弊端。另一方面，在司法实践中，禁止重复起诉的根据也

❶ 【日】高桥宏志：《民事诉讼法——制度与理论的深层次分析》，林剑锋译，法律出版社 2003 年版，第 92–93 页。

❷ 黄国昌：《民事诉讼法教室》（Ⅰ），元照出版有限公司 2010 年版，第 206 页。

❸ 邵明："民事之诉的构成要素与诉的识别"，载《人民司法·应用》，2008 年第 17 期。

并非仅仅产生于前诉与后诉在内容上（诉的要素）完全相同的情形，尽管前后诉的诉讼标的不同，但前后诉的请求基础事实相同或主要争点共通，会构成对禁止重复起诉旨趣的违反，从而也应认为前后诉属于重复起诉。易言之，尽管从诉的要素标准出发，前后诉不构成对禁止重复起诉规则的违反，但法院对前后诉中相同的案件事实的重复审理，会造成被告反复应诉的负担，法院诉讼资源的浪费及发生矛盾判决的危险，从而也应当认为前后诉构成重复起诉。

依照禁止重复起诉旨趣的标准，那么在对前后诉是否为重复起诉的判断上，法官不仅应将焦点置于前后诉的内容是否相同上，也应取向于前后诉是否违反禁止重复起诉的旨趣，即法官对前后诉的相同案件事实的重复审理，会造成被告因反复应诉而损害其程序利益，法院因重复审理而浪费司法资源浪及可能在内容上发生矛盾判决的危险，由此认为前后诉构成重复起诉。作为理论构成而言，这种受“禁止重复起诉旨趣”规制的见解超越了诉讼上请求（诉讼标的）的同一性，进而在判决效发生扩张的情形下，扩大化地把握“禁止重复起诉”规则，这是一种符合“禁止重复起诉”目的的解释论。从结论来看，这种见解无疑是妥当的，可以说是一种应当予以赞成的观点。[1] 禁止重复起诉旨趣的标准在司法实践中主要表现为前后诉的主要争点共通或请求的基础事实相同的两种情形。

1. 前后诉的主要争点共通

前后诉的主要争点共通是指前后两诉的主要争点有其共同性，基于该争点的前后诉的请求在社会生活上可认为同一或牵连，而就前请求的诉讼及证据资料，能期待在后请求的审理中予以利用。当前后两诉的主要争点共通时，如果允许具有此共通争点的后诉另行提起，将违背有关集中审理的诉讼理念，且法院对该争点的重复审理，在内容上，也有可能产生实质性矛盾判决。[2] 故而，当前后两诉的主要争点共通，应运用禁止重复起诉规则以限制当事人另行提起后诉。不过，有学者主张主要争点共通的识别标准是作为对诉的要素标准的补充而存在的。[3]

---

[1] 【日】高桥宏志：《民事诉讼法——制度与理论的深层次分析》，林剑锋译，法律出版社 2003 年版，第 110 页。

[2] 【日】高桥宏志：《民事诉讼法——制度与理论的深层次分析》，林剑锋译，法律出版社 2003 年版，第 113 页；严仁群：“既判力客观范围之新进展”，载《中外法学》，2017 年第 2 期。

[3] 段文波：“日本重复起诉禁止原则及其类型化解析”，载《比较法研究》，2014 年第 5 期；戴晨逸：“重复起诉问题探究”，载《东南大学学报》（哲学社会科学版），2009 年第 S2 期；张卫平：“一事不再理原则的法理根据及其运用”，载《人民法院报》，2004 年 5 月 28 日 005 版；梁帅：“论广义二重起诉及其规制”，载《河南理工大学学报》（社会科学版），2010 年第 4 期。

依照《民诉法司法解释》第247条关于重复起诉内涵的规定，对违反主要争点共通标准的重复起诉类型的规制，具体应区分为两种不同的规制措施。当具有共通争点的前诉已被生效裁判确定，则后诉应当被裁定驳回。当具有共通争点的前诉尚在诉讼系属中，法院并不能直接以不适法为由而作出驳回后诉的起诉，因为前后两诉都有独立的诉讼标的，且均有要求法院作出判决的利益。在这种情形下，为防止重复起诉及实现诉讼经济的目标，法院应适用“禁止另行起诉并进行强制合并”的规定来处理。具体言之，若原告欲就共通争点的后诉请求诉请审判，应利用前诉程序为诉之变更或追加，不得另外提起独立的后诉；若被告欲就共通争点的后诉诉求请求审判，须利用前诉程序提起反诉，而不得另行提起后诉。如果当事人不利用诉的合并制度，而另行提起别诉，乃无端增加被告多次应诉的麻烦，且法院重复审理已经判定的事实，将导致诉讼制度的无效率，并容易造成裁判的互相抵触。[1] 这样一来，使具有共通争点的前后两诉合并审理，就不会构成重复起诉，又能就前诉的诉讼资料及证据资料期待在后请求的审理中予以利用，从而能扩大事实的审理范围，实现纷争一次根本性解决。对前诉判决确定后的重复起诉情形的规制，可具体参见下则案例。

案例八：原审原告A公司诉称，原审被告B公司承建A公司机焦低温干馏炉工程过程中，造成工程主体沉降，炉体漏气、漏油、墙体裂缝，导致该工程无法正常生产，给原告造成巨大的经济损失。故诉至法院，请求B公司承担工程维修费用1900万元。B公司辩称，A公司所称的工程质量问题已经有前诉判决审理，现再次主张违反一事不再理的原则。一审法院经审理查明，在前诉中，A公司以工程质量问题向B公司提起反诉，要求返还多付工程款、赔偿经济损失等，前诉法院判决驳回A公司的诉讼请求。一审法院审理认为，前诉法院已对本案诉争工程主体质量问题裁判，本案违反禁止重复起诉规则，应当予以驳回。A公司上诉，二审法院维持原判。A公司提起再审，再审法院审理认为，在前诉中，B公司请求A公司支付拖欠工程款及违约金，A公司提起反诉称对方所施工的工程严重逾期，且其施工的工程出现了干馏炉漏、跑、冒现象，请求返还超付工程款、支付赔偿款及违约金等。而后A公司又因工程质量问题起诉B公司，请求B公司承担工程维修费用，前诉和后诉在审判对象方面相同，法院对于共同争点的审理必然形成重复，因此在内容上，存在作出实质性矛盾判决的可能，构成后诉的诉讼请求实质上否定前诉裁判

[1] 姜世明：《民事诉讼法基础论》，元照出版有限公司2011年版，第426页。

结果，符合重复诉讼的构成要件。❶

在该案中，A 公司在前诉中反诉称 B 公司承建的工程存在质量问题，故要求返还超付工程款及赔偿经济损失等；A 公司在后诉中又以 B 公司承建的工程存在质量问题，诉请承担维修费。尽管前后诉的诉讼请求不同，但前后两诉的主要争点是共通的，即 B 公司承建的工程是否存在质量问题，且前后诉的请求旨趣均是要求赔偿因工程质量存在问题造成的损失。法院审理认为对该共通争点的重复审理，有可能发生实质性矛盾判决的危险，从而应禁止当事人另行提起后诉。法官在该案中判定前后两诉是否为重复起诉时，撇开了诉的要素的识别标准，而以前后诉的主要争点共通为标准识别前后两诉是否具有同一性。

2. 前后诉的请求基础事实相同

诉讼请求的形成是当事人从发生的社会生活事实中选择出案件事实，然后基于案件事实向法院提出本案的诉讼请求。❷ 所谓请求的基础事实相同，是指前后两诉的原因事实，有其社会事实上的共通性及关联性，而就前诉所主张的案件事实及证据资料，可在后诉中加以利用，且无害于对方当事人程序权的保障，也符合诉讼经济的要求。❸ 而同一案件事实可对应不同的法律关系，当事人依据一种法律关系可提出不同的诉讼请求。❹ 前后诉的请求在诉讼上所依据的原因事实如属同一，纵使前后两诉主张的法律关系即诉讼标的不同，法院对前后诉中相同的请求基础事实的重复审理，也会造成法院及当事人劳力、时间、费用的不必要增加，违反诉讼经济原则，且重复审理容易造成前后诉裁判的歧义，从而构成对禁止重复起诉的旨趣的违反，那么应当认为前后诉属于重复起诉。换言之，为避免就同一事实的审理判断利用二道诉讼程序为之，而增加法院及当事人的不必要劳动力、时间、费用支付，以致最后发生互相矛盾的裁判，应当认为具有相同请求基础事实的前后诉构成重复起诉。

依照《民诉法司法解释》第 247 条关于重复起诉内涵的规定，对违反请求的基础事实相同标准的重复起诉类型的规制，具体应区分为两种不同的规制措施。在此情形下，如果前诉的判决已经确定，法院应以后诉为不合法而

---

❶ 案件字号：（2014）新民再终字第 22 号，审理法院，新疆维吾尔自治区高级人民法院。

❷ 许尚豪、欧元捷："诉讼请求变更的理念与实践——以诉讼请求变更原因的类型化为切入点"，载《法律科学》，2015 年第 3 期。

❸ 刘明生：《民事诉讼法实例研究》，元照出版有限公司 2011 年版，第 194 页。

❹ 王亚新："诉讼程序中的实体形成"，载《当代法学》，2014 年第 6 期。

将之裁定驳回。若前诉尚在诉讼系属中，法官应促使当事人利用诉变更、追加或提起反诉的制度，使请求基础事实同一的后诉请求合并于前诉程序中一并审理，而不许另行提起后诉。❶ 例如，原告在前诉中诉请给付价金，被告辩称买卖关系已因解除而消灭，双方争执之点均在于买卖关系之基础事实之存否，此时，原告可变更为请求返还标的物或为诉之追加，而不应就基础事实同一的请求另行提起后诉，从而可达成统一解决纷争的目的，实现诉讼经济的目标及防止矛盾判决的发生。对前诉判决确定后的重复起诉情形规制，可具体参见下则案例。

案例九：原审原告王×诉称，原审原告曾支付给原审被告张×300 万元，后原审被告顾××将该款作为出资款注资 A 公司。现张×、顾××以 300 万元系专利转让款为由拒绝返还，而双方并无专利转让的事实。故王×诉至法院，请求张×、顾××返还 300 万元。原审法院审理查明，王×曾以借款关系为由诉至法院，要求张×、顾××返还 300 万元，该案法院判决驳回王×的诉讼请求。原审法院审理认为，王×在没有新的事实前提下，又以股东出资为由诉至原审法院，要求张×、顾××返还 300 万元，其实质仍然是借款关系，符合重复起诉，故依法裁定驳回起诉。王×提起上诉。二审法院审理认为，针对王×支付给张×的 300 万元，王×在前诉中已经选择以借款关系为由提起诉讼，前诉法院判决王×败诉，这表明王×基于支付张×300 万元这一事实而产生的请求权已归于消灭。虽然原告在本案中以技术转让合同法律关系提起本案诉讼，与前次诉讼的起诉理由不同，但是与前次诉讼依据的事实完全相同，违反了民事诉讼一事不再理原则。❷

在该案中，针对王×支付张×300 万元这一事实，王×在前诉中以借款关系为由提起返还请求，在后诉中以技术转让合同法律关系为由提起返还请求，且前后诉的诉讼请求旨趣均为使张×返还 300 万元。尽管前后诉基于不同的实体法律关系，但前后诉均基于相同的请求基础事实。那么，前诉法院已对该原因事实作出审理判断，王×再基于同一基础事实提起后诉，将造成法院对该请求基础事实的重复审理，从而可能产生前后实质性的矛盾判决。故为避免程序重复，维护对方当事人的程序利益、减轻法院负担及防止矛盾判决的发生，应当认为前后诉违反禁止重复起诉的规则，从而禁止原告另行提起同一

---

❶ 许尚豪、欧元捷：“诉讼请求变更的理念与实践——以诉讼请求变更原因的类型化为切入点”，载《法律科学》，2015 年第 3 期；黄湧：“对抗型重复起诉的司法认定：程序保障的范围决定判决的效力范围”，载《人民司法》（案例），2010 年第 4 期。

❷ 案件字号：（2015）锡商终字第 00694 号，审理法院，江苏省无锡市中级人民法院。

基础事实的后诉。

综上所述，尽管《民诉法解释》第 247 条确立了诉的要素的判定重复起诉标准，但诉讼制度的发展趋势是扩大诉讼解纷的功能，避免当事人就同一事件重复起诉带来诉讼负担，以达成诉讼经济的目标，并防止矛盾判决发生。在这一背景下，传统诉讼标的理论的旧制度基础正在消融。[1] 为克服禁止重复起诉的根据仅局限于前后诉的要素相同，所造成诉讼制度解纷功能的减弱，进而可能引发纷争的再燃及裁判的互相矛盾等问题，司法实务上认为如果前后诉的主要争点共通或请求基础事实相同，那么，前后诉则构成对禁止重复起诉旨趣的违反，从而也应认为属于重复起诉。这种突破现行民事司法解释规定的诉的要素的识别重复起诉的标准，而扩大化地以禁止重复起诉旨趣为标准把握前后诉的同一性，这表明禁止重复起诉规则在司法实践上的适用范围有扩大的趋势。依照禁止重复起诉旨趣的标准，法院不应一味地依据《民诉法司法解释》第 247 条规定的“驳回后诉”或“不予受理”的方式对后诉进行处理。具体而言，如果前诉判决确定后，法院应裁定驳回后诉；如果前诉尚在诉讼系属中，由于存在“禁止另行起诉”的规定，立足于诉讼法上发挥合并审判机能的观点，原告得利用同一诉讼程序为诉之变更、追加，被告也得利用同一诉讼程序提起反诉，使后诉的请求合并于前诉的诉讼程序内一并解决，而不得另行提起他诉，借此避免法院因重复审理而造成被告应诉之烦及法院审理之负担，实践纷争解决一次性的价值，从而整体地扩大诉讼制度解决纷争的功能，实现诉讼经济的目标。

二、判定重复起诉标准的司法实践

厘清和把握禁止重复起诉的判定标准，是全面地深入理解禁止重复起诉制度的关键，并能为禁止重复起诉制度的构建提供基础支撑。在此意义上，对识别重复起诉标准的考察，将有助于深化对禁止重复起诉运行的认识。《民诉法解释》第 247 条关于判定重复起诉标准的规定中仅对后诉与前诉的当事人相同、诉讼标的相同及诉讼请求相同的判定要件作出了原则性的规定，为了获得一种对该判定要件的直接意义上的理解，以及为提高该判定重复起诉标准适用的规范性和明确性，一个很直观的方法就是对法官在司法实践中如何适用上述判定重复起诉的要件进行考察分析，借此对判定重复起诉要件的司法适用加以厘清，也使我们对判定重复起诉的标准有更加全面的理解。遵

[1] 吴英姿：“诉讼标的理论‘内卷化’批判”，载《中国法学》，2011 年第 2 期。

循第247条规定的逻辑脉络，以下从司法实践的角度分别对后诉与前诉的当事人相同、诉讼标的相同及诉讼请求相同三项判定要件的适用展开具体分析。

（一）后诉与前诉的当事人相同的判定

民事裁判的目的在于相对地解决特定原告与被告之间的纠纷，而且，民事判决是在当事人之间的辩论基础上作出的，因而，通过民事诉讼的纠纷解决，实质上是在特定当事人之间对作为特定诉讼对象的纠纷予以解决，有关对诉讼对象的判断原则上也应仅对双方当事人产生既判力。[1] 如果判决强制地任意拘束当事人以外的第三人，就侵犯了第三人所享有的诉讼程序保障权。[2] 由此，禁止重复起诉的效力当然地拘束前后两诉中对立的双方当事人。当事人具体包括以自己名义请求法院解决私权争执的人及其相对人，即通常所说的诉讼中的原告与被告。[3] 所谓后诉与前诉的当事人相同是指第二个诉讼的当事人双方必须承认第一个诉讼作出的判决的既判力针对他们。在此意义上，如果前后两诉中的当事人是相同的，且前后两诉的诉讼对象相同，则发生重复起诉的问题。若前后两诉中的当事人相异，即使前后两诉基于相同的诉讼对象，也不发生重复起诉的问题。例如，甲起诉，列乙为被告，请求确认A房屋所有权，与甲起诉，列丙为被告，请求确认A房屋所有权，则前后两诉不发生重复起诉问题。究其原因，是因为虽然将乙列为被告的诉讼与将丙列为被告的诉讼均在主张甲对同一房屋的所有权，均属同一所有权，但因为前后两诉的主张主体不尽相同，甲与乙之间的确认诉讼，原则上仅限于在甲与乙间有强制的通用力，而在甲与丙之间不发生任何效力，也无关甲与丙间的纠纷解决。有学者认为，如果前后两诉的权利归属主体不同，即使前后诉主张的标的物相同，则诉讼标的也不相同。例如甲主张A房屋为其所有，乙否认之，甲将乙列为被告，请求法院以判决确认A房屋为甲所有。而乙又在另诉程序中，请求法院以判决确认A房屋为乙所有。在此种情形下，前后两诉的权利归属主体不同，故诉讼标的也不同。[4] 一般而言，法官在司法实践中对前后两诉的当事人是否相同作出准确的判定不会成为问题。对此可参见下则案例。

案例十：原审原告A公司、B集团诉称，原审被告C公司虚假宣传和商

[1] 【日】新堂幸司：《新民事诉讼法》，林剑锋译，法律出版社2008年版，第477-478页。

[2] 赵钢、占善刚、刘学在：《民事诉讼法》，武汉大学出版社2015年版，第303页。

[3] 杨建华：《民事诉讼法要论》，郑杰夫增订，北京大学出版社2013年版，第47页。

[4] 陈荣宗、林庆苗：《民事诉讼法》（中册），三民书局股份有限公司2011年版，第379-380页。

业诋毁，造成A公司、B集团损害。故诉至法院，请求判决C公司停止侵权、赔礼道歉、消除影响并赔偿损失。C公司辩称，A公司、B集团曾分别以D公司为被告向长沙市中级人民法院提起诉讼，以E公司为被告向重庆市第五中级人民法院提起诉讼。本案与前述两案为同一法律关系，构成重复诉讼。原审法院审理查明，在长沙市中级人民法院提起的前诉中，A公司、B集团起诉被告D公司，要求D公司因虚假宣传而停止侵权、赔礼道歉、消除影响并赔偿损失。在重庆市第五中级人民法院提起的前诉中，原告A公司诉E公司，要求E公司因虚假宣传而停止侵权、赔礼道歉、消除影响并赔偿损失。原审法院审理认为，比较本案与长沙、重庆案件不难发现，虽然三案均涉及相同的广告语，但三案的被告各不相同，从而不构成重复诉讼。C公司提起上诉。二审法院审理认为，本案与重庆、长沙案件的当事人不完全相同，三案中的被告C公司、D公司以及E公司是相互独立的法人，独立享有民事权利及承担民事责任，因此，三案当事人相互之间不会受到彼此案件既判力的约束。[1]

在该案中，虽然前后诉都是基于相同的广告语而引发的侵权纠纷，且诉讼请求均为要求停止侵权、赔礼道歉、消除影响并赔偿损失，但因前后诉中的被告各自为独立的法人，故后诉与前诉的当事人不相同。根据既判力相对性原则，前诉判决只对前诉当事人之间的纠纷予以相对解决，即仅在前诉当事人之间具有强制的通用力，而不对后诉当事人产生判决效力，也无关后诉当事人之间的纠纷解决，从而，后诉的提起不构成对禁止重复起诉规则的违反。

关于对后诉与前诉当事人相同的判定，需要注意以下两种情形，一是，后诉与前诉的当事人相同的判定，不受当事人在前诉与后诉中的诉讼地位影响。详言之，后诉与前诉均为相同的当事人参加且诉讼对象也相同，但前后诉中原告和被告的诉讼地位发生互换，此种情形也应认为前后诉的当事人相同。[2] 因为，在这种情形下，也同样存在着重复审判及产生矛盾判决的危险。二是，当事人一方数量增加或减少而另一方当事人不变，或诉讼中的第三人有变化等情况，但主要承担法律效果的当事人不变，且作为前后两诉的诉讼对象均相同，这种情形也应视为前后两诉的当事人具有同一性。[3] 不过，在上述情形下，法官往往需要借助前后诉的请求原因事实、请求旨趣及当事人对

---

[1] 案件字号：(2015) 粤高法民三终字第280号，审理法院，广东省高级人民法院。

[2] 徐卓斌："一事不再理原则的适用"，载《人民法院报》，2013年4月24日，第007版。

[3] 奚晓明、杜万华：《最高人民法院民事诉讼法司法解释适用解答》，人民法院出版社2015年版，第277页。

争议法律关系的影响程度等综合因素来对前后诉的当事人同一性问题进行判断。关于对上述情形的理解和适用，可从以下两个案例具体分析。

案例十一：原审原告邵××诉称，案涉房屋为原审原告出资所建，只不过是原来登记在原审被告孙××名下，现孙××企图侵吞原审原告的房屋，故诉至法院，请求确认邵××享有案涉房屋的一半所有权，并依法拍卖该两套房屋，拍卖所得价款的一半归邵××。原审法院审理查明，孙××曾以邵××为被告向法院提起诉讼，请求邵××返还房屋及过渡费用，庭审中，邵××提起反诉，主张邵××为该房屋的实际出资人，并享有争议房屋及财产所有权。前诉法院审理认为，孙××依法享有对该房屋直接支配和排他的权利，邵××反诉依据的“借条”具有债权性质，不具有物权性质，不能据此直接享有争议房屋及财产所有权，其可另行提起诉，以确认其权利。据此，原审法院最后审理认为，前后诉的当事人均系邵××、孙××，虽然当事人在本案中诉讼地位发生变化，但不影响两案当事人相同的认定，且前后诉的诉讼标的也相同，从而邵××提起的本次诉讼构成重复起诉。邵××提起上诉。二审法院审理认为，前后诉的当事人相同，诉讼标的也均相同，故原审认定前后诉构成重复起诉并无不当。[1]

在本案中，前后两诉均基于相同的原因事实被提起，原审被告在前诉中向原审原告提起诉讼，要求返还房屋及财产所有权；原审原告在本诉中向原审被告提起诉讼，要求确认自己对案涉房屋享有一半的所有权，并将案涉房屋拍卖，分得一半的拍卖价款。就后诉与前诉的当事人相同的判定而言，法院认为虽然当事人的诉讼地位在前后两诉中发生互换，但并不影响对前后两诉的当事人相同的判定。再结合对前后两诉的诉讼标的与诉讼请求相同要件的判定，从而认定前后两诉构成对禁止重复起诉规则的违反。

案例十二：原审原告A公司与B公司签订协议，约定B公司将B大厦出租权转让给A公司，B公司保证出租权无任何瑕疵。在另案中，法院判决B公司偿还C办事处欠款8800万元及利息，C办事处对B公司的抵押物（B大厦）享有优先受偿权。其后，C办事处与D公司签订《债权转让协议》，约定C办事处将上述债权转让给D公司。故A公司以C办事处与D公司为被告提起诉讼，请求判令C办事处与D公司签订的《债权转让协议》无效，并将B公司列为诉讼第三人。原审法院审理查明，A公司曾以C办事处为被告，D公司、邹×为第三人提起诉讼，请求确认其对C办事处转让的（B大厦的部分

---

[1] 案件字号：（2016）吉02民终2148号，审理法院，吉林省吉林市中级人民法院。

房产）的债权享有优先购买权，C办事处剥夺其优先购买权的转让行为无效。原审法院认为，A公司曾以C办事处为被告，D公司、邹×为第三人，申请确认本案诉争的《债权转让协议》中的债权转让行为无效，该案法院已经作出判决，故本次A公司再以该《债权转让协议》无效为由提起诉讼违反禁止重复起诉规则。A公司提起上诉。二审法院审理认为，前诉为A公司以C办事处为被告，D公司、邹×为第三人；本诉中A公司以C办事处、D公司为被告，B公司为第三人，由此，虽然两次诉讼的被告、第三人不尽相同，但足以查明事实、解决争议的当事人即A公司、C办事处、D公司均参加诉讼，从而认为两次诉讼的当事人差异并不影响对案件实体的处理，即应认为前后两诉的当事人具有同一性。❶

在该案中，前后两诉的原告A公司没有发生变化，而前诉的被告为C办事处，第三人为D公司、邹×；后诉的被告为C办事处、D公司，第三人为B公司。如果单纯从被告数量上直观考察，的确为前后两诉的被告当事人不同，但需进一步分析前诉与后诉的当事人是否实质相同。前后诉均基于同一原因事实被提起，虽然前后两诉中的被告及第三人发生变化，但足以查明事实、解决争议的当事人即A公司、C办事处、D公司均参加诉讼，且前后诉的诉讼请求旨趣均是要求宣告《债权转让协议》无效，从而确认A公司享有对案涉B大厦的优先购买权。据此，法院认为在一方当事人恒定而另一方当事人数量发生增减的情况下，主要承担法律效果的当事人不变，且民事诉讼法律关系没有改变，则不改变前后两诉的诉讼当事人的一致性。

民事诉讼采行辩论主义，判决是以当事人间的辩论为基础作出的，假如判决效力任意拘束第三人，则意味着第三人没有程序参与而受判决结果拘束，从而侵犯第三人的程序保障权利。❷ 而事实上，应通过判决解决纠纷的不仅现实地存在于诉讼当事人之间（显在性纠纷），而且可能在包括围绕同一问题的其他人的范围内存在着（潜在性纠纷）。如果不预防这些人可能将来发生的纠纷，就无法得到判决的根本性解决。❸ 既然民事诉讼判决是解决请求有关的纠纷，那么，判决既然是解决请求有关的纠纷，其既判力就波及应视为当事人或与当事人一视同仁的特定的第三者，在这些人及其对方当事人之间产生与

❶ 案件字号：（2015）辽民二终字第00068号，审理法院，辽宁省高级人民法院。

❷ 翁晓斌："论既判力及执行力向第三人的扩张"，载《浙江社会科学》，2003年第3期。

❸【日】谷口安平：《程序的正义与诉讼》，王亚新、刘荣军译，中国政法大学出版社2002年版，第285页。

当事人之间同样的效力。❶ 若允许受判决既判力波及之人就同一事项分别提起诉讼或被诉时，就构成了在两个诉讼程序中解决同一个纠纷的局面，可能会发生重复判决、诉讼不经济的问题，进而可能构成重复起诉的情形。❷ 因而，在考虑是否构成禁止重复起诉的问题时，应对禁止重复起诉效力的主观范围作扩大解释，即因受判决效力拘束而被视为当事人的相关人，在这种关系中也应当被视同为当事人，从而也应受禁止重复起诉效力的拘束。

在司法实践中，受禁止重复起诉效力所及的第三人主要有以下几种情形，口头辩论终结后当事人的继受人、诉讼担当的被担当人、为当事人或其继受人占有请求的标的物之人、诉讼参加人，以及特定对世判决效力所及的一般第三人。❸ 在上述情形中，为增强纠纷解决的实效性或保障权利关系的安定，虽然当事人在形式上不同，但在实质上是相同的，当他们分别起诉或被诉时，就构成了在两个诉讼程序中解决同一个纠纷的局面，从而应当将他们视为与当事人等同视之的人予以处理。对上述当事人相同情形的理解，可试举以下两则案例加以具体理解。

案例十三：原审原告王××诉称，原审原告研发了一套薪酬分配方法并采取了保密措施，原审被告卫计委交流合作中心的李××骗去了前述方法并实际使用。故王××诉至法院，请求卫计委交流与合作中心停止侵权并赔偿经济损失 1300 万元。原审法院审理查明，王××曾以卫生部国际交流与合作中心、李××、原××侵害其商业秘密为由诉之法院，前诉法院判决驳回王××的诉讼请求。原审法院审理认为，当事人不得以同一事实和同一诉讼标的再次提起诉讼，本案中王××再次以前诉中主张的商业秘密为由起诉卫计委交流与合作中心，故驳回了王××的起诉。王××提起上诉。二审法院审理认为，在前诉中，原告当事人为王××，被告当事人为卫生部国际交流与合作中心、李××、原××；在后诉中，原告当事人为王××，被告当事人为卫计委交流与合作中心。其中，卫计委交流与合作中心系卫生部国际交流与合作中心于 2014 年更名而来，两者为同一主体。故本案双方当事人均为前诉生效判决效力所及的直接主体，且前诉生效判决的被告包括本案被告，从而符合后诉与前诉的当事人

❶ 【日】兼子一、竹下守夫：《民事诉讼法》，白绿铉译，法律出版社 1995 年版，第 161 页。

❷ 【日】高桥宏志：《民事诉讼法·制度与理论的深层次分析》，林剑锋译，法律出版社 2003 年版，第 108 页。

❸ 参见王福华："第三人撤销之诉的制度逻辑"，载《环球法律评论》，2014 年第 3 期；张晓茹："论民事既判力主观范围的扩张范围及扩张基础"，载《河北法学》，2012 年第 5 期；胡云鹏："既判力主观范围扩张的法理探析"，载《河南社会科学》，2009 年第 5 期；吴明童："既判力的界限研究"，载《中国法学》，2001 年第 6 期。

相同的重复起诉要件。[1]

在该案中，卫计委交流与合作中心概括地继受了卫生部国际交流与合作中心的所有权利义务关系，即为口头辩论终结后当事人的继受人，那么，因变更而消灭的卫生部国际交流与合作中心为当事人的确定判决，不论胜诉或败诉，其既判力均及于新设的卫计委交流与合作中心。因此，在判定后诉与前诉的当事人是否相同时，原卫生部国际交流与合作中心与卫计委交流与合作中心具有当事人的同一性，再结合前后两诉的诉讼标的相同与诉讼请求相同要件的判定，从而法院认为前后两诉构成重复起诉。

案例十四：董××系姬××的妻子，姬××于1991年10月因头皮肿瘤入某总医院住院治疗，于1992年10月病逝。2018年董××以总医院主治医生徐×于2012年至2013年这一年未给其病历为由，起诉某总医院、徐×至法院。原审法院审理查明，2016年5月，董××以侵害患者知情同意权责任纠纷案，向沈阳市和平区人民法院起诉某总医院。沈阳市和平区人民法院于2016年8月23日作出（2016）辽0102民初6284号民事判决书，驳回董××的诉讼请求。董××不服提出上诉，沈阳市中级人民法院经审理后，认为某总医院对将患者姬××姓名书写及记载错误的行为未作出合理解释，行为具明显过错，侵害了患者姬××的姓名权和董××的知情权，应当承担赔偿责任，于2016年11月29日作出（2016）辽01民终10627号民事判决书，撤销一审民事判决，并判令某总医院向董××作出书面道歉，并赔偿董××精神损害抚慰金3万元。一审法院认为，徐×于2012年至2013年不给其提供病历的行为对董××造成侵权的后果，是对董××作为患者家属的病历知情权的侵害。对于该行为的侵害后果造成的损失，董××已经于2016年7月以侵犯患者知情同意权责任纠纷一案起诉××总医院，且（2016）辽10号民终2196号民事判决认定，某总医院将患者病历姓名写错导致董××长时间无法查找到其丈夫的医院病历具有明显过错，侵犯董××的知情权，并判决某总医院承担赔偿责任，赔偿了董××精神抚慰金。故本案董××的诉讼请求及所依据的事实实质上与其曾起诉并经法院判决的上述案件相同，构成重复起诉，故一审法院予以驳回。原审原告不服一审判决，提起上诉。二审法院对前后诉是否构成重复起诉审理认为，关于前诉与后诉当事人是否相同的问题，本案中，董××以某总医院和该院的医务人员徐×为共同被告，其所诉的徐×的行为均为其作为医务人员进行诊疗活动、履行职务的行为。医疗损害责任是一种替代责任，由医疗机构对其医务人员给患者造成

[1] 案件字号：（2015）京知民终字第1494号，审理法院，北京知识产权法院。

的损害承担赔偿责任。即徐×的行为所发生的权利义务，均由某总医院担当，二者具有同一性，故本案中的诉讼当事人与前案诉讼中的当事人在法律意义上相同。[1]

该案中董××主张徐×不是前诉的当事人，不构成重复起诉。法院审理认为，当事人相同不但包括判决效力所及的最直接的主体，即通常当事人，也包括就他人的诉讼标的的权利义务有当事人的诉讼实施权，从而为他人担当诉讼的人。诉讼担当人与被担当人具有同一性。徐×是该总医院的主治医生，董××所诉的徐×的行为均为其作为医务人员进行诊疗活动、履行职务的行为。医疗损害责任是一种替代责任，由医疗机构对其医务人员给患者造成的损害承担赔偿责任。即徐×的行为所发生的权利义务，均由某总医院担当，二者具有同一性，某总医院的诉讼担当的效力及于被担当人徐×。因而，尽管前诉被告为某总医院，后诉被告为某总医院和该院的医务人员徐×为共同被告，但基于诉讼担当的扩张效力，前后诉的当事人相同。

案例十五：2001 年××教委、××中学曾作为原告起诉××集团、××商品交易所合同纠纷一案，要求确认××集团与××商品交易所于 1994 年 11 月 22 日签订的协议书无效，××集团给付××中学教学经费 2784579. 16 元，××商品交易所将实验楼腾空交还××中学。法院于 2001 年 10 月 26 日作出（2001）海民初字第 9033 号民事判决书，认定××集团作为受托人在委托人××中学的授权范围内，以自己的名义与中国郑州商品交易所签订的使用权转让协议，应具有法律效力，最终判决××集团给付××中学 1996 年 6 月至 2001 年 6 月期间的教学经费 2784579. 16 元，驳回××教委、××中学的其他诉讼请求。现××教委、××附中（原××中学）起诉××商品交易所、××商品交易所、驻京联络办、××集团，请求确认××商品交易所与××集团于 1994 年 11 月 22 日签订的协议书无效；判令××商品交易所以及××商品交易所驻京办从正在使用的实验教学楼（五层楼）迁出。诉讼审理中，××商品交易所提出“一事不再审”的抗辩意见，一审法院对于××商品交易所关于“一事不再审”的抗辩意见不予采信。原审被告提起上诉，二审法院审理该案是否为重复起诉的当事人的同一性争点中认为，本案与（2001）海民初字第 9033 号案件相比，仅增加了××商品交易所驻京办，但××商品交易所驻京办系××商品交易所的分支机构，并不具备独立承担民事责任的能力，且从××商品交易所驻京办的登记时间分析，××商品交易所系为了更好地管理案涉房屋而设立的××商品交易所驻京办，××商品

[1] 案件字号：（2020）辽 01 民终 4880 号，审理法院，辽宁省沈阳市中级人民法院。

交易所驻京办对案涉房屋的管理使用系受××商品交易所的指示，可以视为为当事人占有请求的标的物的人，因此前诉与后诉的当事人具有同一性。[1]

该案中，法院审理认为关于当事人的同一性问题，不能狭隘地理解为当事人完全相同。当事人的同一性在范围上既可以是通常当事人，也可以是诉讼担当人（破产管理人、代位权人、诉讼代表人）、有独立请求权的第三人、当事人的继受人、为当事人或者其继受人占有请求的标的物的人等。当事人是否相同，不仅仅指当事人完全一致，也可以是后诉的当事人均包含在前诉的当事人之中，其与当事人在前后两诉中的地位无关，只要是在上述当事人的范围内，即可认定后诉与前诉的当事人相同。该案的××商品交易所驻京办是××商品交易所的标的物持有人，前诉的诉讼判决效力及于××商品交易所驻京办，因而前后诉的当事人具有同一性。

需要注意的是，《民事诉讼法》第56条根据诉讼参加人是否对争议的诉讼标的有独立请求权，将诉讼参加人分为有独立请求权第三人和无独立请求权第三人。有独立请求权第三人是以提起独立诉讼请求的方式参加到他人之间的诉讼之中，并对已系属的诉讼标的物或权利有请求权，因而，这里涉及一个独立的诉，有独立请求权的第三人在该诉中具有原告起诉的地位，从而有独立请求权的第三人受禁止重复起诉效力的拘束。[2] 无独立请求权第三人可具体分为辅助当事人参与诉讼和有独立的诉讼地位并承担判决责任的两种类型。辅助当事人参与诉讼的第三人是专门附随被参加人来实施被参加人的诉讼，其在诉讼中仅为辅助地位，并不存在要求对自己提起的或针对自己提起的请求进行审判的申请，因而其不是真正意义上的当事人，当事人间的本诉判决的效力也不直接及于此类无独立请求权第三人，从而，此类无独立请求权第三人不受禁止重复起诉效力的拘束。而独立进行诉讼并承担判决责任的无独立请求权第三人实质上具有独立的当事人地位，其应受本诉判决效力的约束，从而也应受禁止重复起诉效力的拘束。由此，在判定有诉讼参加情形的后诉与前诉的当事人是否具有同一性时，须分别对上述情形加以具体分析。对此可从以下两则案例加以理解。

案例十六：原审原告朱××诉原审被告马××，请求确认A公司股东马××于2000年11月12日将出资39万元（78%股权）转让给朱××的股权转让行为合法有效。原审法院认为，本院于2016年5月4日受理的前诉案件目前正在审

---

[1] 案件字号：（2020）京01民终340号，审理法院，北京市第一中级人民法院。

[2] 王亚新、陈杭平、刘君博：《中国民事诉讼法重点讲义》，高等教育出版社2017年版，第163页。

理中，朱××在该案中以有独立请求权的第三人参加诉讼，并提出独立的诉讼请求：确认其享有A公司78%的股权。该诉讼请求与本案的诉讼请求实质上相同，故朱××再提本案诉讼违反民事诉讼“一事不再理”原则。朱××提起上诉。二审法院审理认为，朱××在前诉中以有独立请求权的第三人参加诉讼，请求确认其享有A公司78%的股权。朱××在本诉中又起诉要求确认股权转让行为效力，前诉与后诉的诉讼请求实质上是相同的，一审法院认定本案诉讼违反民事诉讼“一事不再理”原则是正确的。❶

案例十七：原审原告A公司诉称，A公司与原审被告B公司签订协议，约定A公司将马卡轮项下52231吨大豆与B公司康劲轮项下52231吨大豆置换。现B公司已将马卡轮上的大豆提走，而B公司用于置换的康劲轮项下52231吨大豆因其未履行与建行C分行之间借款合同而被法院查封并变卖。故A公司诉至法院，请求确认康劲轮项下52231吨大豆的所有权归属A公司；法院提存的康劲轮项下52231吨大豆的变卖款及相应利息归A公司所有。原审法院查明，建行C分行曾因信用证融资纠纷以B公司和B集团为被告向法院提起诉讼，法院因建行C分行申请对涉案的康劲轮项下52231吨大豆进行变卖，后法院通知A公司作为该案无独立请求权第三人参加诉讼。就本案是否为重复起诉而言，原审法院审理认为，A公司在前诉的信用证融资纠纷案件中为无独立请求权的第三人，不能提出独立的诉讼请求，若在本案中不允许其提出独立的诉请，将剥夺其作为系争权属纠纷利害关系人的诉权，因此本案并不违反“一事不再理原则”。❷

上述两案是关于有诉讼参加人参加的前后两诉是否构成重复起诉的问题，在案例十六中，朱××在前诉中系以有独立请求权第三人的诉讼地位参加诉讼，并在诉讼中提出独立的诉讼请求，在前诉尚在诉讼系属之中，朱××又以原告当事人的诉讼地位提起与前诉的诉讼请求相同内容的后诉。据此，法院认为朱××在前诉中以独立诉讼的方式参加到他人之间的诉讼中并提起独立的诉讼请求，故其在诉讼中具有当事人的地位，应受禁止重复起诉效力的约束，从而不得就同一诉讼请求另行提起后诉。在案例十七中，A公司在前诉中为无独立请求权的第三人，未能在诉讼中提出独立的诉讼请求，而仅仅是辅助当事人参加诉讼。为维护A公司对系争权属纠纷的诉权，法院认为A公司不受前诉判决效力拘束，从而其可以另行起诉的方式对当事人间争议的法律关系提出独立的诉讼请求。

---

❶ 案件字号：(2016) 甘01民终257号，审理法院，甘肃省兰州市中级人民法院。

❷ 案件字号：(2010) 民四终字第20号，审理法院，最高人民法院。

案例十八：原审原告A木业公司诉称，隶属于原审被告B市司法局下的劳动改造管教支队二大队在A木业公司处赊购了木材，尚欠余款72.1626万元。故诉至法院，请求判令原审被告B市司法局给付余款72.1626万元及其利息。原审法院审理查明，B市劳动改造管教支队曾经营C煤矿，C煤矿于1996年8月2日被法院宣告破产，1996年10月10日，A木业公司向破产清算小组申报了72.1626万元债权，并在破产财产分配第一清偿顺序中偿还其40万元。1996年11月28日，B市人民法院作出（1996）牙经破字第17号民事裁定书，裁定C煤矿破产还债程序终结。原审法院审理认为，1996年11月28日C煤矿破产程序终结，因此A木业公司未能得到清偿的债权不再予以清偿，故A木业公司要求偿还利息的诉讼请求不成立。A木业公司提起上诉。二审法院审理认为，1996年11月28日C煤矿破产程序终结，A木业公司72.1626万元的债权已经经过破产程序确认，且在第一顺位清偿中受偿40万元。破产程序的裁定对双方均具有法律效力，即产生对世效力、既判力和执行力的法律后果。A木业公司再次通过诉讼主张该笔债权的行为，违反了“一事不再理”的民事诉讼原则。[1]

在该案中，法院关于C煤矿经破产程序的裁定，是形成效力的判决，具有对世效力，故A木业公司不得再就破产程序中确认的债权提起诉讼，否则，将构成对禁止重复起诉规则的违反。

此外，关于债权人代位诉讼的性质，我国民事司法实践上似乎倾向于认为其属于诉讼担当，从而，当债务人又对次债务人提起后诉时，应当认为代位债权人与债务人在前后两诉中具有当事人的同一性，从而后诉的提起违反禁止重复起诉规则。对此情形的具体理解可参见下则案例。

案例十九：原审原告A保险公司诉称，A保险公司为C公司货轮的保险人，D保险公司为B公司货轮的保险人，B公司的货轮与C公司的货轮发生事故，造成C公司的货轮受损，C公司的货轮产生修理费26余万元。A保险公司已依据保险合同向C公司支付保险费20.7180万元，依法取得了代位求偿权。武汉海事法院已判决确认B公司在该起事故中应承担35%的责任比例，故A保险公司请求B公司、D保险公司共同赔偿货轮修理费7.2513万元。原审法院审理查明，C公司曾在前诉中主张其货轮修理费的诉请，因未提供相应证据，法院不予保护，并予以驳回。原审法院审理认为，A保险公司向C公司支付保险赔偿金而依法取得向相关责任人行使代

[1] 案件字号：（2014）呼商终字第8号，审理法院，内蒙古自治区呼伦贝尔市中级人民法院。

位追偿权，A 保险公司为原告，并提交相关货轮修理费的证据，且是合理和必要的支出。由此，不属于同一当事人以同一请求再次起诉的情形，未违反一事不再理原则。D 保险公司上诉。二审法院审理认为，前诉中的原告是 C 公司，本案中原告为 A 保险公司，但 A 保险公司提起本案诉讼的前提是在向 C 公司支付保险赔偿款后依法取得的代位权，A 保险公司取得了诉讼实施权，其所请求的依然是侵权损害赔偿请求权，据此，前后两诉当事人与诉讼请求均相同。[1]

在该案中，仅就前后两诉的当事人是否具有同一性的判定而言，原审法院与二审法院存在认识上的分歧，原审法院认为 A 保险公司在向 C 公司支付保险赔偿金后依法取得代位追偿权，但又认为 A 保险公司与 C 公司在前后两诉中并不具有当事人的同一性，这在逻辑上似乎是说不通的。二审法院认为虽然前后两诉的当事人在形式上有所不同，但 A 保险公司取得代位求偿权，也取得了诉讼实施权，从而 A 保险公司与 C 公司在前后两诉中具有当事人的同一性，即近乎承认前后两诉中的当事人为诉讼担当的情形。比较上述两法院的不同裁判，我们认为二审法院对 A 保险公司诉讼地位的认定更加合理，亦即，虽然前后两诉的当事人在形式上不同，但在实质上为诉讼担当的情形，从而应认为前后两诉的当事人具有同一性。

依上所述，在对后诉与前诉的当事人是否相同进行判定时，由于诉讼是在对立的双方当事人之间进行的，并且是根据双方当事人的主张、抗辩及提供的证据资料等展开辩论，那么，判决是针对双方当事人之间的纠纷作出的，既判力也仅对双方当事人产生拘束力，从而对立的双方当事人应受禁止重复起诉效力的拘束。需要注意的是，为实现争议的法律关系得到划一的处理，判决既判力及于当事人以外的第三人，那么，在考虑前后两诉的当事人是否相同的问题时，所受判决既判力波及于一定之人也应当被视同为当事人，从而于后诉就相同的诉讼对象对此一定之人起诉的，也属于重复起诉。在此意义上，《民诉法解释》第 247 条所规定的后诉与前诉的当事人相同的情形除包括对立的双方当事人之外，还包括受既判力扩张之第三人。这样一来，民事司法实践上对前后诉的当事人是否相同问题的判定，非仅从形式上判断，也应从实质上决定，即也应以实质上潜在性之当事人决定。总体而言，后诉与前诉的当事人相同的情形在民事司法实践中表现得并不复杂，法官对当事人相同要件的判定也不存在理论上难以理解的问题。

---

[1] 案件字号：（2015）鄂民四终字第 00131 号，审理法院，湖北省高级人民法院。

（二）后诉与前诉的诉讼标的相同的判定

诉讼标的是任何民事诉讼案件必须具备的客观构成要素，也是此诉区别于彼诉的本质要素。学界关于诉讼标的理论曾发生过激烈的论争，论争的主要议题是围绕着“如何把握诉讼标的的范围”以及“以何作为识别诉讼标的的基准”等问题而展开的。一般认为，我国民事诉讼上应采诉讼标的之旧实体法说，而事实上，有关诉讼标的之旧实体法说和诉讼法说在民事司法实践上都有着不同程度的适用。就后诉与前诉的诉讼标的是否相同的判定而言，在诉讼标的之旧实体法说下，诉讼标的之范围清晰、明确，当事人易于对诉讼标的之范围作出理解，法官也易于对前后两诉的诉讼标的是否相同进行把握。依据诉讼标的之诉讼法说的立场，就提起给付之诉的原告的目的而言，在于要求获得“原告具有向被告要求一定给付的地位”的判断，并获得给付判决（债务名义）。那么，如果前后诉请求给付的法律上地位（诉讼上的请求权）仅有一个，则前后诉的诉讼标的同一。这样一来，纵使几个实体法上的请求权发生竞合，实体法秩序只认可一次给付，从而可实现纠纷一次性根本解决的诉讼目标。从而，在是否违反禁止重复起诉问题的判断上，如果采不同的诉讼标的理论，那么，禁止重复起诉的客观范围也随之发生相应的变化。

1. 基于旧实体法诉讼标的理论的判定

在对后诉与前诉的诉讼标的相同要件判定时，旧实体法诉讼标的理论以当事人在前后两诉中主张的实体法请求权来判定，即原告在前后两诉中主张的实体请求权相同，则前后诉的诉讼标的相同，不同者则诉讼标的也不相同。在民事司法实践上，以实体法请求权的个数作为界定诉讼标的之基准，符合一个法律构成要件产生一个实体请求权，而有多少个实体法请求权就有多少相应的诉讼标的。[1] 因而，以旧诉讼标的理论作为识别诉讼标的之基准，对当事人而言，诉讼标的之客观范围直观、明确，当事人只需就原告主张的实体请求权展开攻击和防御，从而便于双方当事人进行诉讼。对法院来讲，诉讼标的清晰、具体，易于法官明确审理范围，即只要对原告主张的实体法请求权进行审理和裁判，无须顾虑其他实体请求权是否可能成立，这样一来就大大减少了法官的工作量，也使法官对诉讼标的同一性的认定更具操作性。[2] 在

---

[1] 田平安主编：《民事诉讼法学》，法律出版社 2015 年版，第 250 页。

[2] 【日】新堂幸司：《新民事诉讼法》，林剑锋译，法律出版社 2008 年版，第 222-223 页。

这个意义上，目前日本及我国台湾地区民事诉讼实务上仍采旧诉讼标的理论。[1] 旧实体法说在我国长期以来的民事司法实践的适用中也占据着多数比例。[2] 对旧诉讼标的之识别基准的司法适用，可从下则案例加以具体说明。

案例二十：原告李×1 诉称，被告李×2 建造的鸡棚、化肥池及设置的篱笆，妨碍了原告正常进入自家承包的责任田，致使原告的责任田丢荒两年。故诉至法院，请求判令被告排除妨碍、恢复通道。法院审理查明，原告李×1曾以相邻关系纠纷向本院提起诉讼，要求李×2、李×3、李×4、谭××留出公共通道，该案法院判决驳回李×1 诉讼请求。法院最后审理认为，本案中，原告李×1、被告李×2 与前诉原告李×1、被告李×2 相同；本案与前诉的诉讼标的相同，均为相邻关系中的通行权；本案的诉讼请求虽然表面上有两个即排除妨碍、恢复通道，但排除妨碍的目的是为了恢复通道，因而本案的诉讼请求与前诉的请求相同，故本案违反一事不再理原则，构成重复起诉。[3]

在该案中，法院以实体法请求权作为界定诉讼标的之基准，认为原告在前后两诉中均以相邻关系中的通行权作为主张根据，从而前后两诉的诉讼标的相同，再结合前后两诉的当事人相同、诉讼请求相同要件的判定，最终认定前后诉构成重复起诉。显而易见，以实体法请求权界定诉讼标的的范围，便于把握和识别前后两诉的诉讼标的是否具有同一性。需要注意的是，诉讼标的并非为请求给付的标的物，在少数判决书中，有法官将标的物称为诉讼标的。[4] 这显然是错误的，也表明法官还未完全意识到诉讼标的与诉讼标的物之间的区别。事实上，诉讼标的与诉讼标的物是两个不同的概念，任何一个诉讼中都会有诉讼标的，但不一定会有标的物，或者说诉讼中的诉讼标的可能会涉及标的物，但不是标的物本身，因而将诉讼标的物与诉讼标的混同适用显然是错误的。

然而，如果严格遵循旧诉讼标的论的观点，在请求权竞合的情形中，因同一原因事实符合数个实体法上请求权的构成要件，数个实体法上请求权在诉讼上就表现为数个诉讼标的，那么，即便原告分别依这数个实体法上请求

---

[1] 参见杨建华：《民事诉讼法要论》，郑杰夫增订，北京大学出版社 2013 年版，第 324 页；邱联恭：《口述民事诉讼法讲义》（二），许士宦整理，2012 年笔记版，第 145 页；【日】高桥宏志：《民事诉讼法——制度与理论的深层次分析》，林剑锋译，法律出版社 2003 年版，第 53 页。

[2] 杜万华、胡云腾：《最高人民法院民事诉讼法司法解释逐条适用解析》，法律出版社 2015 年版，第 416 页。

[3] 案件字号：（2016）苏 0804 民初 1140 号，审理法院，淮安市淮阴区人民法院。

[4] 参见：案件字号：（2015）沈中立民终字第 267 号，辽宁省沈阳市中级人民法院；案件字号：（2015）昌中民一终字第 1220 号，昌吉回族自治州中级人民法院。

权单独起诉，也不会构成对禁止重复起诉规则的违反。[1] 例如，甲起诉，将乙列为被告，甲主张其为 A 房屋的所有人兼出租人，乙为承租人，曾经双方订定租赁契约，期间一年，期限已经届满，当时约定乙每月应给付租金五千元，结果租期届满时，乙不返还房屋，从租期届满之日开始，租赁关系已经消灭，甲对乙就 A 房屋的返还取得两个请求权，一个系租赁物返还请求权，因租赁关系已经消灭；另一个系所有物返还请求权，因 A 房屋为甲所有。但是，甲对乙能够请求返还的房屋只有一个。在这一前提下，原告因实体法上请求权不同而构成不同的诉讼标的，从而可基于同一原因事实提起多次诉讼，如此一来，被告得将被迫重复应诉，法院也得重复审理，从而使被告和法院支出不必要的时间、费用、精力，也有发生造成矛盾判决的风险。在此意义上，一方面，若是将旧诉讼标的理论作为识别前后诉是否为重复起诉的要件，那么，看似表面上不属于重复起诉的情形，实质上也构成对禁止重复起诉规则的违反，从而使禁止重复起诉的客观范围相对狭窄。另一方面，随着确认诉讼及形成诉讼分别被承认为独立的诉讼类型，旧诉讼标的理论在不同的法律保护形式方面也存在一定适用上的困难，因为，确认之诉不是要求确认民法上的请求权，而是要求确认某种法律关系存在或者不存在；形成之诉是就形成权或形成要件的存否作出审判，也不以请求权为审判对象。[2]

2. 基于诉讼法诉讼标的理论的判定

相较于旧诉讼标的理论，新诉讼标的理论扩大了诉讼标的概念外延的界定，其优点在于，基于保障原告的权利行使立场，对于法律上主张或权利义务关系定性，交由法院负担对其认定的责任，从而减轻了原告法律主张的负担，避免因其不熟悉法律而不会主张实体权利或主张错误而遭败诉判决。在对后诉与前诉的诉讼标的是否相同作出判定时，民事司法实践中也有以诉讼标的之诉讼法说为识别诉讼标的之基准，即以诉讼请求或案件事实为要素判定重复起诉。具体言之，诉讼标的之诉讼法说在理论上有“二分肢说”与“一分肢说”的界分，与之相应，民事司法实践中也分别存在着对诉讼法说之“二分肢说”与“一分肢说”的不同适用。“二分肢说”是以诉之声明和案件事实作为等值元素来确定诉讼标的，在这一定义基础上，后诉与前诉的诉讼标的相同须满足前后两诉的特定的请求和对提起请求的理由两要素均相同。“一分肢说”是以原告提起的诉之声明来确定诉讼标的，在这一定义基础上，

---

[1] 江伟、段厚省：“请求权竞合与诉讼标的理论之关系重述”，载《法学家》，2003 年第 4 期。

[2] 王洪亮：“实体请求权与诉讼请求权之辩——从物权确认请求权谈起”，载《法律科学》，2009 年第 2 期。

后诉与前诉的诉讼标的相同须满足前后两诉的诉之声明相同。对诉讼法说之“二分肢说”与“一分肢说”适用情形的具体理解，可参见以下两则案例。

案例二十一：原审原告孟××诉称，孟××系××胶囊的专利权人，原审被告A医院违法使用孟××的发明专利，侵犯了孟××的专利权。故诉至法院，请求A医院赔付专利费31.25万元及逾期损失2.97万元。A医院辩称，前诉判决A医院支付孟××离职后专利使用费数额200万元，孟××再次起诉赔付专利费为重复起诉。原审法院审理认为，尽管本诉与前诉的当事人相同，但前后诉的请求专利使用费期间并非同一期间段，即两次的诉讼标的并不相同，故本案孟××不属于重复起诉。A医院提起上诉。二审法院审理认为，孟××在2009年8月20日的起诉，法院判决的200万元专利费针对的是自孟××离职（2007年10月26日）后近三年的期间，与孟××在本案中依据双方达成的《和解协议书》要求A医院支付专利费的期间2011年10月1日至2013年10月31日并不重合，故不属于重复起诉。[1]

在该案中，法院认为尽管前后两诉中的诉讼请求均为赔付专利使用费，但前后两诉请求赔付的专利使用费并非基于同一期间发生，因此，即使前后两诉的诉之声明相同，而请求原因之案件事实不具有同一性，从而前后两诉之诉讼标的不同。在此情形下，法院将无法确定究竟是以两个专利使用费请求中的哪一个请求为审理对象，被告也无从知悉将哪一个专利费请求作为攻击防御目标。因而，要判断诉讼标的为何，除看诉之声明以外，还须结合案件事实才能完整确定诉讼标的。这样一来，该案法院以诉之声明和案件事实共同作为识别诉讼标的之基准，这可以说是对我国民事司法实践上新诉讼标的“二分肢说”的适用。

案例二十二：原审原告王××诉称，王××曾起诉请求原审被告A公司支付工程款195万元，前诉法院作出调解书，确认A公司已支付工程款195万元，其中包含2009年2月27日王××以借条的形式向励×领取的20万元。后励×持此20万元的借条起诉王××，要求归还借款，法院判决王××归还借款。故王××诉至法院，请求A公司返还前诉中的不当得利20万元。A公司辩称，双方因建设工程合同纠纷已经前诉调解处理。原审法院审理认为，王××要求A公司以不当得利返还获得的20万元，故本案不是建设工程施工合同纠纷，而是不当得利纠纷，属独立诉求，而不属于一案两诉，据此判决A公司返还王××不当得利款20万元。A公司上诉称，本案由虽是不当得利，但实质是对工程

[1] 案件字号：（2016）冀民终319号，审理法院，河北省高级人民法院。

款问题的起诉，一审裁判构成重复起诉。二审法院审理认为，前诉为工程施工合同纠纷，诉讼请求为A公司支付尚欠王××的工程款，诉讼标的为100多万元，而本案系不当得利纠纷，王××请求A公司返还基于前诉而获得的不当得利20万元，诉讼标的为20万元，所以A公司认为本案与前诉构成重复起诉不成立。[1]

在该案中，二审法院以诉讼中具体的诉之声明作为界定诉讼标的之基准，即前诉的诉讼标的为“100多万元”；后诉的诉讼标的为“20万元”。这大体上可认为是新诉讼标的理论“一分肢说”在我国民事司法实践上的适用。这种淡化实体法上请求权而仅以诉讼请求来把握诉讼标的之范围，在客观效果上，会使禁止重复起诉的效力范围较为宽泛。这一方面，有助于实现纷争一次统一解决，达成扩大诉讼制度解纷的功能。另一方面，要判断审判对象为何，除看诉之声明以外，仍须结合案件的事实或理由来判定前后两诉的诉讼标的是否相同，否则无法界定诉讼标的。如本案中法官认为，前诉是以被告尚欠原告工程款为由，请求支付100多万元的工程款；后诉是以被告不当得利为由，请求返还获得的20万元的不当得利款，由此，前后两诉所依据的事实或理由不同，所以前后两诉的诉讼标的也不相同。

由上可知，诉讼标的之旧实体法说和诉讼法说在民事司法实践上都有所使用。以诉讼标的之旧实体法说作为识别诉讼标的之基准，诉讼标的的客观范围仅限于同一实体法请求权，则禁止重复起诉效力的范围相对狭窄。以诉讼标的之诉讼法说作为识别诉讼标的之基准，诉讼标的的客观范围及于所有竞合的实体法请求权，则禁止重复起诉的效力范围相对宽泛。这样一来，民事诉讼司法实践上对诉讼标的之识别基准并未形成统一的认识，那么，法官在对后诉与前诉的诉讼标的相同要件的判定时，因采诉讼标的理论的不同而会得出不同的论断，而这无疑会阻碍禁止重复起诉制度在司法实践上被统一、规范地适用。

关于识别重复起诉的标准，传统民事诉讼上以诉的要素作为识别前后诉同一性的标准，在此识别标准下，诉讼标的要素在判定前后诉的同一性问题上居于核心地位。诉讼标的在学理上存在新旧诉讼标的学说的论争，前者将诉讼标的与实体法上请求权联结，后者则将诉讼标的的概念与实体法上请求权脱离，而从诉讼法的观点界定诉讼标的。这种论争反映到我国民事司法实践上的是，有的判决按照旧诉讼标的理论来把握诉讼标的，有的判决以新诉

[1] 案件字号：（2016）浙04民终181号，审理法院，浙江省嘉兴市中级人民法院。

讼标的理论来理解诉讼标的。若依旧诉讼标的理论，其优点符合民事诉讼法系为确认当事人间权利义务关系的目的论，而且与实体法概念相联结，当事人在诉讼中的攻防对象特定，符合法律安定性的要求，不会对当事人发生突袭的问题，从而对当事人程序权利的保障较为充分。但对旧诉讼标的理论而言，其所面对的最大批评在于，容忍原告在前诉诉讼系属时，就本质上的同一纷争，另行提起独立的诉，从而迫使被告必须再度承受应诉的负担与败诉的风险，这对被告难言公平；迫使法院必须再一次地支出成本，进行案件审理，进而亦有可能发生裁判矛盾的危险。相对地，采新诉讼标的理论，就无此等缺点，即原告不得就同一经济目的的请求，以其他实体法上请求权为基础另行提起诉讼，从而实现纷争一次解决的理想。此理论在实际效果上，以请求特定给付之受给权或法律上地位为诉讼标的，各竞合的实体权仅系法律观点，为法律上攻击防御方法，故在原告败诉确定后，该等法律观点均被遮断，不得据以再诉请求。因而采用新诉讼标的理论，可能对于缺乏法律知识的当事人，此种要求似乎过于严厉而残酷，很容易发生对当事人程序保障的不充分。❶

3. 基于诉讼标的相对论的实践考察

诉讼标的之诉的要素在判断前后诉是否为同一性的问题上居于核心地位，因而恰当地界定诉讼标的的具体指涉，对准确地把握前后诉是否为重复起诉具有重要意义。学界关于诉讼标的的讨论逐步趋于精致化，逐渐认识到尽管诉讼标的还未丧失其作为一个标准的地位，但诉讼标的概念的效用逐步相对化。易言之，这种精致化趋势的发展反而在实践中日益衬托出诉讼标的概念的局限性，对于诉讼标的概念的认定应根据不同诉讼阶段而相对化地决定，若透过单一制基准，予以划一地解决，此种思考方式，并不妥当，故而民事诉讼上倡导非统一的诉讼标的概念。❷ 之所以对诉讼标的作如此评价，是因为诉讼标的的功能在诉讼变动的过程中，包括前诉讼及后诉讼，每一阶段均可

---

❶ 黄国昌：《民事诉讼法教室》（Ⅰ），元照出版有限公司 2010 年版，第 78 页。

❷ 参见【日】高桥宏志：《民事诉讼法——制度与理论的深层次分析》，林剑锋译，法律出版社 2003 年版，第 51-52 页；【德】汉斯-约阿希姆·穆泽拉克：《德国民事诉讼法基础教程》，周翠译，中国政法大学出版社 2005 年版，第 90 页；黄国昌：《民事诉讼法教室》（Ⅰ），元照出版公司 2010 年版，第 78 页；【德】罗森贝克、施瓦布、戈特瓦尔德：《德国民事诉讼法》（下册），李大雪译，中国法制出版社 2007 年版，第 717 页；邱联恭：《口述民事诉讼法讲义》（三），许士宦整理，2012 年笔记版，第 185 页；卜元石："重复诉讼禁止及其在知识产权民事纠纷中的应用"，载《法学研究》，2017 年第 3 期；陈杭平："诉讼标的理论的新范式——'相对化'与我国民事审判实务"，载《法学研究》，2016 年第 4 期；蒋玮："大陆法系诉讼系属中重复起诉禁止及经验借鉴"，载《甘肃社会科学》，2016 年第 6 期。

能有其不同的功能。遵循相对的诉讼标的概念，这意味着并不一定在诉讼系属抗辩效力和既判力问题上得出统一的诉讼标的。具体言之，在诉讼系属的前阶段，应该重视新诉讼标的理论的理想。易言之，在诉讼的入口阶段，应该尽可能期待、希望使纷争所牵涉的各种请求权均能利用同一诉讼程序一并处理。但是，至言辞辩论终结时的确定既判力阶段，最后要出口，记载到底何等请求权已经作为审理目标被判断，在审理过程已加以定性，此时应注意凡在诉讼过程未经好好审理过的权利，在此处应予看住，并许可对该请求权提起后诉讼，以免对当事人造成突袭性裁判。由此，诉讼标的的概念设置应使诉讼的入口尽量扩大，而出口处应该缩小。[1] 那么，诉讼标的在诉讼系属抗辩问题上阻断当事人另诉主张的机会背后所蕴含的考虑，根本无法成为在既判力问题上允许当事人另诉主张的理由。质言之，是否违反重复起诉禁止规则与是否违反判决既判力，涉及不同的考虑，自应采取不同的判断标准。

有学者在考察我国诉讼标的识别基准的司法实践基础上归纳出，在确定审判对象、诉的变更（合并）、诉讼系属（禁止并行诉讼）以及既判力遮断效力等不同的程序场景中，法官采用了不同的识别基准：以当事人所主张的实体权利为识别标准的“1.0 版”，以当事人的诉讼请求及对应的“法律关系”为标尺的“2.0 版”及以诉讼所指向的纠纷事件或生活事实本身为标准的“3.0 版”。并且，他们在对具体司法判决分析的基础上认为，上述不同的识别诉讼标的基准，大致可类比或对应于大陆法系的旧实体法说、诉讼法说与美国法的“纠纷事件”标准。于此得出，在诉讼标的使用方法及其在各程序场景中，我国民事重复起诉判定的司法实务中已适用了相对化的诉讼标的识别基准。[2] 对此，我们认为司法实践对诉讼标的识别基准的不统一适用，并不能说明我国司法实务上采用了相对化的诉讼标的识别基准，而恰恰说明，由于理论上对诉讼标的识别基准的分歧，没有能为司法实践提供相对清晰的指导，致使司法实务上基于适用的便宜，而根据理论上不同识别诉讼标的基准的学说来适用诉讼标的，进而给司法实践上理解、适用诉讼标的识别基准带来混乱。

（三）后诉与前诉的诉讼请求相同的判定

诉讼请求相同的要件对识别前后两诉是否具有同一性具有重要的意义，

---

[1] 邱联恭：《口述民事诉讼法讲义》（三），许士宦整理，2012 年版，第 183 页。

[2] 陈杭平：“诉讼标的理论的新范式——‘相对化’与我国民事审判实务”，载《法学研究》，2016 年第 4 期。

不过，后诉与前诉的诉讼请求相同在司法实践上表现得相当复杂。具言之，由于前后两诉的诉讼请求在内容上可能具有相反、交叉及可代用关系，或者前后两诉具有先决性法律关系，而且，《民诉法解释》第 247 条又从反向进路上规定后诉的诉讼请求实质上否定前诉裁判结果的判定要件，由于其涉及请求的基础事实对后诉的拘束力问题，由此，这使得对后诉与前诉的诉讼请求相同要件的判定变得非常复杂。在这些情形下，法官在司法实践上对后诉与前诉的诉讼请求相同的判定，需要结合前后诉请求的实质内容、诉的利益、禁止重复起诉的旨趣以及诉讼经济等价值因素综合考量。通过对该项判定重复起诉要件在司法实践上表现情形的归纳与梳理，从以下几个方面来对该项要件的司法适用作以具体分析：

1. 后诉与前诉的诉讼请求内容相同

后诉与前诉的诉讼请求在内容上相同，是前后两诉的诉讼请求相同的基本形式。如果相同当事人之间基于同一法律关系提起相同内容的诉讼请求，那么法院对前后两诉的重复审理，会违反诉讼经济及有发生矛盾裁判的危险，因而前后两诉构成重复起诉。后诉与前诉的诉讼请求内容相同，在司法实践上主要表现为诉讼请求的内容在形式上相同、实质上相同或存在相反关系三种情形。首先，后诉与前诉的诉讼请求内容在形式上完全相同，且前后两诉均是基于相同的原因事实提起，那么，此种情形下，法院再对后诉进行审理，就可能发生前后相互矛盾裁判的危险。因而，后诉法院应尊重前诉法院的判断，不得就同一诉讼请求再行裁判，否则构成对后诉的诉讼请求实质上否定前诉裁判结果要件的违反。此种情形的重复起诉，也可从诉的利益方面进行解释。由于相同的诉讼请求已被纳入诉讼程序或已获得确定判决，那么当事人对在前诉中已经获得了救济的途径，当事人就该项诉讼请求就欠缺提起后诉的诉的利益。此种诉讼请求相同的情形在司法实践中并不多见。对此种诉讼请求内容相同情形的判定，法官依据当事人提交的诉讼材料或对原告进行询问说明，就可使诉讼请求的内容具体、明确，据此，法官可对前后诉的诉讼请求是否相同作出准确的判定，因此，法官对此情形的判定一般不会有太大的困难。对此情形的理解可具体参见下则案例。

案例二十三：原审原告李×1 诉称，李×1 与原审被告李×2、李×3、李×4、李×5 均为被继承人李×7 和妻子白××的子女。被继承人生前与妻子位于××区×镇×街×胡同×号院内有北房两间、西房三间。后白××将上述房屋中属于她的一半赠与李×2，而属于被继承人李×7 的一半房屋一直未依法继承。故李×1 诉至法院，请求依法继承被继承人李×7 位于××区×镇×街×胡同×号院内的楼房。原审法院审理查明，原审原告李×1与李×6（被继承人李×7的长子，现已去世）于2012年以共有物分割纠纷起诉李×2、李×3、李×4、李×5，要求分割××区×街道办事处×街社区×胡同×号院内的楼房。该案法院判决驳回李×1、李×6的诉讼请求。原审法院审理认为，比较前后两诉讼的诉讼请求内容，本案的诉讼请求与前案的诉讼请求均为要求分割××区×镇×街×胡同×号院内楼房，结合对前后诉的当事人与诉讼标的相同要件之判定，李×1提起的本次诉讼属重复诉讼。李×1提起上诉。二审法院审理认为，本案与前案均为要求分割××区×镇×街×胡同×号院内的楼房，两案诉讼请求相同，从而前后诉构成重复起诉。[1]

在该案中，原审原告在前诉中以共有物分割为由提起分割共有物的诉讼，在后诉中以继承为由提起分割同一共有物的诉讼，从而，前后两诉的诉讼请求在内容上完全相同。而前诉法院已对该诉讼请求审理并判决，原审原告再次对该诉讼请求提起后诉，在此情形下，法院结合对前后两诉的当事人相同及诉讼标的相同要件的审理认为，后诉的提起构成对禁止重复起诉规则的违反。

其次，后诉与前诉的诉讼请求相同，不仅存在于前后两诉的诉讼请求内容在形式上相同，也存在于前后两诉的诉讼请求内容在实质上相同，即前后两诉的诉讼请求的权利保护利益是同一的，从而，前后两诉的法律保护目的与所追求的法律后果相互吻合，在此情形下，也应当认为后诉与前诉的诉讼请求相同。对此情形的理解可从下则案例加以具体分析。

案例二十四：原告A公司诉称，A公司与被告B公司签订合作协议，约定A公司向B公司注资1500（后返回400万元）万元，以占B公司40%的股权。A公司按协议完成注资，而B公司没有实际履行协议义务。故诉至法院，要求确认双方签订的合作协议解除；B公司返还1100万元及利息。B公司辩称，双方的纠纷已被法院审理判决。本院审理查明，A公司曾以联营合同纠纷起诉B公司，要求撤销双方签订的合作协议，返还投资款1100万元及利息损失等。前诉法院审理查明，合作协议实质是基于A公司的法定代表人（杨×）与B公司的投资人（苏×）之妻徐×之间存在不正当两性关系才导致双方为感情补偿而签订的，而A公司以合作协议的形式向B公司支付1100万元感情补偿费属于有损社会公序良俗的感情债务，不受法律强制力保护，前诉法院驳回了A公司的诉讼请求。本院审理认为，虽然A公司在本案中将案由

[1] 案件字号：（2015）一中民终字第6709号，审理法院，北京市第一中级人民法院。

调整为“与公司有关的纠纷”，且诉讼请求第一项调整为确认合作协议解除，与前诉的诉讼请求略有区别，但实质上，A公司均是以合作协议为诉讼依据主张B公司返还1100万元和利息。而关于合作协议和1100万元款项的性质，前诉法院均予以认定，并对1100万元款项是否应当返还作出了处理，故A公司此次起诉违反民事一事不再理的原则。[1]

在该案中，A公司在前诉中的诉讼请求是要求撤销双方签订的合作协议，并返还投资款1100万元及利息损失；A公司在后诉中将诉讼请求变更为要求确认合作协议解除，并返还1100万元及利息。比较前后两诉的诉讼请求内容，虽然前后两诉中的第一项诉讼请求内容在表述形式上不同，但其实质上均是以合作协议为诉讼依据要求被告返还1100万元的款项，再结合前后两诉的原因事实及请求旨趣，应当认为前后两诉的诉讼请求在内容上实质相同，从而构成对后诉与前诉的诉讼请求相同要件的违反。

最后，后诉与前诉的诉讼请求相同，并不以诉讼请求在内容上相同为限，对相同当事人之间基于同一诉讼标的先后提起相反内容的诉讼请求，因前诉判决的既判力会波及后诉，从而，也应视为此种情形的前后两诉的诉讼请求相同。在司法实践上，法官也多采此类推适用诉讼请求内容相同情形的处理方式，进而认为前后两诉讼属于重复诉讼，并予以禁止提起后诉。此种情形的最典型实例是，债权人对债务人提起确认债权存在之诉，债务人又对债权人提起确认同一债权不存在之诉。需要注意的是，当前后两诉的诉讼请求内容存在相反关系时，对诉讼请求相同要件的判定要结合当事人主张的实体法律关系综合认定，而不能单从诉讼请求的表述形式上判断前后诉的诉讼请求同一性。具体言之，此种情形适用该项要件的前提是前后诉的诉讼标的相同，如果前后诉的诉讼标的不同，即使前后诉的诉讼请求在内容上具有相反关系，也不构成重复起诉。也有司法实务者认为，前后两诉讼的诉讼请求内容相反时违反“后诉的诉讼请求实质上否定前诉裁判结果”的要件。[2] 对此可具体参见下则案例。

案例二十五：原告贾××于2015年6月23日向法院起诉称，贾××与被告孟××于2003年10月5日签订一份房屋出让协议，在合同签订时，该房屋系单位福利性质的住房，原告未获得全部产权，无权出售该房屋，故诉至法院，请求判令该协议无效。法院审理查明，本诉被告孟××已于2015年5月5日将

---

[1] 案件字号：（2016）京0105民初21192号，审理法院，北京市朝阳区人民法院。

[2] 杜万华、胡云腾：《最高人民法院民事诉讼法司法解释逐条适用解析》，法律出版社2015年版，第417-418页。

本案原告贾××诉至法院，请求法院确认原告与被告签订的购房《协议书》有效，现在该案正在审理过程中。本院审理认为，本案在立案之前，被告孟××已向本院提起相关民事诉讼，本诉与前诉不仅当事人相同，本诉与前诉的诉讼标的也均系围绕汝河小区红光院××号楼×单元×层××号房产所有权属产生的法律关系，本诉的诉讼请求虽与前诉的诉讼请求略有不同，但实质相同，均是要求确认原、被告签订《协议书》的效力及由此衍生的权利，故本院裁定驳回原告贾××的起诉。❶

在该案中，双方当事人先后提起确认购房《协议书》有效的积极确认之诉与无效的消极确认之诉，尽管此情形的前后两诉的诉讼请求在内容上正好相反，但前后两诉的请求旨趣均是要求对同一购房《协议书》的效力作出确认，从而使前诉判决既判力波及后诉。据此，法院审理认为此种情形的前后两诉的诉讼请求在内容上实质相同，应类推适用后诉与前诉的诉讼请求内容相同情形的处理方式，裁定驳回后诉的起诉。

2. 后诉与前诉的诉讼请求存在交叉或包含关系

尽管前后两诉的诉讼请求在内容上不尽相同，但存在交叉或包含关系，那么，前后两诉中重叠部分的诉讼请求存有同一性。因而，为避免法院对重叠部分的诉讼请求重复审理，造成被告反复应诉的负担，法院重复审理的不经济以及可能发生矛盾判决的危险，应当禁止当事人就重叠部分的诉讼请求再行提起后诉。对此种情形的前后两诉，如果从诉的利益角度考察，也可认为就重叠部分的诉讼请求提起的后诉没有诉的利益，从而应当禁止当事人就重叠部分的诉讼请求提起后诉。首先，如果前后两诉的诉讼请求在内容上存在交叉关系，则对有交叉关系的部分诉讼请求提起的后诉构成对禁止重复起诉规则的违反。对此重复起诉情形的具体理解可参见下则案例。

案例二十六：原审原告牟××诉称，原审被告A物业公司在2013年2月底以牟××旷工为由解除劳动合同，牟××认为双方的劳动合同应该至2013年9月12日期满终止，故诉至法院，请求支付2011年10月21日至2013年2月1日的加班工资25000元；请求支付……。A物业公司辩称，确定民事判决对本案中的事项已处理，本次诉讼属于重复起诉。原审法院审理认为，前案的诉讼请求已包含有本案所主张的2011年10月21日至2013年2月1日的加班工资25000元的诉讼请求，且该部分诉讼请求已在前诉法院处理。根据一事不再理的原则，法院对此项诉讼请求不予审理。牟××提起上诉。二审法院审理

❶ 案件字号：(2015) 中民二初字第1543号，审理法院，河南省郑州市中原区人民法院。

查明，牟××曾起诉至原审法院，要求A物业公司支付2011年10月21日至2013年2月1日期间的加班工资30000元；支付……。原审法院审理并作出判决，且该判决已生效。据此，二审法院审理认为，牟××再次提起要求原审被告支付此期间加班工资的诉讼请求，构成重复起诉。❶

在该案中，比较前后两诉的诉讼请求内容，虽然原审原告在前后两诉中提起的诉讼请求在内容上不尽相同，但其中就“牟××要求A物业公司支付2011年10月21日至2013年2月1日的加班工资”的请求部分在前后两诉中均有主张，即该部分的诉讼请求在前后两诉中存在交叉关系。一方面，由于前诉法院已对该部分请求审理并作出判决，原审原告再次对该部分请求提起后诉，则构成对后诉与前诉的诉讼请求相同要件的违反。另一方面，原审原告对同一部分诉讼请求不应当获得重复的司法救济，因而，从诉的利益的角度来说，对重叠部分的请求提起的后诉也无诉的利益，故应当禁止对该交叉部分的诉讼请求再行提起后诉。

其次，如果前后两诉的诉讼请求在内容上存在包含关系，那么对具有包含关系的部分诉讼请求提起的前后诉构成重复起诉。此种情形的重复起诉在司法实践中主要表现为因前后两诉的权利保护形式不同，相同当事人之间基于同一法律关系先后提起给付之诉与确认之诉。具体言之，由于前诉对给付请求的审理必先对该请求前提和基础的法律关系存在与否的事项进行审理，那么，无论后诉是积极确认之诉还是消极确认之诉，前诉给付之诉的请求均包含后诉确认之诉的请求，从而对同一法律关系提起确认之诉的后诉应视为重复起诉。❷ 理论上也可从诉的利益方面来解释此种重复起诉的情形，具体而言，在当事人提起给付诉讼后，如果法院作出承认请求的判决，那么“请求权的存在”之判断就会依判决既判力而获得确定，而且，法院这种判断还具有执行的效力。反之，如果法院驳回请求的判决，那么“请求权不存在”之判断则依判决既判力而获得确定，至于债务不存在确认诉讼，无论法院作出的是承认请求判决还是驳回请求判决，有关请求权的既判力都已经获得确定，之所以如此，因为给付判决的判决效范围更为宽泛，进而将债务不存在确认诉讼包含在内。❸ 在司法实践中，法官一般认为此种情形的前后两诉构成对“后诉的诉讼请求实质上否定前诉裁判结果”要件的违反，从而认为前后两诉

---

❶ 案件字号：（2015）二中民终字第03983号，审理法院，北京市第二中级人民法院。

❷ 唐靖钧：“本案是否属于重复起诉?”，载《建筑时报》，2014年11月13日，第003版。

❸ 【日】高桥宏志：《民事诉讼法——制度与理论的深层次分析》，林剑锋译，法律出版社2003年版，第110页。

属于重复起诉。对此重复起诉情形的理解可具体参见下则案例。

案例二十七：原审原告戴××诉称，原审被告 A 出版公司滥用工资及奖金分配自主权，导致戴××奖金及年终奖低于其他员工。故戴××诉至法院，请求确认 A 出版社公司自 2010 年至 2013 年给付戴××的年终奖不当，确认纠正数额为应补发 158100 元至 197600 元；确认 A 出版社公司自 2010 年 11 月至 2014 年 3 月给付戴××的奖金不当，确认纠正数额为应补发 20000 元至 30000 元。一审法院审理查明，戴××曾起诉要求 A 出版社公司支付 2010 年 7 月至 2013 年 12 月的年终奖差额、2011 年 10 月至 2014 年 2 月的奖金差额，前诉法院认定戴××主张的年终奖及奖金差额缺乏证据证明并驳回其诉讼请求。现戴××就本案提起的确认之诉，属于前案给付之诉的事实认定部分，故根据一事不再理的原则，对于戴××的起诉依法驳回。戴××提起上诉。二审法院审理认为，本诉与前诉系基于同一事实而提出，本案为确认之诉，属于前诉给付之诉的事实认定部分，戴××就本案提起的诉讼请求实质上否定前诉裁判结果，因而前后诉构成重复起诉。[1]

在该案的前诉中，戴××以 A 出版公司少发放给其年终奖及奖金为由提起给付之诉，法院已对此审理并判决；在后诉中，戴××改变法律保护形式，请求法院确认 A 出版公司少发放给其年终奖、奖金。比较前后两诉的诉讼请求内容，戴××在后诉中提起的确认请求，是前诉法院对戴××提起的给付请求审理的前提和基础，从而，不论前诉的给付判决为胜诉或败诉，给付之诉之中都隐含着确认之诉的内容，故在解释论上，给付之诉与确认之诉具有全部与部分的范围关系。在此情形下，由于前诉的诉讼请求在内容上包含后诉的诉讼请求，那么，戴××提起的后诉确认请求已在前诉给付请求的审理中得到判断。由此，如果再允许戴××提起后诉的确认请求，则会在实质上会否定前诉的裁判结果，从而应当认定前后两诉构成重复起诉。

需要注意的是，根据《民诉法解释》第 247 条关于重复起诉内涵的规定，对违反上述重复起诉情形的处理，应区分为前诉尚在诉讼系属之中和前诉已被判决确定后的两种情况加以具体说明。在此仍以相同当事人之间基于同一法律关系先后提起给付之诉与确认之诉为例进行说明。其一，在前诉的给付之诉已被生效判决确定的情形，由于前诉的给付裁判已经对当事人间争议的实体法律关系的存否作出判定，因而就同一法律关系提起的确认之诉就无请求法院裁判的实益，从而，应当禁止当事人对该法律关系的存否另行提起确

[1] 案件字号：(2015) 一中民终字第 6081 号，审理法院，北京市第一中级人民法院。

认之诉，如上述案例十九的情形。而且，在纷争解决方法上，给付之诉不仅包括对当事人间争议法律关系的确认，也对给付判决确定的内容具有执行力，故后诉的确认之诉并非解决纷争的适切方法。其二，当前诉的给付之诉尚在诉讼系属中，相同当事人之间又基于同一法律关系提起确认之诉的后诉。对此情形，尽管前后两诉因存在包含关系而违反禁止重复起诉的旨趣，但后诉法院并不能直接依后诉不适法为由作出不予受理或驳回起诉的裁判。因为，此种情形的前后两诉的诉讼请求不尽相同，从而均有被独立提起的诉的利益。在此情形下，为实现纠纷一次性解决及保障后诉原告的诉权，法官应促使后诉原告通过诉之变更、追加或提起反诉的方式将后诉请求合并于已系属的前诉程序内一并审理。这样一来，既能实现诉讼经济的目标，避免发生矛盾裁判的危险，又能充分保护原告的诉权。司法实践中对此种情形的前后两诉的处理并不统一，有法院认为后诉缺乏诉的利益，应当裁定驳回后诉；有法院则认为后诉的提起构成重复起诉，应将后诉合并于前诉程序内一并解决。对此可具体参见下则案例。

案例二十八： 原审原告经×与原审被告周×系夫妻，周×私自将其与经×共同购买的房屋出售给原审被告李×。经×得知其事后，通过周×将不同意出售该房屋的情况告知李×。李×曾于2016年3月18日将经×及周×诉至法院，要求继续履行其与周×签订的《存量房买卖合同》和《补充协议》。现经×为维护自身合法权益，也诉至法院，请求确认周×与李×签订的《存量房买卖合同》和《补充协议》无效。原审法院审理认为，前诉提出继续履行房屋购买合同属于给付之诉，关于涉案合同的各项争议已经存在明确、具体、可行的法律解决途径，后诉原告所提确认之诉完全处于前诉的审查范围。故后诉经×的起诉缺乏诉的利益，应裁定驳回起诉。经×提起上诉。二审法院审理认为，李×已在前诉中提起给付之诉，经×又在本诉中提起的关于合同效力问题的确认之诉，因此前后两诉均涉及对同一争议事项即合同效力问题的处理。该争议事项已在前案中审理的情形下，当事人其后又就该争议事项提起后诉，无疑会导致法院对同一裁判对象的重复审理，属于违反重复起诉的情形。[1]

在该案中，前诉为请求继续履行购房合同的给付之诉，在前诉的诉讼系属中，前诉被告又对前诉原告提起确认该购房合同无效的确认之诉。原审法院从诉的利益方面审理认为，前诉请求继续履行合同的给付请求涵盖后诉请求确认合同无效的确认请求，即后诉关于合同效力的确认请求属于前诉法院

[1] 案件字号：（2016）皖01民终3378号，审理法院，安徽省合肥市中级人民法院。

必须审理的内容，故后诉欠缺被独立提起的诉的利益，从而裁定驳回后诉之起诉。二审法院则从禁止重复起诉方面审理认为，前诉的给付之诉与后诉的消极确认之诉均涉及对同一争议事项，即合同效力问题的审理，这将增加被告诉累，徒耗司法资源，甚至可能造成裁判冲突，因而前后两诉属于重复起诉的情形。

3. 后诉与前诉的诉讼请求数额发生增减

如果相同当事人间基于同一诉讼标的之法律关系，前后提起相同旨趣的诉讼请求，只是前后两诉的诉讼请求数额发生增加或减少，那么在此情形下，一方面，因为前后两诉不涉及诉讼标的的变动，且前后两诉的诉讼请求旨趣也相同，因而，前后两诉的诉讼请求并无根本改变。另一方面，此种情形下的诉讼请求数额变动对被告防御及诉讼终结的影响不大，从而也不影响对后诉与前诉的诉讼请求相同要件的判定。对此诉讼请求相同情形的理解可具体参见下则案例。

案例二十九：原审原告李××诉称，赵××替原审被告丁×向原审原告借款4000元，后丁×拒不还款。故诉至法院，请求丁×偿还借款本金4000元；支付1996年至2015年的利息6000元。丁×答辩称，此次起诉违反一事不再理原则，应当予以驳回。原审法院审理查明，赵××曾以丁×为被告就该笔借款诉至法院，因赵××的起诉超过诉讼时效，前诉法院驳回其诉讼请求。原审法院审理认为，赵××依据同样的事实、理由要求丁×偿还4000元借款及利息，而该诉讼请求已经被前诉法院审理并判决，故本次起诉构成重复起诉。赵××提起上诉。二审法院审理认为，赵××的本诉与前诉均为民间借贷纠纷，前后两诉的诉讼请求均是主张返还借款及利息，仅是因利息计算产生数额上的不同，故本诉与前诉构成重复起诉。❶

比较该案的前后两诉的诉讼请求内容，原审原告在前后两诉中均是主张原审被告偿还同一笔借款及利息，只是关于利息的请求数额在前后两诉的诉讼请求中发生变化，即前后两诉讼的诉讼请求仅发生了量的变更，而诉讼请求的旨趣并未发生实质改变，且作为诉讼标的之借款法律关系也未发生变化。在此情形下，由于该笔借款及利息的诉讼请求已被前诉法院审理并作出判决，那么，原审原告再对该项诉讼请求提起后诉就构成重复诉讼。

4. 后诉与前诉的诉讼请求存在先决性法律关系

后诉与前诉的诉讼请求存在先决性法律关系，是指后诉所主张的请求存

❶ 案件字号：(2016) 京01民终1263号，审理法院，北京市第一中级人民法院。

在或不存在依赖于前诉判决对诉讼请求的确认。比如，原告在前诉中要求确认被告的赔偿义务，在前诉尚在诉讼系属之中或已被判决确定后，原告又基于同一诉讼标的之法律关系提起赔偿的给付之诉。在此情形下，由于前后两诉的诉讼请求存在先决性法律关系，即法院对后诉请求的判断须依前诉裁判为前提和基础，那么，前后两诉是否违反禁止重复起诉规则呢？对此问题的回答则应区分为前诉尚在诉讼系属之中和前诉已被生效判决确定的两种情形来具体分析。其一，当前诉尚在诉讼系属之中的情形，虽然前后两诉的诉讼请求不同，但前后两诉的诉讼请求存在先决性法律关系，这样一来，如果允许原告另行提起与前诉请求具有先决性法律关系的后诉，会发生前后相互矛盾判决的危险，从而构成对后诉的诉讼请求实质上否定前诉裁判结果的重复起诉要件的违反，因而，应当认定第二次的起诉构成重复起诉。❶ 对此重复起诉情形的理解可具体参见下则案例。

案例三十： 原审原告××保健服务有限公司与原审被告××师范学院、××市老年修养康复中心因房屋合同纠纷，×××保健服务有限公司向法院起诉，请求确认××师范学院与××市老年修养康复中心签订的《解除合同协议书》为无效合同。原审法院审理查明，××师范学院曾以×××保健服务有限公司为被告，请求赔偿因被告违法占用新建综合楼的经济损失以及对新建综合楼的装修部分恢复原状，此案已判决结案；因×××保健服务有限公司不服（2016）鲁0102民初2110号《民事判决书》已提起上诉，此案现正在二审程序中。本案立案时间虽先于（2016）鲁0102民初2110号案件，但由于客观原因致使本案审理时间于其之后。原审法院审理认为，法院在审理合同案件中，应先依法确认涉案合同的效力，因此，本案诉讼请求所涉的××师范学院与××市老年修养康复中心签订的《解除合同协议书》的效力问题，原审法院于（2016）鲁0102民初2110号案件中亦会对涉案合同效力问题再次进行认定，因而本案再继续针对涉案合同效力的问题进行认定属于重复审理，违反了“一事不再理”原则。❷

在该案中，前诉为确认之诉，即请求确认《解除合同协议书》为无效合同，后诉为给付之诉，即请求赔偿因被告违法占用新建综合楼的经济损失以及对新建综合楼的装修部分恢复原状。从诉讼请求的内容来看，前后两诉的诉讼请求不尽相同，但前后两诉的诉讼请求在内容上具有先决性法律关系，

---

❶ 赵蕾：“确认不侵权之诉的理论探讨及程序细化——以民事诉讼为视角的分析”，载《法治研究》，2011年第1期。

❷ 案件字号：（2017）鲁01民终3344号，审理法院，山东省济南市中级人民法院。

即法院对后诉请求的裁判须以前诉请求的判断为前提和基础，从而，法院对前后两诉的审理可能会发生矛盾裁判的危险，因而认定前后两诉构成重复起诉。

其二，当前诉已被生效判决确定的情形，由于前诉判决对前诉请求的判断会产生既判力，后诉法院在对后诉请求裁判时须以前诉既判力的内容为前提作出判断，那么，此种情形的前后两诉是否构成重复起诉呢？对此问题的回答，则应区分前诉请求之判决结果为胜诉或败诉的不同而作相应判定。在此仍以前诉为确认之诉，后诉为给付之诉为例做以说明。首先，前诉之确认判决肯定原告有确认利益之情形，由于后诉的给付之诉判决不仅隐含着对当事人间争议的实体法律关系存在与否的判断，且给付之诉的判决有执行力，而确认之诉的判决没有执行力，那么，为使原告获得给付判决的执行力，进而保护其实体权益以及达到纷争的根本性解决，则原告有再行提起给付之诉的诉的利益，即应当允许其提起给付之诉的后诉。但是，这样一来，法院存在着对确认之诉内容的重复审理，从而造成诉讼的不经济及可能发生矛盾判决的危险。鉴于此，为避免对确认之诉内容的重复审理，应强化法官在前诉的确认之诉中的释明义务，即在前诉确认之诉的诉讼系属中，法官应向当事人释明是否通过诉之变更、追加或提起反诉的方式提起给付之诉，以使纠纷获得一次性根本解决。如果债权人响应法官的释明而将请求变更为给付之诉，则确认之诉的诉的利益将消灭。其次，在前诉之确认判决否定原告有确认利益的情形，从诉的利益方面考虑，由于前诉确认之诉的判决是后诉给付之诉判决的前提和基础，那么前诉判决对作为后诉请求之前提和基础的法律关系作出不存在的判断，则相应的给付之诉的诉讼请求就没有根据，从而后诉的给付之诉也就欠缺被再行提起的诉的利益，进而当事人不得再行提起后诉的给付之诉。对此情形的具体理解可参见下则案例。

案例三十一：原告张×1 诉称，2000 年张×1 承包村里的 5 亩地用于搞养殖，2004 年 3 月将承包养殖场南侧的 2.5 亩地分包给被告张×2 搞养殖，后被告张×2 改变养殖地用途，故张×1 请求法院判令被告张×2 将承包的 2.5 亩养殖地返还。本院经审理查明，本案被告张×2 曾于 2008 年 7 月 23 日以土地承包经营权确认纠纷为由将张×1 诉至本院，张×2 诉称，2000 年张×2 与张×1 合伙承包本村养殖地 5 亩，2003 年 3 月 3 日双方协商解除合伙，将所承包地 5 亩分成两份，每人 2.5 亩各自经营。2007 年张×1 反悔，将承包费全部缴纳，企图占有 5 亩地的全部承包权，故张×2 起诉要求确认张×2 与张×1 的分包协议有效。前诉法院判决张×2 与张×1 所签协议有效，张×2、张×1 共同承包 5

亩养殖地南侧2.5亩归张×2承包经营，北侧2.5亩归张×1承包经营。后诉法院据此审理认为，前诉为确认之诉，生效裁判文书确认双方于2004年3月23日所签协议有效。本诉为给付之诉，给付之诉中隐含了前诉确认之诉的内容，故张×1在本诉中的请求实质上起到了否定前诉裁判结果的作用，违反了一事不再理原则。❶

在该案中，前诉的诉讼请求为请求确认张×2与张×1关于共同承包村里的5亩地的分包协议有效，后诉的诉讼请求为张×1请求张×2返还其承包的2.5亩承包地。从诉讼请求的内容来看，前诉的诉讼请求与后诉的诉讼请求具有先决性法律关系，由于前诉确认判决肯定了张×2的确认利益，亦即否定了张×1提起后诉给付之诉的法律基础。在此情形下，根据既判力作用，后诉法院在对后诉请求裁判时就必须以前诉判决对诉讼请求的判断为前提，且当事人不能提出与前诉既判力的判断相反的主张与证据申请，法院也不能接受当事人提出的违反既判力的主张。由此，法院认为如果再行允许张×1提起给付之诉的后诉，将构成对“后诉的诉讼请求实质否定前诉裁判结果”要件的违反，从而认为后诉的提起构成重复起诉。法院的判决结果毋庸置疑是正确的，而且，从诉的利益方面考量也应否定张×1提起后诉给付之诉的诉的利益，因为前诉确认判决已经否定了后诉之给付请求的前提和基础，从而，张×1也就没有再行提起后诉给付之诉的诉的利益。

5. 前诉请求的先决性法律关系属于后诉的诉讼请求

前诉请求的先决性法律关系属于后诉的诉讼请求具体是指后诉的诉讼请求的存在或不存在依赖于对前诉请求的先决性问题的确认。在此情形下，如果法院在关于某一请求权的裁判中对其先决性法律关系作出了裁判，且该先决性法律关系是后诉请求的基础性法律关系，那么，是否允许当事人在后诉中以该先决性法律关系为诉讼请求再行提起后诉呢？在理论上，既判力的产生原则上以载于判决主文中的事项为限，而作为诉讼请求裁判基础的先决性法律关系属于判决理由中的事实判断，因而该先决性法律关系不发生既判力。❷ 这样一来，即使在判决确定之后，当事人仍可就该先决性法律关系提起后诉请求，法院也可作出不同的认定或判断。不过，如果允许当事人以前诉请求的先决性法律关系作为诉讼请求提起后诉，则后诉法院对诉讼请求的判断可能矛盾于前诉裁判理由中对该先决性法律关系的认定，从而否定前诉判决主文确定的权利义务内容，进而有发生前后相互矛盾裁判的危险。民事司

❶ 案件字号：（2017）京0113民初5162号，北京市顺义区人民法院。

❷ 【德】奥特马·尧厄希尼：《民事诉讼法》，周翠译，法律出版社2003年版，第326-327页。

法实践上也大多认为此种情形的前后两诉构成重复起诉，从而禁止当事人以该基础性法律关系作为诉讼请求提起后诉。不过，对此种重复起诉情形的具体处理可分为前诉处于诉讼系属中或前诉已获确定判决后的两种情形，当前诉处于诉讼系属中，为避免前后诉发生矛盾判决的危险，实现诉讼经济的目标，法官应促使当事人通过提起反诉的方式将后诉请求合并于前诉程序中一并解决，而不得另行提起后诉。当前诉已获得确定判决后，为避免前后诉发生矛盾判决，民事司法实践中有判决承认前诉判决理由中的判断对后诉适用禁止重复起诉规则，进而直接将后诉驳回。这样一来，虽然前诉请求的先决性问题不属于既判力的调整范围，但对判决理由中的事实判断，我国司法实践中好像承认其具有争点效力。这也表明，司法实践中对禁止重复起诉规则适用范围的理解和把握有扩大的趋势。对此种情形的重复起诉禁止可参见以下两则案例。

案例三十二： 原审原告关××诉称，原审被告王×与郭×签订的《存量房屋交易合同》，与后就该合同签订的《补充协议》是阴阳合同，违反法律规定，应为无效合同。故诉至法院，请求判决确认《存量房屋交易合同》《补充协议》无效，判令王×赔偿协议无效造成的租金损失 83.298096 万元。原审法院审理认为，王×与关××，以及代×、卞×、谢×参加诉讼的房屋买卖合同纠纷案正在另案审理中，该纠纷涉及关××在本案诉讼中主张无效的合同。因此关××另行提起诉讼，违反了一事不再理原则。关××提起上诉。二审法院审理认为，前诉王×的诉讼请求是确认北京市存量房屋买卖合同及补充协议于 2008 年 8 月 8 日终止。本案中，关××的诉讼请求为确认该合同无效并赔偿租金损失。从内容上看，两案的诉讼请求相反，后诉的诉讼请求实质上否定前诉的裁判结果。因此关××的起诉构成重复起诉。从节约司法资源和提高司法效率的角度，关××的诉讼请求可以在王×诉关××房屋买卖合同一案中以反诉的形式提出。[1]

在该案中，前诉的诉讼请求为确认《存量房屋交易合同》《补充协议》终止，那么，关于《存量房屋交易合同》《补充协议》的效力问题是前诉请求的先决性法律关系；后诉的诉讼请求为确认《存量房屋交易合同》《补充协议》无效。比较前后两诉的诉讼请求内容，前诉请求的先决性法律关系为后诉的诉讼请求。这样一来，由于《存量房屋交易合同》《补充协议》的效力问题属于前诉法院在案件审理中必须主动审查的内容，也必须依法予以确认，

[1] 案件字号：(2015) 一中民终字第 4855 号，审理法院，北京市第一中级人民法院。

尔后原告又将之作为诉讼请求提起后诉，因此，后诉法院也必须对之进行审理和裁判。在此意义上，法院对《存量房屋交易合同》《补充协议》的效力问题存在重复审理，进而在内容上有发生矛盾判决的危险。法院据此审理认为后诉的提起构成对“后诉的诉讼请求实质否定前诉裁判结果”要件的违反，从而应当认为前后两诉构成重复起诉。

案例三十三：原审原告何×1 起诉原审被告何×2，请求确认双方签订的《土地与虾塘高位池使用权转让协议书》有效。二审再审法院审理查明，在一审原审中，何×1 与何×2 隐瞒《土地与虾塘高位池使用权转让协议书》已被前诉判决认定为无效合同的情况，致使一审法院判决《土地与虾塘高位池使用权转让协议书》有效。而事实上，何×1 在前诉中提起的案外人执行异议之诉，请求确认该 100 亩虾塘使用权属其所有，该案法院审理认为何×1 与何×2 签订的《土地与虾塘高位池使用权转让协议书》因违反法律强制性规定而无效。二审再审法院认为，何×1 在前诉中提起的请求确认该 100 亩虾塘使用权属其所有，前诉判决认定《土地与虾塘高位池使用权转让协议书》无效，并驳回何×1 关于确认该 100 亩虾塘使用权属其所有的诉讼请求。现何×1 又起诉请求确认《土地与虾塘高位池使用权转让协议书》合法有效，从后诉请求来看，其后诉请求实质上否定前诉所认定的先决问题，即否定前诉认定合同无效的问题，实际上亦是否定了前诉的裁判结果，因此构成重复起诉的情形。❶

在该案中，原审原告在前诉中的诉讼请求为确认涉案 100 亩虾塘使用权归其所有，前诉法院在审理该诉讼请求时，已对该诉讼请求的先决性问题，即何×1 与何×2 签订的《土地与虾塘高位池使用权转让协议书》效力问题进行了审理并作出判断。在后诉中，原审原告又提起确认《土地与虾塘高位池使用权转让协议书》合法有效的诉讼请求。比较前后诉的诉讼请求的内容，前诉的诉讼请求的先决性问题，即关于《土地与虾塘高位池使用权转让协议书》合同效力，为后诉的诉讼请求。法院最后审理认为此种情形属于后诉的诉讼请求实质否定前诉的裁判结果，从而构成重复起诉。在该案中，还需注意的是，虽然前诉请求的先决性问题属于判决理由中的判断，但法官承认其对后诉有禁止重复起诉的效力。在此意义上，法官超越诉讼标的的识别要件，进而承认判决理由中的判断也对后诉发生禁止重复起诉的效力。

6. 前后诉的诉讼请求基于竞合的实体请求权

在请求权竞合的情形下，虽然前后两诉主张的实体法请求权或实体法律

❶ 案件字号：（2017）琼 97 民再 1 号，审理法院，海南省第二中级人民法院。

关系不同，但前后诉的诉讼请求均基于相同的原因事实，且前后诉的诉讼请求旨趣相同。在这种情形下，原告起诉的目的重在获得诉之声明的判决，而对法院以何种实体法请求权或实体法律关系作出判决，在通常情形，并非原告所关心的。因此，在前诉已被纳入审判程序或被生效判决确定时，原告再基于其他竞合的请求权提起相同旨趣的请求，就会造成法院重复审理及诉讼资源的浪费，甚至会造成一事双罚的结果，因而应当认为此种情形的后诉与前诉的诉讼请求相同。对此可具体参见下则案例。

案例三十四：原审原告A公司诉称，A公司与原审被告秦××于2014年3月5日签订面包房承包协议，协议约定秦××每年支付A公司承包费3.5万元，并约定秦××在更换其他品牌蛋糕坊后不得以任何方式宣传“大师父”改为“七若滋”或其他名称，否则应向A公司交违约金50万元。2014年5月8日，秦××在珠江路中段宣传“大师父华丽变身七若滋”，同年8月，秦××在大师父店面下宣传“品牌升级，感恩有你，七若滋，专属你的滋味”。秦××的行为违反了合同约定，故A公司诉至法院，请求判令秦××支付违约金50万元。原审法院审理认为，A公司与秦××之间的侵害商标权纠纷已在法院主持下达成调解协议。现A公司基于同一事实又起诉，应予驳回。后A公司提起上诉，上诉法院判决驳回其请求。现A公司向本院提起再审。再审法院最后审理认为，虽然本案A公司是以合同违约为由提起诉讼，但实质均是要求秦××对其不当宣传行为进行赔偿，系诉讼请求相同，并且本案与另两侵权案均是基于对同一事实分别提起的侵权和违约之诉，故此种情形属于重复起诉。[1]

在本案中，前后两诉均是因原审被告的同一侵权行为而产生的纠纷，在前诉中，原审原告以侵权之诉请求原审被告赔偿损失；在后诉中，原审原告以合同违约之诉要求原审被告赔偿违约金。从诉讼请求的核心内容来看，前后诉的诉讼请求均是基于原审被告的同一不当宣传行为的原因事实提起的损害赔偿，因而前后两诉的诉讼请求在实质上并无不同。从客观效果上看，对同一损害事实，权利人只能实现一次权利保护，因而原审原告在选择侵权之诉救济后就不能再以违约之诉要求原审被告承担重复赔偿责任。由此，原审原告基于同一原因事实先后提起的前后诉的诉讼请求相同。

依上所述，由于民事裁判的目的是解决原告与被告之间的纠纷，那么判决只在相对的当事人之间发生效力，因而，一方面，民事诉讼中的当事人当然受禁止重复起诉效力的拘束；另一方面，为了保证纠纷解决的实效性，或

---

[1] 案件字号：（2016）豫民再178号，审理法院，河南省三门峡市中级人民法院。

者为了使纠纷在相关人员之间作出统一性地处理，判决效力适度扩及于当事人以外的第三人是必要的或者是正当的，因而，禁止重复起诉的效力也适度扩张至受既判力扩张之人。这样一来，所谓后诉与前诉的当事人相同，是指第二个诉讼的当事人双方必须承认第一个诉讼作出的判决的既判力针对他们。关于识别诉讼标的基准之选择，理论上主要存在着对旧实体法诉讼标的理论与诉讼法诉讼标的理论的学说争论。尽管民事诉讼上主流观点认为我国民事诉讼上应采诉讼标的之旧实体法说，而实际上，基于不同的制度考量，法官在民事司法实践中对旧实体法之诉讼标的理论与诉讼法之诉讼标的理论都存在着不同程度地使用。前后两诉的诉讼请求相同包括后诉与前诉的诉讼请求相同，或者后诉的诉讼请求实质上否定前诉的裁判结果两种情形，这使得后诉与前诉的诉讼请求相同情形在司法实践中呈现出前后两诉的诉讼请求在内容上具有相反、包含、交叉及先决性关系，或者前诉请求的先决性法律关系属于后诉的诉讼请求等情形，在此意义上，司法实践中对后诉与前诉的诉讼请求相同的判定表现得相当复杂。此外，我国民事司法实践中原则上否定原告提起部分请求，但有正当理由时，应允许原告再就余额请求提起后诉。

7. 后诉的诉讼请求实质否定前诉的裁判理由

尽管前后两诉的诉的要素不尽相同，但前后诉的主要争点共通或请求的基础事实相同。在此情形下，如果法院先后对共通的争点或相同的请求基础事实重复审理，将可能发生实质性矛盾判决的危险。有案例认为此种情形违反后诉的诉讼请求实质上否定前诉判决结果的要件。

案例三十五：原审原告陈××诉称，陈××，原审被告吴×、徐××及原审第三人夏××共同出资成立A公司。陈××与吴×、徐××签订股权转让协议，约定陈××收购吴×、徐××持有的A公司全部股份，股权转让款分别为40万元和30万元；吴×、徐××保证A公司共有资金4166.8469万元、应收款10万元。后吴×、徐××并未按《股权转让协议》的约定向陈××履行公司交接手续，且实际上A公司并无4166.8469万元资金，也无10万元应收款。故陈××诉至法院，请求判令解除双方签订的《股权转让协议》……。原审法院审理查明，吴×、徐××曾向原审法院提起诉讼，要求陈××按股权转让协议支付股权转让款。该案法院判决陈××分别向吴×、徐××支付股权转让款40万元和30万元。原审法院审理认为，本案陈××提出解除《股权转让协议》的请求与已生效的法律文书的判决内容相悖，违反了民事诉讼“一事不再理”的原则，应予以驳回。陈××提起上诉。二审法院认为，前诉的诉讼请求为吴×、徐××要求陈××支付股权转让款，后诉的诉讼请求为陈××要求解除《股权转让协议》，显然前后两诉属同一事实和相同法律关系。陈××实质是为否定前诉中主张的事实和理由，拒绝接受并进而吞并前诉的裁判请求。故原审法院以本案违反“一事不再理”原则，裁定驳回其起诉并无不当。❶

在该案中，前诉的诉讼请求为吴×、徐××请求陈××履行《股权转让协议》，并转让股权转让款 40 万元和 30 万元，该诉的主要争点有《股权转让协议》效力的问题。后诉的诉讼请求为陈××要求解除双方签订的《股权转让协议》，该请求的主要争点也有《股权转让协议》的效力问题。因而，前后两诉具有共通的争点，即《股权转让协议》的效力问题。前后诉法院对该主要争点重复审理，将造成法院支出不必要的劳力、时间、费用，最重要的是可能会产生相互矛盾的裁判。法院认为此种情形构成对“后诉的诉讼请求实质上否定前诉的裁判结果”要件的违反，从而前后诉违反禁止重复起诉规则。在此意义上，尽管前后两诉争议的实体法律关系不同，但前后两诉的主要争点共通，也构成重复起诉。

依上所述，《民诉法司法解释》第 247 条为解决我国民事司法实践中的重复起诉问题提供了规范依据，在识别重复起诉的标准上，第 247 条依照诉的要素标准对判定前后诉是否为重复起诉作出规定。尽管诉的各构成要素在理论上涉及深奥的理论且其富有争论，但法官在司法实践中灵活地探索适用，比如，关于诉讼标的要素，一方面，理论上的新旧诉讼标的论在我国民事司法实践上都有适用，如案例二十、案例二十一、案例二十二，法官分别适用了旧诉讼标的论、新诉讼标的论的二分肢说、新诉讼标的论的一分肢说。对旧诉讼标的论下的请求权竞合问题，法官也有恰当的处理措施，如案例三十四。另一方面，民事司法实践上并不局限于依第 247 条规定的诉的要素的识别标准，如果前后两诉的主要争点或请求的基础事实相同，则构成对禁止重复起诉旨趣的违反，也认为前后诉属于重复起诉，如案例二、案例三和案例四。在规制重复起诉的措施方面，司法实践中已突破第 247 条规定的“不予受理”与“驳回起诉”的规定，如果前后诉有相同的请求基础事实，且前诉尚在诉讼系属中，法官将促使当事人通过诉之变更、追加或提起反诉的方式，将后诉请求合并于前诉程序内一并解决。如案例三。总体而言，识别重复起诉的要件已超越诉讼标的层面而扩大到判决理由中的事实领域，即如果前后诉的基础事实相同，有违反禁止重复起诉旨趣的情形，也应认为构成重复起诉，如案例三十五，只不过民事司法实践中多认为此种情形属于违反“后诉

❶ 案件字号：（2011）沪二中民四（商）终字第 87 号，审理法院，上海市第二中级人民法院。

的诉讼请求否定前诉的裁判结果”的要件。在此意义上，司法实践中对禁止重复起诉规则的适用范围有扩大的趋势。

（四）特殊情形的禁止重复起诉问题

通过上述对识别重复起诉标准的概括与梳理，我们对判定前后诉同一性的问题有了大体上的把握。但司法实践中有关重复起诉的案件类型多样纷杂，有些关于重复起诉的案件类型或者不能单从识别重复起诉标准的角度来把握，或者对这些重复起诉案件类型的认识和处理还存在着理论上的难题。由此，为全面地理解禁止重复起诉规则，对这些有关重复起诉的特殊案件进行类型化分析，并对法官判断此类案件是否构成重复起诉的路径进行梳理，将有助于加深对禁止重复起诉规则的理解，规范禁止重复起诉规则在实践中的运行。

1. 同一权利关系的积极确认之诉与消极确认之诉

确认诉讼是通过对法律关系的观念性确定来解决纠纷或预防纠纷，❶ 因而其机能在于通过法院裁判宣告实体法律关系的存在与否来对双方当事人未来的关系形成规制。那么，确认之诉的诉讼标的须是实体法上的权利关系，否则就无法实现其解决纠纷的机能。在权利义务观念比较明确，法治观念、权利意识比较健全的社会，确认诉讼有很重要的功能，只要判决当事人败诉，就可使当事人自动偿还债务，无须等待提起给付之诉，尤其就基础的法律关系加以确认后，派生的法律关系的纷争也随同解决。就此观点而言，确认诉讼有两种重要的功能，第一系预防性，预防纷争于未然；第二系根本性，就基础的法律关系加以确认后，派生的法律关系的纷争也随同解决。❷

就同一实体法上的权利关系，当事人双方可相互为积极确认之诉和消极确认之诉，依照旧诉讼标的论，前后两诉诉讼标的相同，且诉讼请求正好相反。如甲起诉乙要求确认法律关系有效，乙又起诉甲请求确认同一法律关系无效；或甲起诉乙要求确认法律关系无效，乙又起诉甲请求确认同一法律关系有效。那么，上述情形的前后两诉是否违反禁止重复起诉规则呢？理论上多类推适用前后两诉的诉讼请求相同来解释此种情形，即前诉与后诉的原因事实与诉讼标的同一，仅声明的形式不同，此种前后两诉的诉的声明正好相反的情况，应作为前后诉的声明相同的情形来处理，因而提起的后诉仍违反重复起诉禁止的要求。也有学者认为应将权利保护形式除去来观察，即当事

---

❶ 崔玲玲：“诉的类型——对诉的类型传统理论的扬弃”，载《河北法学》，2013 年第 1 期。

❷ 邱联恭：《口述民事诉讼法讲义》（二），许士宦整理，2012 年笔记版，第 142 页；张卫平：“重复起诉规制研究：兼论‘一事不再理’”，载《中国法学》，2015 年第 2 期。

人间就同一法律关系或同一债权，应认为诉讼标的相同，不能因同一债权之积极确认的形式与消极确认的形式不同而认为两者的诉讼标的相异。故甲于前诉提起确认法律关系有效（或无效）时，乙不得于后诉为原告提起确认法律关系无效（或有效）之诉。[1] 根据最高人民法院大法官的理解，此种情形的前诉与后诉当事人、诉讼标的相同，前后两诉的诉讼请求相反，从而构成对“后诉的诉讼请求实质上否定前诉裁判结果”要件的违反，从而构成重复起诉。[2] 对此种重复起诉情形的处理，如果前诉已经判决确定，依照《民事诉讼法》第 24 条关于“不予受理”或“驳回起诉”的规定，法院应对后诉裁定不予受理或驳回起诉。若前诉仍在诉讼系属中，我们认为，法官应促使被告就后诉的诉讼请求利用前诉的诉讼程序提起反诉，这样既能避免法院审理的重复，实现相关纠纷一举解决，又能有力地维护当事人的诉的利益。而有的法官在司法实践中受限于《民诉法司法解释》第 247 条中“不予受理”或“驳回起诉”的规定，而将此种情形的后诉直接驳回。对此可具体参见下则案例。

案例三十六：原告贾××于 2015 年 6 月 23 日向法院起诉称，原告贾××与被告孟××于 2003 年 10 月 5 日签订一份房屋出让协议，在合同签订时，该房屋系单位福利性质的住房，原告未获得全部产权，其无权出售该房屋，故诉至法院，请求判令该协议无效。孟××辩称，双方签订的房屋出让《协议书》系双方真实意思表示，对双方均有约束力。虽该房屋是单位福利房，但是被告已经支付了该房屋的购房款等费用，现在房屋产权属个人产权，且双方签订协议书后原告贾××协助被告办理了该房屋房改及换发新房本的一切手续。法院审理查明，本诉被告孟××已于 2015 年 5 月 5 日将本案原告贾××诉至法院，请求法院确认原告与被告签订的购房《协议书》有效，现在该案正在审理过程中。本院审理认为，本案在立案之前，被告孟××已向本院提起相关民事诉讼，本诉与前诉不仅当事人相同，本诉与前诉的诉讼标的也均系围绕中原区汝河小区红光院××号楼×单元×层××号房产所有权属产生的法律关系，本诉诉讼请求虽与前诉诉讼请求略有不同，但实质相同，均是要求确认原、被告签订《协议书》的效力及由此衍生的权利，故本院裁定驳回原告贾××的起诉。[3]

---

[1] 陈荣宗、林庆苗：《民事诉讼法》（中册），三民书局股份有限公司 2011 年版，第 378 页。

[2] 沈德咏：《最高人民法院民事诉讼法司法解释理解与适用》（上册），人民法院出版社 2015 年版，第 635 页。

[3] 案件字号：（2015）中民二初字第 1543 号，审理法院，河南省郑州市中原区人民法院。

在该案中，双方当事人就购房《协议书》的效力先后提起确认协议有效的积极确认之诉与确认协议无效的消极确认之诉，尽管前后两诉的诉的声明正好相反，但前后诉的当事人、原因事实与诉讼标的相同，前后诉的请求旨趣均是要求对购房《协议书》的效力作出确认。法院在对本案判决时类推适用了前后诉的诉讼请求相同情形的处理方式，认为前后诉构成重复起诉，并裁定驳回后诉。不过，我们认为本案法院直接将后诉裁定驳回的处理方式并不恰当，因为，前诉的诉讼请求尚在诉讼系属中，基于达成纷争统一解决的目标，切实维护后诉原告的诉的利益，此时，法官应促使后诉原告以提起反诉的方式将后诉的诉讼请求合并于前诉已系属的程序内一并解决，以此扩大诉讼制度解决纷争的功能，实现相关请求一并解决的诉讼目的。

2. 同一权利关系的给付之诉与积极确认之诉

给付之诉是指原告要求被告必须为一定的行为，这些行为的对象可能为“标的物”或“作为与不作为”。给付诉讼主要是通过对当事人间争议的实体法上的权利关系确认，而为当事人作出一给付判决，而此给付判决最重要的特征在于其有执行力，能强制被告履行债务。❶ 而确认诉讼只要对当事人间争议的实体法上的权利关系存在与否作出判断，就能达到解决纷争或预防纷争的目的。❷ 在这个意义上，涉及同一法律关系的给付之诉包含着确认之诉，那么，相同当事人间就同一法律关系先后提起给付之诉（积极确认之诉）与积极确认之诉（给付之诉），是否违反禁止重复起诉的要求呢？若回答是肯定的，那么，应如何规制此种情形的重复起诉？对此问题的回答，可具体区分为给付之诉先行型和积极确认之诉先行型的两种情形分析。

首先，原告在前诉中提起给付之诉，嗣后，又基于同一法律关系提起积极确认之诉。例如，在前诉中，甲向乙提起偿还借款10万元的给付诉讼，在前诉诉讼系属中，甲又向法院提起后诉，请求法院确认其对乙享有同一笔10万元的借款债权。依照旧诉讼标的理论，前后两诉的诉讼标的之法律关系相同，所不同的是，前后诉的权利保护形式不同，前诉为给付的要求，后诉为积极确认的要求。学者对此情形的前后两诉有无违反禁止重复起诉的问题尚有争论，德国学者通说认为，诉讼标的的概念包括权利保护形式的要素，从而认为当事人间的同一法律关系或同一债权，以确认之诉为请求与以给付之诉为请求，其诉讼标的不同。而日本及我国台湾地区多数说认为权利保护形式并不为诉讼标的的构成元素，此种情形的前后两诉既然均出于相同的法律

---

❶ 丁宝同：“大陆法系民事判决效力体系的基本构成”，载《学海》，2009年第2期。

❷ 邱联恭：《口述民事诉讼法讲义》（二），许士宦整理，2012年笔记版，第141页。

关系，那么前后两诉的诉讼标的即为同一，从而前后两诉为同一事件的诉讼。为避免矛盾的判决且为不必要的重复审判，应当驳回后诉的起诉。❶ 我国有学者认为前诉的给付之诉在诉讼系属中或判决确定后，相同当事人间可以提出同一权利关系的积极确认之诉，但这有违禁止重复起诉制度的目的。❷ 民事司法实践中一般认为，法院对给付之诉为实体判决的，不论判决原告胜诉或败诉，该判决也同时包含确认判决，所以在解释论上，给付之诉与确认之诉具有全部与部分的范围关系。从而，若当事人先后提起给付之诉与积极的确认之诉，则构成对“后诉的诉讼请求实质否定前诉的裁判结果”要件的违反，从而构成重复起诉。❸ 对此情形的重复起诉问题可依下则案例具体说明。

案例三十七：原审原告王×1 诉称，××市政府对城区新建改造征用土地，将原审被告王×2 与原审原告王×1 共有的房屋进行拆迁，补偿款由王×2 一人领取。故王×1 诉至法院，请求确认王×1 与王×2 对拆迁房屋存在共有关系，并由王×2 给付王×1 拆迁补偿款 20 万元。原审法院审理查明，王×1 曾以与王×2 就本案争议房屋以具有共有关系诉诸法院，诉请分割补偿款 20 万元。该案法院审理认为，王×1 请求没有事实依据和理由，裁定驳回王×1 起诉。原审法院审理认为，本次诉讼与上次诉讼相同，属于重复诉讼。王×1 提起上诉，并诉称前诉属于给付之诉，本案属于确认之诉，前后诉并非重复诉讼。二审法院审理认为，一般而言，给付之诉中隐含着确认之诉的内容。王×1 在前诉中要求王×2 给付其房屋拆迁款 20 万元，前诉法院已审理并判决。王×1 在后诉中起诉王×2 请求确认房屋共有关系，并给付拆迁款 20 万元，属于后诉的请求实质上否定前诉裁定结果的情形。❹

在该案的前诉中，王×1 以与王×2 对案涉房屋存在共有关系为由起诉请求分割拆迁款，而在后诉中王×1 请求法院确认其与王×2 对房屋存在共有关系，并请求分割房屋拆迁款 20 万元。虽王×1 在前后两诉中诉讼请求的权利保护形式不同，但诉讼标的均系出于相同的法律关系，且前后诉涉及相同的原因事实。比较前后两诉的内容，前诉的给付之诉已包含确认房屋是否存在共有关系的内容，原告在后诉中再就房屋是否存在共有关系请求确认，显然会造成法院对房屋的所属关系的重复审理，进而可能发生矛盾判决的危险。因而，后诉的诉讼请求实质上否定了前诉的裁判结果，从而后诉之提起违反重复起

---

❶ 陈荣宗、林庆苗：《民事诉讼法》（中册），三民书局股份有限公司 2011 年版，第 380-381 页。

❷ 夏璇：“论民事重复起诉的识别及规制”，《法律科学》，载 2016 年第 2 期。

❸ 唐靖钧：“本案是否属于重复起诉?”，载《建筑时报》，2014 年 11 月 13 日第 003 版。

❹ 案件字号：(2016) 内 03 民终 555 号，审理法院，内蒙古自治区乌海市中级人民法院。

诉禁止的要求。况且，在纷争解决方法上，给付之诉不仅包括对当事人争议法律关系的确认，也包括对给付判决的执行效力，因而确认声明并非适切的解决该纷争的方法。因此，在两者分别起诉之场合，确认诉讼不能对抗给付诉讼。

其次，原告在前诉中提起积极确认之诉，尔后，又基于同一法律关系提起给付之诉。例如，在前诉中，原告请求法院确认其与被告签订的合同有效，在该诉的诉讼系属中，原告又基于该合同的效力请求法院判令被告给付价金。此种情形有无违反重复起诉，且应如何处理此种情形的后诉？依照《民诉法司法解释》第 247 条规定的重复起诉的内涵，对该问题的具体回答可分为前诉尚在诉讼系属中和前诉在判决确定后两种情形。如果前诉尚在诉讼系属中，日本有学者认为前诉与后诉的法律关系既然相同，若允许原告就此分别提起前后两诉，将造成诉讼上的不经济，从而不得另行提起后诉的给付诉讼。对此情形的处理，日本多数说认为原告应将确认的声明变更为给付的声明，以扩张诉之声明的方法，将后诉请求合并于前诉程序内一并解决，而不得另行提起后诉的给付诉讼。❶ 我国台湾地区有学者认为，依照诉的三要素的识别标准，前诉与后诉虽为同一诉讼标的、同一当事人，但前诉的确认声明无法替代后诉的给付声明，因而并未违反重复起诉禁止的要求。但在请求的范围上，后诉的给付之诉大于前诉的确认之诉，而且，给付判决有执行力，而确认判决无执行力。于此情形，依禁止重复起诉旨趣的识别标准，前诉的审判对象为确认实体权利存在与否，后诉法院在审理给付请求时，也会审理到其先决法律关系所有权存在与否的部分，因而两诉皆会审理到确认所有权存在与否之部分，那么，法院将为重复审理且有可能为矛盾的判决，故也应当认为此种情形违反重复起诉禁止的要求。❷ 对此情形的处理，若前诉尚在诉讼系属之中，我国台湾地区有学者主张为实现纠纷一次根本解决，避免法院审理的重复以及前后判决矛盾的发生，法院应阐明赋予原告有将确认声明扩张为给付声明的机会。在前诉法院阐明后，前诉原告得扩张其诉之声明，将其诉之声明从确认声明扩张变为给付声明。也有学者认为，在债权人原告就同一债权先提起确认诉讼后，又再行提起给付之诉，此则为违反禁止重复起诉规则的情形，如果原告撤回其先行提起之确认诉讼时，法院得驳回确认诉讼。德国学者大都认为诉讼标的是由诉之声明及诉之原因事实两者所构成，若其中之一有变动时，诉讼标的即相异。那么，由原告的确认诉讼变为给付诉讼，此

❶ 陈荣宗、林庆苗：《民事诉讼法》（中册），三民书局股份有限公司 2011 年版，第 381 页。

❷ 刘明生：《民事诉讼法实例研究》，元照出版有限公司 2011 年版，第 139 页。

系诉讼标的相异之情形，不发生重复起诉的问题。对此种重复起诉情形的处理，德国民事诉讼上虽然认为此种情形不属于重复起诉，但由于给付诉讼的权利保护内容包含确认诉讼，所以前诉的确认诉讼并无权利保护利益可言，法院得就原告的确认诉讼以无权利保护利益为理由，裁定驳回其诉。❶ 我国有学者认为，在此种情形下，若主张前后两诉构成重复起诉，法院须裁定驳回后诉的起诉；纵使采新诉讼标的论的二分肢说，前后两诉的诉之声明或原因事实其一不同而诉讼标的也不相同，从而前后诉不构成重复起诉，但前诉的确认之诉也无权利保护利益，从而法院应当驳回前诉的确认之诉。❷

依照《民诉法司法解释》第 247 条关于重复起诉内涵的规定，我们认为，对此种重复起诉类型的规制应具体区分为两种不同的情形。其一，如果前诉尚在诉讼系属中，由于后诉的给付请求包括前诉的确认请求，因而，为扩大诉讼制度解纷的功能，法官应促使前诉原告通过诉之变更的方式，将前诉的确认声明扩张为给付声明，从而实现纠纷一次性解决。其二，如果前诉已被生效判决确定，且前诉判决认定原告没有确认利益，那么，原告后诉的诉讼请求在实质上否定了前诉的裁判结果，因此，应当认为前后诉属于重复起诉，从而应对后诉裁定不予受理或驳回起诉。若前诉判决确定原告有确认利益时，由于后诉的给付之诉在请求范围上大于前诉的确认之诉，而且，给付判决有执行力，而确认判决无执行力，所以应当允许原告提起给付之诉的后诉。由此，我们认为以下该则案例并不恰当。

案例三十八：原审原告赵××诉称，原审原告与原审被告 A 公司于 2010 年 8 月 12 日签订的协议，协议约定 B 大厦的建造材料由赵××供应，建造材料款由 A 公司支付。后因协议在履行中产生纠纷，赵××诉至法院，请求 A 公司支付材料款、违约金共计 180.7 万元。原审法院审理查明，赵××曾起诉至法院，请求确认其与 A 公司签订的协议书有效，该案法院审理并判决驳回赵××的诉讼请求。原审法院审理认为，前后诉两诉的诉讼请求不同，前诉要求确认协议的效力，本案系诉请履行该协议确定的债务，本案的请求并非否定前诉的裁判结果，故本案并非重复起诉。A 公司提起上诉，二审法院审理认为，基于一审原告的诉讼请求，前诉系确认之诉，本案是给付之诉，本案的诉讼请求并非否定之前确认之诉的裁判结果，故本案不构成重复起诉。❸

---

❶ 陈荣宗、林庆苗：《民事诉讼法》（中册），三民书局股份有限公司 2011 年版，第 381-382 页。

❷ 段文波："日本重复起诉禁止原则及其类型化解析"，载《比较法研究》，2014 年第 5 期。

❸ 案件字号：（2016）鲁 01 民终 2837 号，审理法院，山东省济南市中级人民法院。

在该案中，原审原告在前诉中请求是确认协议的效力，属确认之诉；本案的诉讼请求为履行协议确定的债务，属给付之诉。法院审理认为，前后诉的诉讼请求不相同，且前诉的确认声明无法替代后诉的给付声明，为切实保护原告的实体权益，应当允许原告提起后诉，以获得对材料款的执行。而我们认为，虽然后诉的给付请求范围大于前诉的确认请求的范围，即除对当事人争议的法律关系确认外，还能为本案工程材料款及违约金的偿还问题提供具有终局性和执行力的解决方案，但前诉法院判决驳回赵××的诉讼请求，则意味着赵××与 A 公司签订的协议书无效，从而赵××就没有基于该合同提起给付之诉的利益，进而不应允许赵××提起后诉的给付之诉。

3. 同一权利关系的给付诉讼与消极确认之诉

如果相同当事人间就同一法律关系先后提起给付之诉（消极确认之诉）或消极确认之诉（给付之诉），那么，前后诉是否构成对禁止重复起诉规则的违反呢？在此情形下，前后诉涉及相同的原因事实与法律关系，只不过前后诉所涉的权利保护形式不同。在司法实践中，此情形可具体表现为前诉为给付（消极确认）之诉，后诉为消极确认（给付）之诉。

首先，原告在前诉中提起给付之诉，尔后，被告基于同一法律关系提起消极确认之诉。此种情形下的后诉是否违反禁止重复起诉的要求，且应如何处理后诉？从给付诉讼与消极确认诉讼的关系而言，若相同当事人间就同一债权或同一法律关系先后提起给付之诉与消极确认之诉，则前诉法官对给付之诉的裁判当然隐含着对当事人间争议的实体法律关系存在与否判断的内容，那么，法院对同一实体法律关系的重复审理有可能发生矛盾判决的危险，从而给付诉讼得排斥消极确认诉讼，使两者不能同时分别系属于法院。由此，解释上应认为前后两诉违反禁止重复起诉的规则，法院应依职权裁定驳回后诉的消极确认之诉。❶ 若前诉尚在诉讼系属中，为节省司法资源及防止矛盾判决发生，则应促使原告通过诉讼合并审理，即将后诉请求合并于前诉程序内一并解决。❷ 日本有学者认为，在前诉的给付之诉已经诉讼系属时，对于后诉的就同一权利关系的确认请求应利用前诉程序提起中间确认之诉。❸ 也有学者认为此种情形下的消极确认之诉会面临着确认利益方面的问题。具体而言，在当事人提起给付诉讼后，如果法院作出承认请求的判决，那么“请求权的存在”之判断就会依判决既判力而获得确定，而且，法院这种判断还具有执

❶ 张卫平：“重复诉讼规制研究：兼论‘一事不再理’”，载《中国法学》，2015 年第 2 期。

❷ 陈杭平：“诉讼标的理论的新范式”，载《法学研究》，2016 年第 4 期。

❸ 陈荣宗、林庆苗：《民事诉讼法》（中册），三民书局股份有限公司 2011 年版，第 381 页。

行的效力。反之，如果法院作出驳回请求的判决，那么“请求权不存在”之判断则依判决既判力而确定，至于债务不存在确认诉讼，无论法院作出的是承认请求判决还是驳回判决，有关请求权的既判力都已经获得确定，之所以如此，因为给付判决的判决效力范围更为宽泛，进而将债务不存在确认诉讼包含在内。如此一来，在一方当事人提起给付诉讼后，即便对方当事人再次提起债务不存在确认诉讼也是徒劳的，因而会产生“该确认诉讼缺乏确认的利益”这样的问题。[1] 我国民事司法实践中有案例认为此种情形的前诉请求可代用后诉的请求，那么前后诉构成对禁止重复起诉规则的违反。

案例三十九：原审原告倪××作为汪××的担保人向××银行黄山天都支行借款，并与银行签订《个人借款最高额保证合同》。倪××以××银行黄山天都支行存在与汪××恶意串通损害倪××利益的情况，对××银行黄山天都支行提起诉讼，请求确认其与××银行黄山天都支行签订的《个人借款最高额保证合同》无效。一审法院审理查明，因汪××到期未归还银行借款及利息，××银行黄山天都支行曾以汪××、倪××为被告向法院提起诉讼，请求法院判令汪××归还借款本息，依法处置抵押物，并请求判令倪××对汪××借款本息及实现债权的费用承担连带清偿责任。其中法院对作为判决前提的涉案《个人循环借款合同》《个人借款最高额抵押合同》《个人借款最高额保证合同》确认合法有效，并作出相应判决（2018）皖1002民初1811号民事判决书，该判决已经生效。一审法院审理认为，现倪××基于同一事实或法律关系，以相同的当事人为被告或第三人，提起诉讼请求确认《个人借款最高额保证合同》无效，实质上是想通过本诉否定前诉（2018）皖1002民初1811号金融借款合同纠纷一案的裁判结果，违反了“一事不再理”原则。一审判决后，倪××以本案中后诉与前诉的诉讼标的不同，前诉是给付之诉，本案是确认合同无效之诉，后诉与前诉的诉讼标的不同提起上诉。倪××在签订《个人借款最高额保证合同》时，××银行黄山天都支行存在与汪××恶意串通损害倪××利益的情况，该事实倪××在前诉审判中并不知情，属于“发生新的事实”，属于“一事不再理”原则的例外。二审法院审理认为在前诉审理中，倪××是否承担保证责任属于该案的审理范围，该案生效判决已判令倪××债务承担连带清偿责任，现倪××提起本案诉讼，要求确认其与××银行黄山天都支行签订的《个人借款最高额保证合同》无效，主张其不应当承担保证责任，诉请实质是意欲通过本诉否定前诉裁判结果。（2018）皖1002民初1811号案件虽为给付之诉，但本案

---

[1] 【日】高桥宏志：《民事诉讼法——制度与理论的深层次分析》，林剑锋译，法律出版社2003年版，第110页。

倪××提起的消极确认之诉拟解决的争议已包含在前诉之中，倪××该消极确认之诉属于重复诉讼，本院应予驳回。❶

在该案中，前诉为××银行黄山天都支行请求汪××归还借款本息，依法处置抵押物，并请求判令倪××对汪××借款本息及实现债权的费用承担连带清偿责任。在前诉判决确定后，倪××以××银行黄山天都支行为被告提起确认其与银行签订的《个人借款最高额保证合同》无效。一审、二审法院审理认为，倪××基于同一事实或法律关系，以相同的当事人为被告或第三人，提起诉讼请求确认《个人借款最高额保证合同》无效，实质上是想通过本诉否定前诉（2018）皖1002民初1811号金融借款合同纠纷一案的裁判结果，违反了“一事不再理”原则。

原告（债务人）在前诉中提起消极确认诉讼，嗣后，被告（债权人）又基于同一法律关系提起给付诉讼。那么，此种情形的后诉有无违反禁止重复起诉的问题？在对该问题回答之前，首先需要说明的是，理论上对原告提起消极确认之诉有较高的诉的利益要求，具体言之，消极确认之诉具有催促权利人提起诉讼的功能，且不具有可给付和执行的内容，即使权利人胜诉，也得再行提起给付之诉。❷ 亦即被告在债务不存在确认诉讼中的实质地位等同于他作为原告提起给付诉讼时的地位，因而债务不存在确认诉讼的诉的利益应当被理解为双方当事人的纠纷必须发展到已经使被告（债权人）完全负有应诉义务的程度。❸ 其次，依照《民诉法司法解释》第247条的规定，对此问题的回答需要区分为前诉尚在诉讼系属中和前诉已被生效判决确定的两种情形。其一，前诉的消极确认之诉尚在诉讼系属中，债权人被告另行提起同一债权的给付诉讼，在此情形下，由于消极确认之诉是请求法院对某种法律关系是否存在进行确认，而给付之诉是请求法院对某种法律关系是否存在进行确认，并可要求给付的诉讼请求，因而给付之诉可以吸收消极确认之诉。❹ 那么，依照禁止重复起诉旨趣的标准，前后诉均存在着对该实体法律关系存在与否的判断，为避免不必要的诉讼拖累及防免前后两诉的判决发生矛盾起见，解释上应认为前后诉构成重复起诉，从而后诉的债权人不能另行提起给付诉讼。

---

❶ 案件字号：（2019）皖10民终860号，审理法院，安徽省黄山市中级人民法院。

❷ 熊洋、邢路阳：“消极确认之诉论要”，载《河南理工大学学报》（社会科学版），2005年第1期。

❸ 【日】谷口安平：《程序的正义与诉讼》，王亚新、刘荣军译，中国政法大学出版社2002年版，第210页。

❹ 赵蕾：“确认不侵权之诉的理论探讨及程序细化——以民事诉讼为视角的分析”，载《法治研究》，2011年第1期。

不过，对此重复起诉情形的处理，为节省司法资源，理论上认为并不能将后诉直接裁定驳回，而只能允许其以反诉的形式来提起给付诉讼。如果债权人以反诉的形式提起给付诉讼，那么债务不存在确认诉讼的确认利益因此而发生灭失。若债权人不利用债务人之本诉程序提起反诉，而另行提起给付诉讼者，则应驳回后行之起诉。[1] 其二，如果前诉的消极确认之诉在判决确定后，我们认为，是否允许债权人另行提起同一法律关系的给付之诉并不能一概而论，得视债权人是否具有提起给付之诉的利益而决定。具体而言，若前诉判决确定当事人之间不存在同一债权或同一法律关系，那么，作为后诉给付请求前提的债权或法律关系就不存在，从而债权人在后诉中就没有提起给付之诉的利益，进而债权人不得另行提起后诉的给付之诉。若前诉判决确认当事人间存在同一法律关系或同一债权，那么，债权人具有提起给付之诉的利益。因为后诉的给付之诉的判决不仅隐含着对当事人间争议的实体法律关系存在与否的判断，而且对判决的内容具有给付和执行的效力，如果不允许债权人提起有给付的内容的后诉，则当事人的实体权利并不能得到周延的保护。但是，这样一来，将会造成前后诉法院对同一法律关系或同一债权存在与否问题的重复审理，从而造成诉讼的不经济及可能发生矛盾判决的危险。由此，为避免前后诉中对确认之诉的内容的重复审理，应强化法官的释明作用，即在消极确认之诉的诉讼系属之时，法官应向被告释明是否提起具有给付内容的反诉，以使纠纷能一次性得到根本解决。况且，原告提起消极确认之诉需具备较高的诉的利益，质言之，一般而言，原告提起消极确认之诉并非适切的解决纷争的方法。对此种重复起诉情形的理解可具体参考下则案例。

案例四十：原审原告A公司诉称，A公司与第×××号商标权人达成商标使用许可证合同，约定A公司被许可使用该商标。后A公司发现原审被告B公司侵害该商标使用权，故诉至法院，请求B公司停止侵权、消除影响、赔偿损失。原审法院审理查明，B公司曾以第×××号注册商标专用权人为被告向法院提起确认不侵犯注册商标专用权的诉讼，该案法院判决确认B公司不构成对第×××号注册商标的侵犯。原审法院审理认为，前诉为B公司诉第×××号商标权人，请求法院确认不侵犯注册商标专用权。而本案为A公司诉B公司侵犯其商标使用权，提起赔偿经济损失、停止侵权、消除影响的给付之诉。确认之诉与给付之诉分别对应于实体法上的支配权和请求权，诉讼标的的性

---

[1] 参见【日】高桥宏志：《民事诉讼法——制度与理论的深层次分析》，林剑锋译，法律出版社2003年版，第112页；陈荣宗、林庆苗：《民事诉讼法》（中册），三民书局股份有限公司2011年版，第381页；陈杭平："诉讼标的理论新范式"，载《法学研究》，2016年第4期。

质和内容决定了当事人请求保护的具体形式，故前后诉的诉讼标的不同，因而前后诉不属于重复诉讼。A公司提起上诉。二审法院审理认为，前诉案件双方当事人为B公司与第×××号商标权人，本案双方当事人为A公司与B公司。虽然第×××号商标权人与A公司是两个主体，但A公司通过第×××号商标权人授权的方式产生了诉讼担当，实际是第×××号商标权人的任意诉讼担当人，与第×××号商标权人具有当事人的"同一性"，故前后两诉的当事人在实质上相同，均须承受判决既判力约束。❶

在该案中，前诉为确认不侵犯注册商标专用权的消极确认之诉，后诉为请求赔偿因侵犯商标专用权而造成损失的给付之诉。原审法院认为请求的权利保护形式是诉讼标的的构成元素，前后诉的权利保护形式不同，故前后诉的诉讼标的不同，从而前后诉不构成重复起诉。而二审法院撇开诉的要素标准，而以禁止重复起诉旨趣的标准来判定前后诉是否为重复起诉，并认为前诉为确认之诉，后诉为给付之诉，前诉给付判决的内容包含后诉确认判决的内容。由于前诉判决肯定了消极确认之诉的诉讼请求，那么后诉的给付请求便失去了依据，即后诉原告便不具有提起给付之诉的利益，那么当事人提起的后诉违反了后诉的诉讼请求实质否定前诉的裁判结果的要件，进而构成重复起诉。比较上述一审、二审法院的判决，我们认为二审法院的判决更符合权利保护形式的本质特征和禁止重复起诉旨趣的要求。不过，此种情形的前后诉存在着对"是否构成侵犯商标专用权"的内容的重复审理，从而有可能发生实质性矛盾判决的危险。由此，为避免对同一法律关系或同一债权的重复审理，实现纠纷的一次性根本解决，我们认为应强化法官在前诉消极确认之诉中的释明义务，即如果债权人在前诉中对债务人提起的消极确认请求有异议，法官应向债权人释明是否提起给付之诉来否定债务人提起的请求。如果债权人在前诉中提起给付之诉来否定债务人提起的请求，则前诉的消极确认之诉将缺乏诉的利益。

4. 部分请求与禁止重复起诉

对于部分请求是否构成重复起诉的问题，理论上尚存争议，根据《民诉法解释》第247条所规定的诉的要素的判定重复起诉标准，则前后两诉的当事人相同，诉讼标的也基于同一实体法律关系，且诉讼请求均为同一权益主张，因而，前诉的部分请求诉讼与后诉的余额请求诉讼构成重复起诉，从而应当禁止当事人提起余额请求的后诉。不过，原告有对余额请求再行提起后

❶ 案件字号：(2015）新民三终字第16号，审理法院，新疆维吾尔自治区高级人民法院。

诉的正当理由时，应当允许其对余额请求再行提起后诉。这种观点似乎得到了司法实务者的承认，即从保障原告实体权益的角度出发，在原告有正当理由时允许其就余额请求再行提起后诉。[1] 而且，实践证明，一些案件中当事人主张部分请求权确有其正当性，从而允许其就余额请求提起后诉，也并没有引发被告的讼累或重复裁判问题。[2] 需要注意的是，倘若法官在部分请求的前诉讼中已向原告充分地释明，以使其将余额请求通过扩张诉讼请求的方式合并于已系属的部分请求的诉讼程序内一并主张，原告应将整体债权一并作为诉求债权予以主张，否则原告不得就余额债权另行提起后诉。因为，通过法官的释明，原告在前诉程序中已获得了就余额请求提起主张的程序保障，如果允许其再行提起后诉则应依照权利滥用之法理予以禁止。对此种重复起诉情形的理解可具体参见下则案例。

案例四十一：原审原告张×与原审被告章×离婚后发生财产纠纷，张×请求章×返还转移的5笔款项的财产。原审法院审理查明，张×曾以离婚后财产纠纷起诉章×，要求章×返还转移的财产。在前诉中，法院为使张×明确诉讼请求，向银行调取了被告银行账户相关交易记录的详细清单，其中包括本案所涉的5笔交易记录，前诉法官向张×释明是否主张本案所涉的5笔款项的财产，原告未响应法官的释明。现原告就该5笔款项的财产再行起诉，原审法院审理认为，前后两诉案由均为离婚后财产纠纷，且请求权基础相同，原告分次主张、诉讼，缺乏依据，故原告的起诉违反了一事不再理的原则。张×提起上诉。二审法院审理认为，在前诉的审理过程中，法院为查明案件事实调取了被告银行账户的交易明细，其中包括本案所涉5笔款项，且本案的5笔款项在交易明细中属大笔数额的范围，但张×在前诉法官对诉讼请求释明的情形下，最终并未对本案所涉5笔款项主张权利，因而张×分次诉讼依据不足，二审法院维持原判。[3]

在该案中，后诉的余额请求理应可以在前诉程序中一并获得解决，但因原告的恣意而不得不分成几次来加以解决，这不仅对被告而言是不公平的，且从法院的立场来看，如果要对余额请求之部分权利作出判断，也必须对该整体债权之成立及存续再做全面的审理及判决。这样一来，法院对本可一次性解决的纠纷耗费双倍的时间、精力进行审理和裁判，显然此纠纷之解决缺乏实效性。更重要的是，该案法院为使纠纷获得一次性根本解决，提高诉讼

---

[1] 参见案件字号：（2008）淄民四终字第776号，审理法院，山东省淄博市中级人民法院。

[2] 吴英姿："诉讼标的理论'内卷化'批判"，载《中国法学》，2011年第2期。

[3] 案件字号：（2016）浙07民终2524号，审理法院，金华市中级人民法院。

审理的效率，已在部分请求的前诉程序中就余额部分向原告释明，并促使原告就全部债权提出主张，而原告未响应法院的释明，仍就整体债权的一部分提起请求，故原告已获得了对余额部分提出主张的程序保障，从而，法院禁止原告再就余额请求提起后诉。

5. 抵销抗辩与禁止重复起诉

抵销抗辩是指被告主张以其对原告享有的、与本诉的请求及原因毫无关系的债权（主动债权），在对等数额内消灭原告本诉请求的债权（被动债权）的抗辩。[1] 我国民事实体法上对当事人为抵销有宽泛的规定，如《合同法》中的第 99 条、第 100 条分别关于“法定抵销”与“合意抵销”的规定。[2] 但学理上认为，从当事人在诉讼中为攻击防御需相互关联的层面出发，被告抵销时不能依与本诉请求基础完全无关的纠纷事实或法律关系来主张抵销，除非与原告达成合意。[3]

在理论上，抵销抗辩属于判决理由中的事实认定或法律判断，作为对诉讼请求判断前提的事实只在本诉讼中有效，而产生拘束后诉效力的既判力的范围原则上只产生于判决主文中所表示的判断。如此一来，不论前诉程序对被告主张的抵销债权作出肯定或否定的判断，均无法阻止被告再就该抵销债权另行提起后诉，但（前诉）原告的被动债权为诉讼标的，其因抵销而在前诉中消灭，若原告在后诉中又受败诉判决而必须对其前诉被告为给付，如此将会造成被告就同一笔债权为双重行使的危险。而且，如果被告主张的抵销债权不产生拘束力的话，被告就抵销债权重新诉求，则法院不得不就相同问题重复审理，对方当事人也迫于进行反复应诉，从而造成当事人应诉的负担，法院司法资源的浪费及可能发生矛盾判决的危险。因而，为避免当事人对抵销债权的重复使用，民事诉讼上例外地认为，即便抵销抗辩是判决理由中的判断，如果法院就被告提出抵销抗辩作出实体上的判断，那么，在消灭原告请求债权所必需的金额内对抵销债权产生既判力。[4] 从而，排除被告在判决确

---

[1] 常怡：《民事诉讼法学研究》，法律出版社 2010 年版，第 198-199 页。

[2] 《合同法》第 99 条规定，当事人互负到期债务，该债务的标的物种类、品质相同的，任何一方可以将自己的债务与对方的债务抵销，但依照法律规定或者按照合同性质不得抵销的除外。当事人主张抵销的，应当通知对方。通知自到达对方时生效。抵销不得附条件或者附期限。《合同法》第 100 条规定，当事人互负债务，标的物种类、品质不相同的，经双方协商一致，也可以抵销。

[3] 王亚新：“诉讼程序中的实体形成”，载《当代法学》，2014 年第 6 期。

[4] 参见【日】高桥宏志：《民事诉讼法——制度与理论的深层次分析》，林剑锋译，法律出版社 2003 年版，第 119 页；【德】汉斯-约阿希姆·穆泽拉克：《德国民事诉讼法基础教程》，周翠译，中国政法大学出版社 2005 年版，第 192 页；杨建华：《民事诉讼法要论》，郑杰夫增订，北京大学出版社 2013 年版，第 326 页。

定后另外以抵销债权起诉的可能性，借此杜绝对原告的不公平与诉讼程序的不经济。[1] 由此，如果前诉已对被告主张的抵销债权进行了实体上的判断，那么被告不得再就该债权另行提起后诉，否则就违反既判力制度的要求。关于抵销抗辩的既判力，在此应注意以下问题：其一，抵销抗辩能发生既判力的范围仅限于主张抵销的额度，且已获得法院实体上的判断。若被告主张的债权（反对债权）未受实体判断，即法院未就其债权是否存在为判断，则不产生既判力。其二，抵销抗辩的审理顺序，只有在原告的诉求债权被确定为存在后，法院才能进入抵销抗辩的审理，且原则上宜置于其他抗辩（原告债权不成立、无效、已清偿）之后审理，但若被告明示将之置于先顺位审理的，基于尊重当事人程序处分权，也可认为有例外。[2]

现在的问题是，如果被告在原告主张的诉求债权中提起抵销抗辩，在前诉尚在诉讼系属中，前诉被告又以前诉原告为被告就该抵销债权另诉主张，或者原告在前诉中就抵销债权作为诉求债权提起，在前诉的诉讼系属中，原告又在前诉被告主张的他诉中就抵销债权提出抵销抗辩，那么，上述情形的前后诉是否违反禁止重复起诉的要求呢？此即被告主张的抵销债权是否产生诉讼系属抗辩效力的问题，也为大陆法系民事诉讼上通常意义的禁止重复起诉问题。学界对此问题的认识存有正反不同的见解，一种见解认为，因被告针对诉之债权所引证的抵销债权不是诉讼标的，即抵销的抗辩并非反诉，仅为攻击防御方法。何况法院在判决时未必就抵销的债权的成立与否作出裁判，若将其类推适用禁止重复起诉规则，则实际上有害于被告的自由防御。故抵销债权不发生诉讼系属的效力，从而就抵销债权重复起诉也无重复起诉的问题。[3] 反对的见解认为，若就裁判矛盾及诉讼不经济现象而言，此种情形也应构成对禁止重复起诉规则的违反。[4] 具体言之，既然抵销债权已在前诉中被提起，那么，就其再在另一诉讼程序内提起，将造成法院对此重复审理，从而违反诉讼经济的原则，也有可能在判决结果上产生相互抵触的判决。关于抵销抗辩，司法实践中具体存在着诉讼先行型、抗辩先行型两种抵销抗辩类型。

首先，关于诉讼先行型的抵销抗辩，具体是指在前诉中的诉求的债权是否可以在其他诉讼中被用作抵销抗辩的反对债权的问题。例如，在前诉讼，原告甲起诉请求被告乙给付10万元的借款，在该诉诉讼系属中，乙另诉请求

[1] 陈荣宗、林庆苗：《民事诉讼法》（中册），三民书局股份有限公司2011年版，第649页。
[2] 刘明生：《民事诉讼法实例研究》，元照出版有限公司2011年版，第180页。
[3] 刘学在："论诉讼中的抵销"（上），载《法学评论》，2003年第3期。
[4] 姜世明：《民事诉讼法基础论》，元照出版有限公司2011年版，第180-181页。

甲返还10万元的货款，此时，甲在后诉中主张以前诉请求的10万元借款抵销乙主张的10万元货款。在此情形，甲在前诉中诉求的10万元借款与在后诉中就该10万元借款主张抵销是否构成重复起诉？对是否允许就前诉的诉求债权在后诉中主张抵销，学理上的学说见解有争执。有学说认为不得类推适用重复起诉禁止的规定，因为所谓的“抵销”只不过是一种抗辩方法而已，且基于审理判断顺序上的强制性，法院对抵销抗辩的审理判断往往会延后进行，由此，对“该被主张抵销的债权在其他诉讼中是否一定被审理判断”的问题，法院是无法知晓的，因此引发的“重复审理及既判力抵触”的风险是不确定的。也有学说认为这种情形违反了禁止重复起诉规则，故而应当予以否定。因为作为同一个债权，在前诉中作为诉讼标的，从而前诉必须对其作出判断，而其又在后诉中作为抵销的反对债权来予以使用，故而存在着该债权被法院重复审理的危险，因此从中也潜藏着“后诉对抵销债权的认定有可能与前诉的判决既判力发生冲突或矛盾”的危险，因而应类推适用重复起诉禁止的规定，不许将前诉的诉求债权在后诉中主张抵销。❶ 还有学者认为，在此种情形下，为使前后诉裁判不发生矛盾判决，本案诉讼的抵销抗辩应当中止诉讼程序，等前诉抵销债权诉讼的判决确定后，再继续进行本案诉讼。❷ 对此种情形的重复起诉，具体可参见下则案例。

案例四十二：原告A航运保险公司诉称，A航运保险公司承保的C公司从巴西进口的大豆由被告B散货船（韩国）有限公司承运，被告B散货船（韩国）有限公司承运中在新加坡与另一艘船舶发生碰撞，造成A航运保险公司所承保的大豆损失，故诉至法院，请求B散货船（韩国）有限公司赔偿原告经济损失408.900999万元及295.460659万美元及利息。在该案审理中，被告B散货船（韩国）有限公司向法院提交证据要求行使抵销权，主张应由货方承担的，但未被列入共同海损的货物仓储费用和驳船、拖轮、处理费用共计207.282989美元以抵销A航运保险公司的诉求债权。法院审理查明，被告拟抵销的是在新加坡支付给救助人的储存、处理费用中未被列入共同海损的数额。该数额与本院在2016年4月20日所立的B散货船（韩国）有限公司（本案被告）诉被告C公司、A航运保险公司海上货物运输合同纠纷一案的诉讼请求的数额和证据是一致的，均是207.282989美元。本院最后审理认为，

❶ 【日】高桥宏志：《民事诉讼法——制度与理论的深层次分析》，林剑锋译，法律出版社2003年版，第119-120页。

❷ 李龙：“论民事判决的既判力”，载《法律科学》，1994年第4期。

被告的抵销要求属于重复诉讼。❶

在该案中，B 散货船（韩国）有限公司在后诉中拟抵销的债权与其在前诉中主张的诉求债权系同一债权，因为该债权在前诉中作为诉讼标的已被立案受理，那么，前诉法院必须对该债权进行审理，且对该债权作出的判断将产生判决既判力。这样一来，如果 B 散货船（韩国）有限公司在后诉中再以前诉的诉求债权作为抵销债权，将造成法院对该债权重复审理，也可能发生相互抵触的裁判。从而，法院认为前后诉属于重复诉讼，进而不允许就已提起的诉求债权再在另诉中主张抵销抗辩。

其次，关于抗辩先行型的抵销抗辩，其具体是指对于前诉中用于抵销抗辩的债权，可否以此作为诉求债权再行提起后诉？比如，在前诉讼，原告甲请求被告乙给付 10 万元借款，乙在诉讼中主张其对甲有 10 万元的货款债权，并以此对原告的诉求债权为抵销。在前诉诉讼系属中，乙又以甲为被告提起后诉，请求甲返还同一笔 10 万元的货款。在此情形下，是否允许乙提起 10 万元货款的后诉呢？对于此问题，学说上存在分歧，有观点认为，从概念上讲，抵销抗辩是一种防御方法，而非诉讼标的，因而应当允许前诉被告就已主张抵销的债权另行提起诉求。❷ 但反对说认为，此种情形违反了禁止重复起诉旨趣的要求，出于“可能导致审理重复与既判力抵触”的考虑，认为前诉讼中已经就该债权以抵销加以主张，那么，前诉被告不得再以该抵销债权为诉求债权提起后诉，并认为其只要在前诉中就抵销债权提起反诉的给付请求即可，而没有必要再行提起后诉。❸ 还有学者认为，当抵销债权在前诉中主张抵销时，虽然允许抵销债权人以该抵销债权另行起诉，但为防止矛盾判决和谋求诉讼经济，后诉法院应以抵销债权无驳回必要而驳回其诉讼请求。❹ 也有学者认为，此种情形下，应当允许当事人另行起诉，不过，应视两诉情况或将两诉合并审理，或者中止后诉审理，待前诉判决后继续进行审理。❺ 两诉司法实践上有判决认为抵销为防御方法，法官在诉讼程序中一般不对抵销抗辩进行裁判，因而当事人可就抵销债权另行起诉。我们认为，抵销债权在前诉中为攻击防御方法，若前诉法院对该抵销债权审理判断，则不应当允许抵销

❶ 案件字号：(2013) 海商初字第 129 号，审理法院，北海海事法院。

❷ 张卫平：“重复诉讼规制研究：兼论‘一事不再理’”，载《中国法学》，2015 年第 2 期。

❸ 【日】高桥宏志：《民事诉讼法——制度与理论的深层次分析》，林剑锋译，法律出版社 2003 年版，第 126-127 页；陈荣宗、林庆苗：《民事诉讼法》（中册），三民书局股份有限公司 2011 年版，第 383 页。

❹ 江伟、肖建国：“论既判力的客观范围”，载《法学研究》，1996 年第 4 期。

❺ 吴明童：“既判力的界限研究”，载《中国法学》，2001 年第 6 期。

债权另行起诉；若前诉法院没有对抵销债权进行审理判断，则应当允许抵销债权人就该抵销债权另行起诉。

案例四十三：原审原告A公司诉称，其与原审被告B公司签订关于800吨棉籽的《农副产品购销合同》，A公司已向B公司供货533吨，而B公司未付货款。故诉至法院，请求B公司与第三人汪××向其支付棉籽款、利息损失78.7837万元。原审法院审理查明，A公司与B公司曾签订关于100吨棉籽、关于200吨棉籽的《农副产品购销合同》各1份，总价款为72.3万元。B公司于签订合同当日向A公司支付了全部货款，但A公司却未按约定给供应棉籽300吨。为此，B公司向法院提起诉讼，在该案庭审中，A公司向法院提出以已向B公司供货的533吨棉籽的货款抵销B公司诉求的72.3万元货款。该案法院判决认为A公司在未收到分文货款的情况下向B公司供货533吨的棉籽与常理不符，故对此均不予采信。原审法院审理认为，A公司在本诉中主张的已供货533吨的棉籽不能成立，故对其诉讼请求不予支持。A公司提起上诉。二审法院审理认为，在前诉中，B公司要求A公司退还预付的300吨棉籽款72.3万元的诉讼请求，虽然A公司就该诉求债权提出以已给B公司供应价值74.62万元的533吨棉籽抵销抗辩，但A公司并未在该案中提起反诉，且该抗辩理由和事实也未在该案中得到认定、并吞并B公司要求上诉人返还预付300吨棉籽款72.3万元的诉讼请求，故A公司以该事实和理由另行起诉B公司并不违反禁止重复起诉规则的要求。[1]

在该案中，二审法院明确指出A公司在前诉中提出的以533吨棉籽货款抵销B公司诉求的预付款的行为是抗辩理由，而并非就此作为诉讼标的提起反诉，因而A公司要求B公司返还533吨棉籽货款的诉权并未行使，而且，法院在前诉中并未对原告主张的抵销抗辩审理，因而，A公司可以在后诉中再以返还533吨棉籽货款为诉求提起后诉，其与前诉中就该债权主张的抵销抗辩不构成重复起诉。

三、判定重复起诉标准适用存在的不足

《民诉法司法解释》第247条关于禁止重复起诉的规定为解决民事司法实践上的重复起诉问题提供了规范指引，也为理解和把握民事诉讼禁止重复起诉问题提供了大体的逻辑脉络。不过，该条文对禁止重复起诉的效力范围、识别重复起诉的要件及标准、规制重复起诉的措施的规定尚存不足，这具体

---

[1] 案件字号：（2015）塔民二终字第9号，审理法院，伊犁哈萨克自治州塔城地区中级人民法院。

表现为，该条将诉讼系属抗辩效力与既判力消极作用的双重意义上的重复起诉放在同一层面把握，而这种双重意义的禁止重复起诉在法理依据、制度旨趣及规制措施等方面均存在差异，因而会造成司法适用上的困境。改判定标准仅对后诉与前诉的当事人相同、诉讼标的相同及诉讼请求相同的判定要件作出原则上的规定，而这些要件涉及深奥且复杂的民事诉讼基础理论，尤其是诉讼标的相同的要件，理论上对其还存在认识上的分歧，从而不能为法官在司法实践中对其适用提供很好的理论指导，这也在一定程度上增加了对重复起诉判定的困难。在判定重复起诉的标准方面，司法实践上的禁止重复起诉的根据并非仅仅产生于前后诉的要素在内容上完全相同的情形，从而单单以诉的要素为标准识别前后诉是否为重复起诉，并不能对实践中的重复起诉问题形成有效的规制。在规制重复起诉的措施方面，对违反禁止重复起诉旨趣的前后两诉，不能直接将后诉以不适法为由驳回，法官应促使当事人就后诉请求合并于前诉程序中一并解决。上述有关禁止重复起诉规则存在的问题亟须解决，否则将阻碍其在我国民事司法实践中规范与顺畅地适用。

（一）将“禁止重复起诉”误识为“一事不再理”

按照《民诉法司法解释》第247条的规定，当事人就已经提起诉讼的事项在诉讼过程中或者裁判生效后再次起诉，构成重复起诉，那么，现行民事司法解释上的禁止重复起诉具有双重含义，即包括诉讼系属抗辩效力和既判力的消极作用的两种意义的禁止重复起诉。根据最高人民法院大法官对该条文主旨的理解说明，本条是在借鉴理论研究成果和总结审判实践经验的基础上，作出的关于民事诉讼中“一事不再理”原则及判断标准的规定。一事不再理原则起源于罗马法的规定，在罗马法上，一事不再理的理论依据为诉权消耗理论，即原告的起诉一旦诉讼系属，针对该案件的诉权即行消灭，再诉通常因不合法而不被采纳。一事不再理在罗马法上包括两个方面的内容，一是同一事件的前诉在诉讼系属中，禁止相同当事人再行提起后诉争执；二是同一事件的前诉在判决确定后，阻止相同当事人再次提起后诉争执。由此，现行民事司法解释将“禁止重复起诉”与罗马法上的“一事不再理”理解为相互等值的概念，显然，依罗马法上的“一事不再理”界定现代民事诉讼上的“禁止重复起诉”内涵已不合时宜。

事实上，罗马法上的“一事不再理”的内涵随着民事诉讼理论的发展已发生演变，现代大陆法系民事诉讼上通常理解的一事不再理与既判力的消极作用是相互等值的概念，即在前诉判决确定后，禁止当事人再就同一事项另行提起后诉。而且，一事不再理原则在司法适用上是有缺陷的，比如，在法律效果上，一事不再理原则仅强调判决既判力对诉讼当事人的拘束力，而忽略了对法官的约束效力。由此产生的负面效应是，在司法实践中，有的法院在作出终局判决后，擅自改动判决，恐怕与片面强调“一事不再理”原则有关。❶ 因此，现代民事诉讼上遂主张在概念使用上应以既判力代替一事不再理。而对“禁止当事人在前诉尚在诉讼系属中，再行提起后诉”的情形则称为禁止重复起诉，即现代大陆法系民事诉讼上所言的禁止重复起诉专门是指诉讼系属抗辩效力。我国多数学者普遍理解的禁止重复起诉也是指同一事件的前诉在诉讼系属中，禁止当事人就此再行起诉。由此，“禁止重复起诉”与“一事不再理”的概念在内涵上是不同的，而《民诉法司法解释》第247条将“禁止重复起诉”误识为“一事不再理”的概念，将会导致我国民事司法解释上的禁止重复起诉规则的价值错位和功能异化，进而对重复起诉的识别和规制也会有所出入。

在制度的具体适用上，尽管禁止重复起诉与既判力的消极作用都有禁止当事人对同一事件再度提出争议的强制性效力，但二者在制度旨趣方面存有差别，若将它们强行性地糅合在一起规定，将会在司法适用上产生相互分离的现象。具体而言，禁止重复起诉发生于同一事件有两个诉讼相继发生诉讼系属，且前诉在后诉最后一次事实审理之时仍然悬而未决。其立法意旨皆在排斥同一事件在不同的诉讼程序中被同时展开审理，以避免增加被告应诉之烦，法院重复审理的不经济，及预防就同一事件产生相互矛盾的判决。对违反禁止重复起诉旨趣情形的重复起诉，即前后诉有共通的争点或相同的请求基础事实，则应通过诉之变更、追加或提起反诉的方式将后诉的请求合并于前诉程序内一并解决，皆在实现纠纷集中审理及贯彻纠纷一次统一解决的诉讼理念，从而达成诉讼经济的目标。而既判力消极作用是以同一事件有确定判决为适用前提，其背后蕴含的价值判断是，不论判决的客观对错，均为当事人间过去的纷争画下句号，并使其以此裁判为新的起点，各自安排以后的法律生活。其立法意旨皆在使确定判决所判断的内容发生一种终局性的判断，以维持法的安定，排除对判决确定后的同一纷争再行诉争，从而实现民事诉讼解决纷争的制度功能。❷ 况且，对于前诉判决确定后的重复起诉问题，在学理上已纳入了既判力的调整范围，因而再将判决确定后的重复起诉问题纳入禁止重复起诉制度的调整范畴就实属没有必要了。再者，在制度理论上，既

❶ 叶自强：“论判决的既判力”，载《法学研究》，1997年第2期。

❷ 邱联恭：《口述民事诉讼法讲义》（三），许士宦整理，2012年笔记版，第271页。

判力的制度功能突出，且理论复杂深奥，显然不能包含于禁止重复起诉的理论之中。此外，尽管诉讼系属中和判决确定后的重复起诉判定，都与前后两诉诉讼标的相同要件相关，但诉讼系属抗辩效力发生在起诉阶段，而既判力消极作用产生于判决确定后，若根据采诉讼标的相对论学者的认识，诉讼标的要素在这两个程序阶段中涉及不同的考虑，且彼此间所涉问题的本质不相同，从而识别重复起诉的诉讼标的要件无法在两种意义的禁止重复起诉规则中得到统一使用。具体言之，禁止重复起诉旨趣除防止发生矛盾裁判外，还有扩大诉讼制度解决纷争的功能，追求纷争在一次诉讼中根本解决的理想。而既判力消极作用皆在维护当事人之间的法律和平，使每一个纠纷都必须有一个尽头。退一步讲，即便不采纳诉讼标的相对论的观点，法官在具体个案的审理中基于裁判的灵活性考量，也应赋予法官在对前后两诉的诉讼标的相同要件识别上的自由裁量权，以达致对个案裁判的实质公平正义。

由此，禁止重复起诉与既判力的消极作用在民事诉讼上是两个相互独立的制度，禁止重复起诉是指禁止当事人在前诉诉讼系属中再就同一事件重复起诉，而既判力的消极作用是指禁止当事人在前诉判决确定后再就同一事件重复起诉。那么，基于制度理论的严谨性与制度体系化的要求，民事诉讼立法上应将禁止重复起诉与既判力的消极作用分开规定。而遗憾的是，《民诉法司法解释》第 247 条将判决既判力的消极作用“掺杂”于禁止重复起诉规则之中，致使禁止重复起诉规则与既判力的消极作用在司法实践上被混同适用，长此以往，我国民事诉讼上关于禁止重复起诉的问题不是越来越清楚了，而是更模糊了。

（二）对识别诉讼标的基准的把握不一

在民事诉讼法上，对于何为诉讼标的却未作出法律上之定义，与诉讼标的此一概念、用语有关系的概念有很多，如诉讼上请求、诉讼标的之权利或义务、诉讼标的之法律关系。关于诉讼标的的论争，理论上主要存有旧实体法说和诉讼法说之诉讼标的理论的争议，这在司法实践上与之相应的是，有法官适用旧实体法说来判定前后诉的诉讼标的之同一性，有法官以诉讼法说来把握前后诉的诉讼标的是否具有同一性，如前述案例二、案例三和案例四。而事实上，诉讼标的之旧实体法说与诉讼法说所持立场不同，且它们在司法适用上各有优劣。因之，在对重复起诉的判断上，法官因采诉讼标的理论的不同会造成对前后两诉的诉讼标的同一性的判定不一，这使得禁止重复起诉规则在司法实践上无法统一适用。

旧实体法诉讼标的理论主张以实体法上的请求权作为界定诉讼标的的基准，符合民事诉讼法系为确认当事人间权利义务关系的目的论。而且，将诉讼标的与实体法上请求权相联结，当事人在诉讼中的攻防对象特定，符合法律安定性的要求，也不会对当事人带来突袭的问题，因而，旧实体法说对当事人程序权利的保障较为充分。但旧诉讼标的理论所面对的最大批评在于，在请求权竞合的情形，相互竞合的实体法请求权为相互独立的诉讼标的，从而容忍原告就本质上的同一纷争重复起诉。比如，基于同一损害事实，原告对被告先后向法院提起侵权之诉和违约之诉来主张损害赔偿，如此一来，迫使被告必须再度承受应诉的负担与败诉的风险，这对被告难言公平；迫使法院必须再一次支出成本进行案件审理，最后也有发生矛盾裁判的风险。由此，旧诉讼标的理论对于被告的程序利益及法院的审理负担未能充分兼顾，纷争也无法实现一次性解决。由此，若以旧诉讼标的理论作为判定前后两诉的诉讼标的是否具有同一性的标准，那么，实践中将存在着大量表面上看似不属于重复起诉，而实质上会构成对禁止重复起诉旨趣违反的后诉进入事实审理程序中。此外，诉讼标的之旧实体法说也无法对确认之诉与形成之诉以实体法律关系作为界定诉讼标的之基准作出合理的解释。

与之相对，诉讼标的之诉讼法说主张以受给付之法的地位为诉讼标的，而实体法请求权仅系诉的理由，从而原告不得就本质上的同一纷争，再以其他实体法上请求权为基础另行提起别诉，进而能实现纷争一次性解决的理想。而新诉讼标的理论所面临的最大挑战在于，在请求权竞合的情形，各竞合的实体法权利仅系法律观点，为法律上攻击防御方法，故在原告败诉确定后，该等法律观点均被遮断，不得据以再诉请求。这无异于要求原告必须在一次诉讼中提出全部相关的请求权基础，否则将产生遮断效（不得再另诉主张）。而在我国并未采取律师强制代理制度的现实下，且法官未能无遗漏地进行诉讼指挥，这就形同原告被逼放弃请求权利（实体利益）或就该权利放弃提起诉讼。而且，以请求给付之受给权或法律地位为诉讼标的，非以个别实体法上权利为准界定诉讼标的，在审理中，两造对攻防对象未必能适当理解，而在判定既判力的客观范围时，也会发生判断困难，从而易使当事人遭受突袭裁判的危险。此外，在原告就×事实权利的证明尚未能收集到充分的证据，而暂不想将之作为诉讼标的时，新诉讼标的理论勉强使其在此程序一并解决，将可能使原告无端遭受败诉判决。因而，采用新诉讼标的理论，这种要求过于严厉，并很容易造成对当事人程序保障不周延的弊端。[1]

由上所述，现行民事诉讼立法上并无对诉讼标的的识别基准作出明确规定，关于识别诉讼标的之基准，旧实体法说与诉讼法说之诉讼标的在民事司法实践中都有不同程度的适用。大体而言，以诉讼标的之旧实体法说作为识别诉讼标的之基准，具有能使当事人攻击防御目标集中、法院审理范围明确及防止诉讼突袭等优点，但在请求权竞合领域无法使本质上同一纠纷一并审理、裁判，造成法院的诉讼负担，也有发生矛盾判决的危险。以诉讼标的之诉讼法说作为识别诉讼标的之基准，能使竞合的实体法请求权合并于同一程序内一并审理、裁判，因而，新诉讼标的理论有助于实现纠纷一次性解决的理想，但其疏于顾虑原告的意思决定而忽略对原告实体利益的保护。这样一来，法官对识别诉讼标的基准的理解和把握并不统一，从而因采行不同的识别诉讼标的基准而对后诉与前诉的诉讼标的相同的判定会有不同的结论。由此，因采识别诉讼标的基准的不同，法官会在个案的适用上造成对诉讼标的同一性的判定不一，最终也有违司法公正的目标。

（三）以诉的要素为判定重复起诉标准的局限

《民诉法解释》第 247 条原则上确立了以诉的要素为标准判定重复起诉，[2]这可对传统民事诉讼实践上的重复起诉问题进行有效规制，而且，依照诉的要素标准识别重复起诉，也不会在个案的适用上带来显著不同。然而，现代民事诉讼纠纷变得日益复杂，且各种民事纠纷的集聚性、关联性愈发明显，那么，实践上的重复起诉情形也变得纷杂多样，在识别重复起诉的问题上，诉的要素标准也有无法克服的局限，这具体表现为重复起诉的情形并不拘泥于后诉与前诉的要素完全相同。比如，前述案例二、案例三、案例四，尽管前后两诉的要素不尽相同，但前后诉的主要争点共通或请求的基础事实相同，法院对该共通争点或相同请求基础事实的重复审理，将产生诉讼的无效率，也有发生矛盾判决的危险，从而也应当认为前后两诉属于重复起诉。又如，前述案例二十六，前后两诉的诉讼请求在内容上具有包含的法律关系，即前诉给付之诉的请求内容包含后诉确认之诉的请求内容，在此情形下，尽管前后两诉的要素不尽相同，但法院对具有包含关系的部分请求的重复审理，有发生矛盾判决的危险，从而应认为前后两诉构成重复起诉。再如，前述案例三十，前后两诉的诉讼请求具有先决性法律关系，即后诉法院对后诉请求的

[1] 黄国昌：《民事诉讼法教室》（Ⅰ），元照出版有限公司 2010 年版，第 78 页。

[2] 江必新：《新民诉法解释——法义精要与实务指引》，法律出版社 2015 年版，第 559 页。

审理，须以前诉法院对诉讼请求的判定为基础，在此情形下，尽管前后两诉的要素不尽相同，但法院对前后两诉的审理，有发生矛盾判决的危险，从而也应当认为前后两诉属于重复起诉。此外，在抵销抗辩的情形中，如果原告以抵销债权为诉求债权（或抵销抗辩）提起前诉讼，尔后又以该抵销债权为抵销抗辩（或诉求债权）提起后诉讼。在此情形下，如果前诉已被生效判决确定，由于民事诉讼上例外地承认抵销抗辩产生既判力，从而，原告不得在后诉中再就该抵销债权提起另诉主张，否则将构成重复起诉。如果前诉尚在诉讼系属之中，即便前诉尚未发生判决既判力，司法实践中也多认为同一债权已在前诉中作为抵销抗辩（或诉讼请求）被提起，因而前诉法院在审理中须对其作出判断，那么，如果允许其在后诉中又被作为诉讼请求（或抵销抗辩）来使用，则法院须对该债权的存否进行重复审理，因此潜藏着发生矛盾判决的危险，从而应当认定前后两诉属于重复起诉，故不允许当事人就同一债权再行提起诉讼请求（或抵销抗辩）。[1]

由上可知，尽管前后两诉的要素不尽相同，但前后两诉的主要争点共通或请求的基础事实相同，或者前后两诉的诉讼请求存在包含及先决性法律关系等情形，法官对前后两诉的重复审理，会造成诉讼不经济及发生矛盾裁判的危险，亦即会构成对禁止重复起诉旨趣的违反，进而也应认为构成重复起诉。由此，如果单纯地依照《民诉法司法解释》第 247 条规定的诉的要素标准识别重复起诉，就会使很多表面上看似不构成重复起诉而在实质上违反禁止重复起诉旨趣的后诉进入诉讼程序，进而不能形成对实践上的重复起诉问题的有效规制。在此意义上，禁止重复起诉的效力范围已突破诉的要素的判定重复起诉标准而被扩大适用。具体言之，在判定前后两诉是否为重复起诉时，法官不仅要以诉的要素为标准判定前后诉是否具有同一性，也要从前后两诉是否违反禁止重复起诉的旨趣来把握前后诉的同一性。这样一来，如果僵化地以《民诉法解释》第 247 条所规定的诉的要素标准来判定前后两诉是否具有同一性，将会使大量表面上看似不构成重复诉讼而实质上构成重复起诉的后诉进入诉讼程序的审理，从而无法对实践中的重复起诉问题形成有效地规制。不过，为克服诉的要素标准在判定重复起诉方面的不足，形成对实践上重复起诉问题的有效规制，司法实践中已有案例突破诉的要素的判定重复起诉标准，从而以禁止重复起诉旨趣为标准来判定前后诉是否构成重复起诉，这为未来我国民事诉讼立法对禁止重复起诉制度的完善提供了可靠的实

[1] 案件字号：（2013）海商初字第 129 号，审理法院，北海海事法院。

践素材。

（四）规制重复起诉措施的局限

如果前后两诉在内容上（诉的要素）完全相同，对此重复起诉情形的规制，依照《民诉法司法解释》第247条关于“不予受理”“驳回起诉”的规定就可得以处理。倘若前后两诉的要素不同，但构成对禁止重复起诉旨趣的违反，比如前述案例三，前后诉的请求的基础相同或主要争点共通的情形，以免违反禁止重复起诉规则而被驳回，应当禁止当事人另行提起后诉。不过，在此情形下，前后诉为独立的诉讼标的，且均具有诉的利益，从而对此种情形的重复起诉并不能直接裁定驳回后诉，而应当允许当事人以诉之追加、变更或提起反诉的方式将后诉的诉讼请求合并于前诉程序内一并解决。这样一来，如果仅依第247条规定的“不予受理”或“驳回起诉”的方式对此情形的重复起诉进行规制，将会产生适用上的不足。

对于前后两诉主要争点共通的情形，如基于买卖合同纠纷，卖主甲以买主乙为被告提起“请求支付价金诉讼”，在该诉的诉讼系属中，买主乙又以卖主甲为被告提起“请求交付标的物诉讼”。在此情形下，前后两诉的主要争点的“买卖合同效力”是共通的，（前后诉）法院对于该共通争点的审理也形成重复审理，在内容上也有可能发生矛盾判决的危险，因而，此种情形构成对禁止重复起诉旨趣的违反。但对于后诉，法院不能简单地依据《民诉法司法解释》第247条关于“不予受理”或“驳回起诉”的规定对后诉作出不予受理或驳回起诉的裁判。因为，前后两诉是独立的诉讼标的，而且后诉也具有要求法院作出判决的利益。此时，基于前后诉的“买卖合同效力”的争点共通，应允许被告在前诉程序中以反诉的方式提起后诉请求，并且，被告适用反诉的有关规则也符合纷争一次统一解决的理念。又如，前后两诉争议的实体法律关系相同，但前后诉的权利保护形式不同，如债权人原告先对债务人被告提起确认某一债权存在之诉，在前诉的诉讼系属中，债权人又对债务人提起给付同一债权的后诉。在此情形下，前后诉法院都会对争议的实体法律关系存在与否的内容进行审理，那么，如果允许债权人对同一债权另行提起给付之诉的后诉，将违反禁止重复起诉的旨趣，因而应当禁止原告提起后诉的给付之诉。但后诉又具有独立提起的诉的利益，尤其是具有给付利益时，此时法官应促使原告利用诉之变更、追加制度，将前诉的确认请求扩张为给付请求，从而使其能在同一诉讼程序中彻底解决纷争，避免另启新诉讼程序，节省法院及当事人的劳力、时间、费用。

综上所述，尽管前后两诉的要素不同，但前后诉构成对禁止重复起诉旨趣的违反，即法官对前后诉的审理，将会增加对方当事人的诉讼负担，违反法院诉讼经济的要求，也有可能发生矛盾判决的危险，从而也应当认为前后两诉构成重复起诉。不过，对于此种情形的重复起诉，并不能依据《民诉法司法解释》第 247 条的规定直接对后诉作出不予受理或驳回起诉的裁判，因为后诉也具有独立提起诉讼的诉的利益。在此情形下，为防止发生矛盾判决的危险及谋求诉讼经济的目标，当事人应通过诉之变更、追加或提起反诉的方式将后诉合并于前诉程序中一并解决，从而避免后诉因违反禁止重复起诉旨趣而被驳回。

第四章
我国民事诉讼禁止重复起诉立法的体系架构

随着现代法治体系的逐步形成和完善，民事司法积极主义正显露头角，要求扩张民事诉讼解纷功能，提高民事诉讼解纷效率的呼声颇为高涨。当事人就同一案件重复起诉，造成被告因反复应诉而支出不必要的劳力、时间及费用，法院因重复审理而浪费司法资源，也有可能发生矛盾判决的危险。禁止重复起诉规则具有及早于诉讼程序前阶段排除无益的诉讼，防止矛盾判决的发生，达成纷争一次统一解决的理想。在此意义上，民事诉讼禁止重复起诉具有扩大诉讼解纷功能，防止矛盾判决发生及实现诉讼经济的目标，契合了现代民事诉讼发展与变迁的需要。

《民诉法司法解释》第 247 条首次对我国民事诉讼禁止重复起诉规则作出规定，为民事司法实践中亟须解决的重复起诉问题提供了一种暂时的应急策略。之所以说是一种暂时的应急策略，一方面，是因为其仅从司法解释的层面对禁止重复起诉作出原则性规定，难言与其承担的价值与功能相呼应，而且有关实施禁止重复起诉的制度措施在现行民事诉讼立法上尚存缺位，从而现行有关禁止重复起诉的规定在我国民事诉讼上并未形成真正意义上的重复起诉禁止制度。另一方面，由于重复起诉禁止制度涉及深奥且丰富的民事诉讼理论，而关于这些理论的现有学说尚未形成共识，从而理论上的研究并未能给司法实践提供很好的指导，这在一定程度上加剧了禁止重复起诉制度在司法实践中的适用困难。有鉴于此，通过上述对禁止重复起诉规则的法理与实践的归纳分析，探讨我国民事诉讼禁止重复起诉的制度化路径，并完善与之相关的制度措施，借此使禁止重复起诉规则在实践中更加规范地运行。

一、我国民事诉讼禁止重复起诉的制度化路径

相对于一项诉讼制度而言，《民诉法司法解释》第 247 条关于禁止重复起诉的规定并不意味着我国民事诉讼上已确立了禁止重复起诉制度。由于民事诉讼立法上关于诉讼系属制度的缺失，有关禁止重复起诉的效力范围尚未形

成科学的设计。法官在司法实践中对识别重复起诉的要件并未形成统一的规范认识，有关识别重复起诉要件的具体化适用还需进一步解释。关于识别重复起诉的标准及规制重复起诉措施尚未形成完善与体系化的设置，这已在司法实践上产生了一系列的适用困境。由此，为对司法实践上的重复起诉问题形成有效的规制，对民事司法解释上关于禁止重复起诉规则进行制度化解析，并强化禁止重复起诉制度的价值与功能是当前亟须解决的问题。

（一）建立诉讼系属制度

《民诉法司法解释》第 247 条将诉讼系属抗辩效力与既判力消极作用的两种意义的禁止重复起诉糅合在一起规定，并非是民事诉讼禁止重复起诉制度的本意。综观大陆法系主要国家或地区民事诉讼上关于禁止重复起诉制度的立法例，我国现行民事司法解释上很难说构成了一般所言的关于禁止重复起诉制度的规定。诉讼系属抗辩效力与既判力消极作用的两种意义的禁止重复起诉在法理依据、制度旨趣及规制措施等方面均存在明显的差异，因而二者无法在司法实践中划一地适用，从而也无法将二者统合在一起规定。在对我国民事诉讼禁止重复起诉规则展开制度化解析时，应遵从学界主张以诉讼系属抗辩效力来界定禁止重复起诉的内涵，即禁止当事人就已诉讼系属的事项再次起诉。在我们看来，这一规范的缺陷主要源于我国民事诉讼立法上的诉讼系属制度和既判力制度的阙如，[1] 进而造成二者在民事司法解释和实践中被混同适用。

禁止重复起诉的效果发生于同一事件的前后两诉相继发生诉讼系属，即禁止重复起诉规则的适用是以同一事件的前诉发生诉讼系属为前提。我国现行民事诉讼立法上没有使用“诉讼系属”的概念，而类似这样的表达却在民事诉讼立法的相关规定中得到体现，如《民事诉讼法》第 127 条的“人民法院受理后”、《民诉法司法解释》第 247 条“在诉讼过程中”的表述。虽然这些表达在字面意义上与诉讼系属的概念存在共通性，但从立法规范化和体系化的角度来说，这些表述过于笼统和口语化，远不如“诉讼系属”的概念表达规范和准确。而且，这些抽象的表述并不能涵盖案件因诉讼系属而发生的一系列实体法和诉讼法效果，更不能在制度层面形成系统的诉讼系属制度。因而，我国民事诉讼立法上应明确“诉讼系属”的概念，并在制度层面建立和完善因诉讼系属而产生的法律效果体系。

---

[1] 参见刘学在：“略论民事诉讼中的诉讼系属”，载《法学评论》，2002 年第 6 期；张卫平：“既判力相对性原则：根据、例外与制度化”，载《法学研究》，2005 年第 1 期。

关于诉讼系属的具体形成时间，民事诉讼理论上存有诉状提出说、诉状送达说及诉状受理说的论争。诉状提出说是指原告在将诉状提交法院时就发生诉讼系属的效力。日本以前的多数说就主张原告在将诉状提出法院时就发生诉讼系属，现在我国台湾地区多数学者仍认为原告将诉状提交法院时发生诉讼系属。❶ 诉状送达说主张在原告将载有特定请求的诉状送达被告时发生诉讼系属的效力。德国民事诉讼系属始于原告将起诉状送达给被告时，如果原告的起诉状或者送达有问题，但这种瑕疵已通过补行消除的，则诉讼系属从补行时开始。❷ 现在日本的多数说也认为，原告的诉状送达被告时即发生诉讼系属。如果原告向法院提出诉状，但诉状无法送达给被告，法院则将原告的诉状驳回，从而不发生诉讼事件的诉讼系属效力。❸ 诉状受理说认为法院在对原告的起诉审查确认合法后才发生诉讼系属的效力。学界一般认为，虽然我国现行民事诉讼的起诉实行立案登记制，但民事诉讼立法上仍有关于“起诉和受理”的立案规定，那么，诉讼系属的具体形成时间应发生于法院对原告起诉的适法性进行审查后。在这个意义上，我国民事诉讼关于诉讼系属的具体形成时间实际上采行的是诉状受理说。而根据《民诉法司法解释》第 247 条第 2 款有关“当事人重复起诉的，裁定不予受理”的规定，我国民事诉讼禁止重复起诉的效果发生于原告将诉状提交法院之时，即后诉尚未发生诉讼系属之时，就对是否违反禁止重复起诉规则进行审查。这表明，我国民事诉讼上发生禁止重复起诉效果的时间与诉讼系属的形成时间并未形成相互对应，二者在时间上发生脱节是由于我国现行民事诉讼的起诉实行立案审查制。这也说明，尽管现行民事诉讼的起诉实行立案审查制有对司法实际情况的综合考虑，但基于民事诉讼的运行规律，我国民事诉讼立法上关于原告的起诉应摒弃立案审查制，实行实质意义上的立案登记制。比较诉状送达说与诉状提出说的优劣，我们认为我国民事诉讼上关于诉讼系属的形成时间应采诉状送达说，究其原因是因为，在诉状提出说下，诉讼系属的形成是法院根据原告的起诉而确立的，其中被告并无参与程序的机会，但诉讼系属的效果仍会对被告发生作用，那么，这无益于对被告程序利益的保障。与之相反，在诉状送达说下，诉讼系属是由双方当事人共同参与完成的，这对任何一方当事人而言都有程序参与权的保障。

---

❶ 陈荣宗、林庆苗：《民事诉讼法》（中册），三民书局股份有限公司 2011 年版，第 377 页。

❷ 【德】罗森贝克、施瓦布、戈特瓦尔德：《德国民事诉讼法》（下册），李大雪译，中国法制出版社 2007 年版，第 715 页。

❸ 陈荣宗、林庆苗：《民事诉讼法》（中册），三民书局股份有限公司 2011 年版，第 377 页。

（二）判定重复起诉要件的具体化

准确把握识别重复起诉的要件是禁止重复起诉规则在司法实践中顺畅运行的关键，根据《民诉法司法解释》第 247 条第 1 款关于识别重复起诉要件的规定，如果前后两诉的当事人相同、诉讼标的相同、诉讼请求相同或后诉的诉讼请求实质上否定前诉裁判结果，则前后诉属于重复起诉，这为法官在司法实践中判定前后诉是否具有同一性提供了大体方向。现在的问题是，现行民事司法解释上仅对这些识别重复起诉的要件作了原则性的规定，对如何把握这些要件的具体适用情形却缺乏可操作性的指导，而实践中的重复起诉问题纷杂多样。具体而言，我们应该如何理解当事人相同的具体情形？对于诉讼标的相同的判定是依据旧诉讼标的理论还是新诉讼标的理论？如何理解诉讼标的与诉讼请求要件的关系？后诉的诉讼请求实质否定前诉的裁判结果的具体情形有哪些？对于上述问题，我们只有在制度化的内在要求下作出统一的认识，才能从整体上理解和把握禁止重复起诉制度的功能及实现制度功能的方式。这样，发展和细化识别重复起诉的要件，主要就转化为对上述要件规范的具体化解释问题。

首先，当事人相同是识别前后两诉是否为重复起诉的主观要件。在理论上，民事诉讼是一种“只要达到纠纷相对性解决的程度即可”的纠纷解决手段，在这种纠纷解决构造下，当事人争议的法律关系存否，只要在该原告与被告间获得相对解决即可，故禁止重复起诉的效力原则上及于对立的当事人双方。然而，社会生活上所发生的纷争，除当事人外，往往涉及程序之外的第三人，如果贯彻纠纷在诉讼当事人间相对解决的原则，除了将产生裁判矛盾的危险外，常常导致诉讼不经济的结果。为此，为使当事人与就诉讼标的法律关系有一定利害关系之第三人之间，就该纷争得以划一地全面解决，实有将既判力之拘束力扩张至一定范围的第三人的必要性。[1] 在此意义上，《民诉法司法解释》第 247 条规定的当事人也包括受既判力扩张之第三人，换言之，前后两诉的当事人虽有不同，但因前诉的一方当事人，所受判决既判力得及于一定之人，于后诉就相同的诉讼标的，对此一定之人起诉的，也属于重复起诉。作为一般意义上的受既判力扩张之第三人的情形有，当事人的继受人、为当事人或者其继受人占有请求的标的物的人、诉讼担当人、有独立

---

[1] 杨建华：《民事诉讼法要论》，郑杰夫增订，北京大学出版社 2013 年版，第 47 页。

请求权的第三人（承担法律责任的无独立请求权第三人），❶ 此外，对有关身份关系的人事诉讼和公司关系的诉讼所作出的具有对世效力的判决，受该判决效力影响的一般第三人也受重复起诉禁止效力的约束。❷

其次，诉讼标的相同是前后诉具有同一性的客观方面的要件，那么，准确理解这里的诉讼标的的内涵对判定前后诉是否具有同一性起着决定性作用。民事诉讼法上对何者为诉讼标的也未给予法律上的定义。与诉讼标的此一概念、用语有关系的概念很多，其用语称诉讼标的、请求、诉讼标的之权利或义务、诉讼标的之法律关系或诉之标的等。在学说上，诉讼标的呈现旧诉讼标的论与新诉讼标的论的争议。就前后诉是否为重复起诉的判断而言，因采行新、旧诉讼标的理论的不同而会产生不同的论断。大体而言，如果采用新诉讼标的理论，那么，禁止重复起诉的效力范围相对较宽泛，尤其是一分肢说，仅以诉之声明作为判定诉讼标的同一性的标准；若是基于旧诉讼标的理论，则禁止重复起诉的效力范围相对较窄。❸ 由于我国现行民事诉讼立法中对诉讼标的是采旧诉讼标的论还是新诉讼标的论未作出明确规定，法官在司法实践中对诉讼标的内涵的理解并不统一，从而造成对前后诉是否为重复起诉的判断标准把握不一致，这无疑阻碍了禁止重复起诉规则在实践中的统一适用及对重复起诉问题的有效规制。

那么，在判断后诉与前诉的诉讼标的相同的问题上，我国民事诉讼应采旧诉讼标的理论还是采新诉讼标的理论呢？我们认为回答这个问题，需要结合我国民事司法实践中的实际情况及新旧诉讼标的论自身蕴含的价值与功能进行具体分析。具体言之，新诉讼标的论是以诉之声明或以诉之声明和案件事实作为确定诉讼标的的元素，而实体法上的权利为诉讼上的攻击防御方法。那么，禁止重复起诉的效力及于支持该诉之声明的所有实体法上的权利，如果原告在诉讼中未能就全部的实体权利主张或证明，则将发生失权效，即当事人不得就其另行提起诉求，这如同使当事人被迫放弃权利（实体利益）。在此意义上，新诉讼标的论有助于实现纠纷一次性解决的理想，但其疏于顾虑原告的意思决定及忽略对原告实体利益与程序利益的保护。旧诉讼标的论是以实体法上的请求权或法律关系为界定诉讼标的的元素，此判断标准存在法

❶ 杜万华、胡云腾：《最高人民法院民事诉讼法司法解释逐条适用解析》，法律出版社 2015 年版，第 416 页。

❷ 沈德咏：《最高人民法院民事诉讼法司法解释理解与适用》，人民法院出版社 2015 年版，第 634 页。

❸ 黄湧："对抗型重复起诉的司法认定：程序保障的范围决定判决的效力范围"，载《人民司法》（案例），2010 年第 4 期。

的安定性、尊重当事人实体权益与防止诉讼突袭等优点。根据司法实务者的认识，将诉讼标的理解为当事人在诉讼中争议的实体法请求权或实体法律关系，简便易行，法院审理范围十分明确，诉讼程序秩序稳定，当事人攻击防御目标集中。❶ 我国目前司法实践中基本采取了旧诉讼标的理论，即以原告在诉讼中提出的实体法权利主张所对应的实体权利义务关系来把握诉讼标的的内涵。❷ 至于旧实体法说中遭到批判的请求权竞合情况下出现复数诉讼标的的问题，可以结合实体法的规定，通过诉讼法上的特别处理予以解决。如《合同法》第 122 条所规定的，因当事人的同一违约行为，受损害方只能选择要求对方承担违约责任或侵权责任，不能同时主张违约责任和侵权责任，这种消灭的根据是基于当事人的“选择”。因而，当事人在选择了一种请求权诉讼时，其他竞合请求权就消灭。❸ 我国现行民事诉讼立法似乎也受旧诉讼标的论的影响，而将实体法上的法律关系或权利义务关系作为诉讼标的。如《民事诉讼法》第 3 条“因财产关系和人身关系”的规定，第 52 条“对诉讼标的有共同权利义务”的规定，第 56 条“当事人的诉讼权利义务”的规定。基于我国司法实践现实情况的考虑，学界主流观点也主张采行旧诉讼标的论，学者认为通过民事诉讼的纠纷解决，实质上是对当事人以诉之方式向法院提出的纠纷予以解决，具体是在特定当事人之间，对作为特定诉讼标的之权利关系的纠纷予以解决。❹ 还有学者认为，采用旧诉讼标的理论容易与我国现行的民事诉讼法所设计的其他制度相协调，也考虑到了我国民事诉讼中当事人法律知识的欠缺以及法官的素质等具体情况。❺ 基于上述学者主张的理论根据，我们也赞成我国民事诉讼采行旧诉讼标的理论。至于旧诉讼标的论不能实现纷

---

❶ 杜万华：《最高人民法院民事诉讼法司法解释实务指南》，中国法制出版社 2015 年版，第 396-397 页。

❷ 杜万华、胡云腾：《最高人民法院民事诉讼法司法解释逐条适用解析》，法律出版社 2015 年版，第 417 页

❸ 沈德咏：《最高人民法院民事诉讼法司法解释理解与适用》，人民法院出版社 2015 年版，第 635 页；穆文好、郭翔峰：“一事不再理原则的认定与适用——浙江金华中院裁定吉甘特公司诉天怡公司定作合同纠纷案”，载《人民法院报》，2015 年 4 月 2 日 006 版。

❹ 参见夏璇：“论民事重复起诉的识别及规制”，载《法律科学》，2016 年第 2 期；李龙：“论我国民事诉讼标的理论的基本框架”，载《法学》，1999 年第 7 期；王娣、钦骏：“民事诉讼标的理论的再构筑”，载《政法论坛》，2005 年第 2 期；严仁群：“诉讼标的之本土路径”，载《法学研究》，2013 年第 3 期；田平安：《民事诉讼法学》（第四版），中国政法大学出版社 2012 年版，第 134 页。王福华：《民事诉讼法学》（第二版），清华大学出版社 2015 年版，第 179 页；肖建国：《民事诉讼程序价值论》，中国人民大学出版社 2000 年版，第 596 页；张晋红：“诉的合并有关问题的思考——兼论提高民事诉讼效率的有效途径”，载《广东商学院学报》，2002 年第 4 期；任重：“论中国民事诉讼的理论共识”，载《当代法学》，2016 年第 3 期。

❺ 常怡：《民事诉讼法学研究》，法律出版社 2010 年版，第 195 页。

争解决一次性及不能维持诉讼经济的原则，则可通过立法上强化法官阐明权的行使，来促使当事人通过诉之变更、追加或提起反诉的方式将相关请求合并于同一程序内一并解决，借此实现纠纷一次性解决的理想，扩大诉讼制度解决纷争的功能，从而补救旧诉讼标的理论的缺失。

需要指出的是，诉讼标的为原告在诉讼中主张的实体权利义务关系，此项请求审理的权利义务关系，须为具体特定的权利义务关系，而非抽象的权利义务关系，故只有知悉据以发生请求权的原因事实，才能具体地特定原告提出的权利主张。简言之，诉讼标的必须与具体的原因事实相结合才能得以特定。在某些情形下，若未结合原因事实特定诉讼标的，法院将无法确定究竟是以哪一个请求为审理对象，被告也无从知悉其防御的目标。举例言之，甲对乙享有两个不同期间上的10万元的借款债权，且均已到期。现甲起诉乙主张借款返还请求权，请求乙给付10万元的债权，虽然我们可以抽象地说甲对乙请求返还10万元的权利主张为诉讼标的，但只有在知悉据以发生此10万元借款返还请求权的期间，即具体的原因事实，我们才能具体地特定甲所提出的是基于何种原因事实所发生的10万元借款返还请求权的权利主张。那么，这是将案件事实视为诉讼标的的等值构成元素还是仅用来解释标的呢？我们认为，在需要具体特定原因事实的情形，应当将案件事实作为判断诉讼标的的辅助性材料，但它不是诉讼标的的构成元素。因为，作为诉讼标的的构成元素应具有原则性和指导性，若将案件事实作为诉讼标的的构成元素，将有违诉讼标的的精简、明了的标准特性。而且，案件事实在具体的个案中表现得纷繁复杂而不具有确定性，有的案件判决的作出可能依多项案件事实。在此意义上，如果将案件事实作为诉讼标的的构成元素，一方面，原告为避免在后诉中就案件事实产生失权效或发生突袭性裁判，则会在前诉中尽可能地提出更多的案件事实，这样一来不免使程序显得过于繁重冗长，从而增加了案件的复杂性及法院审理的难度。另一方面，就法院而言，不让案件事实作为判断诉讼标的的元素，有助于实现“能够最为直接、迅速且廉价地对诉讼标的作出判断”的诉讼经济目标。因此，应当将案件事实与作为诉讼标的的实体法律关系或请求权加以区分。

最后，诉讼请求相同是指相同的当事人在前后诉中要求法院为相同内容的判决。[1] 诉讼请求对应于本案判决主文中的判断，那么，判断前后两诉的同一性也取决于诉讼请求的内容。关于诉讼请求的内涵，学说上通常从狭义和

---

[1] 钟蔚莉、崔析宗：“一事不再理原则的法律适用”，载《中国审判》，2011年第2期。

广义两个角度进行理解，从狭义而言，诉讼请求即系诉讼标的，亦即指原告针对被告在诉讼中提出来的权利主张。这里所谓的权利可能有二个权利或三个权利，均是指实体法上的权利。[1] 换句话说，根据诉讼标的就能判定诉讼请求对应的法律领域和性质，一方面，当事人提出的诉讼请求由此而得到限定和界分；另一方面，请求本身又可作为识别诉讼标的的标志或依据。广义言之，诉讼上请求具体由两部分内容构成，即诉讼请求实际上并非仅包括向来所谓狭义的诉讼标的，也将包含原告针对法院的承认该主张并作出判决（胜诉的给付判决、确认判决及形成判决）的请求。质言之，诉讼上请求并非仅指单纯的权利的主张，实际上还牵涉到原告主张到底要依给付判决、确认判决、抑或形成判决的哪种权利保护方式予以处理。[2] 这样一来，诉讼请求的具体指涉，不管其系诉讼标的、诉之声明，均将之当作攻击防御目标，也是法官要审判的对象。结合《民诉法司法解释》第 247 条将诉讼标的与诉讼请求并列作为识别重复起诉的要件，那么，这里规定的诉讼请求应被作广义上的含义来理解，否则，该条文中的诉讼标的要件与诉讼请求要件将发生重叠。由此，关于识别重复起诉的客体要件，《民诉法司法解释》第 247 条既采旧诉讼标的论，又将诉之声明的权利保护形式（给付判决、确认判决、形成判决）元素考虑进来。关于后诉与前诉的诉讼请求相同的要件，根据前述对该要件在司法实践适用上的梳理与归纳，其大体上表现为五种情形，前后两诉的诉讼请求内容相同；前后两诉的诉讼请求内容存在包含或交叉关系；前后两诉的诉讼请求虽然在表述形式上不同，但在内容上实质上相同；前后两诉基于相同的案件事实提出不同数额的诉讼请求，且请求旨趣均相同；前后两诉的诉讼请求基于竞合的实体法请求权提出。

关于《民诉法司法解释》第 247 条中诉讼标的要件与诉讼请求要件的关系，有学者认为诉讼请求为诉讼标的的上位概念，那么在内容上，诉讼请求包含诉讼标的，因而将诉讼标的相同与诉讼请求相同并列规定不符合逻辑，因而应将诉讼请求相同的规定删除。[3] 而我们认为，如果将这里的诉讼请求解释为包含权利保护形式的元素，那么也就可解释现行民事司法解释这样规定的目的了，而且，将权利保护形式作为诉讼请求的构成元素在司法实践上也是有实际意义的，[4] 如上文所举的二十、二十五、二十六、二十八的案例中，

---

[1] 【日】新堂幸司：《新民事诉讼法》，林剑锋译，法律出版社 2008 年版，第 216-217 页。

[2] 邱联恭：《口述民事诉讼法讲义》（二），许士宦整理，2012 年笔记版，第 133 页。

[3] 张卫平："重复起诉规制研究：兼论'一事不再理'"，载《中国法学》，2015 年第 2 期；夏璇："论民事重复起诉的识别及规制"，载《法律科学》，2016 年第 2 期。

[4] 戴晨逸："重复起诉问题探究"，载《东南大学学报》（哲学社会科学版），2009 年 S2 期。

因权利保护形式不同而使请求的内容存在包含、矛盾关系，为避免前后诉的重复审理，法院也认为前后诉属于重复起诉。从严格意义上来说，诉讼请求与诉讼标的分别属于不同的概念规定，两者的范围及性质并不完全相同，具体言之，诉讼标的为当事人之间争议的实体法律关系或实体法请求权，而诉讼请求是以诉讼标的为基础的具体实体请求。[1] 诉讼请求的范围得由原告自由决定，且诉讼请求的内容具体，而诉讼标的的内容抽象，能作为判决主文事项的诉讼请求，未必就能完全成为法院审理的内容及范围事项的诉讼标的。[2] 如在部分请求的诉讼中，诉讼标的是作为整体的债权，而请求事项则是作为该诉讼标的中原告利益主张的界限的部分债权，且该判决所被赋予的执行力不能超过作为利益主张的界限的请求事项，也即仅限于部分债权产生的执行力。在此意义上，可将诉讼请求相同的识别要件作为部分请求诉讼肯定说的解释论。[3] 由此，诉讼请求与诉讼标的两者间虽密切相关，但又存有差异，《民诉法司法解释》第 247 条将前后诉的“诉讼请求相同”与“诉讼标的相同”并列作为识别重复起诉的要件，是可以解释，也是可以适用的。

关于后诉与前诉的诉讼请求相同的判定，《民诉法司法解释》第 247 条也从反向进路上规定了“后诉的诉讼请求实质上否定前诉裁判结果”的要件。根据最高人民法院大法官对该项立法要件的说明，后诉的诉讼请求实质上否定前诉的裁判结果主要表现为，在前诉与后诉当事人相同、诉讼标的同一的情形下，后诉提起与前诉相反的诉讼请求，如甲起诉乙要求确认法律关系有效，乙又起诉甲请求确认法律关系无效。[4] 另外，当前后诉的请求存在包含关系时，也认为后诉的请求实质否定前诉的裁判结果。如给付之诉中隐含确认之诉的内容，如果甲起诉乙要求依买卖合同法律关系进行给付，乙又以甲为被告请求法院确认买卖合同的法律关系无效，属于后诉的请求实质上否定前诉裁判结果的情形。学界为使该项抽象的要件被规范适用，也对该项要件的具体适用进行了法解释学分析。如有学者认为，这里“后诉的诉讼请求实质否定前诉的裁判结果”的要件是指前后两诉的诉讼请求相反或相矛盾。[5] 还有

---

[1] 邵明：“民事之诉的构成要素与诉的识别”，载《人民司法》（应用），2008 年第 17 期。

[2] 陈荣宗、林庆苗：《民事诉讼法》（中册），三民书局股份有限公司 2011 年版，第 374 页；姚飞：“诉讼请求与诉讼标的不是一回事”，载《法学》，1982 年第 12 期；汤维建：“也论民事诉讼中的变更诉讼请求”，载《法律科学》，1991 年第 2 期。

[3] 杨婷：“诉讼请求变更的认定与处理”，载《人民司法》（案例），2016 年第 35 期。

[4] 沈德咏：《最高人民法院民事诉讼法司法解释理解与适用》，人民法院出版社 2015 年版，第 635 页。

[5] 张卫平：“重复起诉规制研究：兼论‘一事不再理’”，载《中国法学》，2015 年第 2 期。

学者主张，该项规范要件的适用前提是前诉判决已确定，具体是指在前诉判决已经确定后，当事人又提起与前诉裁判既判力相矛盾的情形。[1] 也有学者认为，该项要件适用的典型情形是后诉请求与前诉裁判理由中对于实体性先决问题或其他要件事实的认定存在矛盾关系。[2] 也有学者认为该项要件具体分为“后诉请求实质否定前诉判决主文中的判断”和“后诉请求实质否定前诉判决理由中的判断”的两种情形。[3] 也有学者认为该项识别重复起诉的要件是兜底条款，因为通过立法列举所有的重复起诉情形是不可能的，由此概括性地规定重复起诉的识别标准，能使实务中准确地适用“一事不再理”原则。[4]

基于上述学者对该项规范要件的法解释学分析，并结合前文中对该项要件在司法实践上适用的梳理，可以使我们对“后诉的请求实质否定前诉的裁判结果”要件的适用情形获得一些大体上的经验。这些经验主要包括：（1）前后诉的诉讼请求在内容上具有相同、相反或先决关系，比如，前诉为甲请求乙返还A房屋，后诉也为甲请求乙返还A房屋的请求。又如，前诉为甲以乙为被告，确认甲对某房屋所有权存在，后诉为乙以甲为被告，确认甲对同一房屋的所有权不存在。再如，前诉为甲对乙起诉，请求确认因购买乙的房屋而享有所有权，后诉为乙起诉甲，请求确认其与甲签订的房屋买卖合同无效。（2）基于相同的原因事实，相同当事人间对同一债权（或其他竞合的请求权）先后提起不同数额的前后两诉。如基于同一损害事实，原告前后分别以侵权之诉和违约之诉提起10万元和8万元的损害赔偿。（3）前后诉的诉讼请求在内容上具有包含关系，这在实践上主要表现为因前后诉的权利保护形式不同，而前诉的诉讼请求在内容上可包含后诉的诉讼请求。如甲在前诉中请求法院确认其对乙享有10万元的债权，前诉法院判决该债权不存在，嗣后，甲又就同一10万元债权对乙提起给付的后诉。（4）前后诉的主要争点共通或请求的基础事实相同，如基于买卖合同的纠纷，当卖方甲以买方乙为被告向法院提起“请求支付价金诉讼”，而买方乙又以卖方甲提起交付标的物

---

[1] 夏璇：“论民事重复起诉的识别及规制”，载《法律科学》，2016年第2期；王亚新、陈晓彤：“前诉裁判对后诉的影响——《民诉法解释》第93条和第247条解析”，载《华东政法大学学报》，2015年第6期；卜元石：“重复诉讼禁止及其在知识产权民事纠纷中的应用”，载《法学研究》，2017年第3期；袁琳：“‘后诉请求否定前诉裁判结果’类型的重复起诉初探”，载《西南政法大学学报》，2017年第1期；林剑锋：“既判力相对性原则在我国制度化的现状与障碍”，载《现代法学》，2016年第1期。

[2] 袁琳：“‘后诉请求否定前诉裁判结果’类型的重复起诉初探”，载《西南政法大学学报》，2017年第1期。

[3] 严仁群：“既判力客观范围之新进展”，载《中外法学》，2017年第2期。

[4] 杨春疆：“民事诉讼中重复起诉的形式与认定”，载《山东审判》，2017年第3期。

的后诉。前后诉的主要争点为“买卖合同的效力”。在上述情形中，若允许当事人另行提起后诉的诉讼请求，将会造成法院对相同诉讼请求（或基础事实）的重复审理，从而后诉的诉讼请求将会在实质上否定前诉的裁判结果，因而前后两诉构成对禁止重复起诉规则的违反。

（三）判定重复起诉标准的二元化设计

禁止重复起诉制度皆在禁止当事人先后对同一事件提起诉讼，从而规避两次程序对同一事件同时展开，那么，禁止重复起诉制度的核心就是关于前后诉同一性的识别问题。传统民事诉讼上依照诉的要素标准识别重复起诉，就可对实践中的重复起诉问题进行有效规制。而现代民事诉讼纠纷变得日益复杂，且各种民事纠纷的集聚性、关联性愈发明显，那么，实践中的重复起诉情形也纷繁多样，这表现为并非所有的重复起诉情形都为前后诉的要素完全相同。尽管前后两诉的诉讼标的不同，但前后诉的请求基础事实相同或主要争点共通，法院对相同的请求基础事实或共通的主要争点的重复审理，在裁判结果上有可能发生矛盾判决的危险，而且，因重复审理也会给法院造成不必要的劳力、时间、费用的支出，那么，后诉的提起将违反禁止重复起诉的旨趣，从而也应认为前后诉属于重复起诉的情形。而且，民事诉讼采行旧诉讼标的理论，同一原因事实因多种法律关系的交叉而产生出数个具有同一目的的竞合请求权。若原告先后以支持同一经济目的的竞合请求权提起诉讼，那么，尽管前后诉的诉讼标的不同，但请求的原因事实相同，且前后诉的诉讼请求的旨趣相同，此种情形也应认为构成对禁止重复起诉旨趣的违反。此外，后诉的诉讼请求与前诉的事实构成具有先决关系时，尽管前后诉的要素不同，但也有可能发生矛盾判决的风险，从而前后诉也有违反禁止重复起诉旨趣的问题。这样一来，如果僵化地以《民诉法司法解释》第 247 条规定的诉的要素标准判定前后诉是否为重复起诉，将使大量表面上不构成重复诉讼但实质上构成对禁止重复起诉旨趣违反的后诉进入诉讼程序，进而使实践中的重复起诉问题无法得到有效规制。

为回应司法实践的需要，实现纠纷一次性解决，对前后诉是否构成重复起诉的判定并不能局限于前后两诉的诉的要素是否相同。如果前后诉的原因事实相同，从禁止重复起诉的旨趣出发，如果后诉的提起将造成被告反复应诉的程序不利益及法院司法资源的浪费，进而有可能发生矛盾判决的危险，也应认为前后诉属于重复起诉。在此意义上，民事诉讼上关于识别重复起诉的标准，除原来的诉的要素识别标准外，应扩张至以禁止重复起诉旨趣为标准来识别前后诉是否具有同一性，以此填补以诉的要素为识别重复起诉标准的漏洞。由此，依照禁止重复起诉旨趣标准，如果前后诉的案件事实相同，则也有可能构成重复起诉，这将识别重复起诉的要件由原来的诉讼标的层面扩大到判决理由中的事实层面，从而扩大了民事诉讼禁止重复起诉规则的适用范围。

事实上，为形成对重复起诉问题的有效规制，关于前后诉是否为重复起诉的判定，在前述所举案例中，已有案例突破诉的要素的识别标准，进而扩张至以判决理由中的事实认定部分作为识别重复起诉的要件。不过，司法实践中多认为此种情形的重复起诉属于对《民诉法司法解释》第 247 条第 3 项“后诉的诉讼请求实质否定前诉的裁判结果”的要件的违反。有学者认为如果前后诉中的原因事实相同，前后诉违反禁止重复起诉的旨趣，那么，前后诉构成对“后诉的诉讼请求实质上否定前诉裁判结果”的要件的违反。❶ 也有学者主张，如果前后诉的原因事实相同，为避免违反禁止重复起诉的旨趣，则可通过有限度地扩张诉讼标的的范围，把前后诉相同的原因事实作为诉讼标的的构成元素，从而认为前后诉的诉讼标的相同，进而认为前后诉构成对禁止重复起诉规则的违反。❷ 对上述违反禁止重复起诉旨趣情形的重复起诉，司法实践和理论界多将其解释为是对“后诉的诉讼请求实质上否定前诉的裁判结果”要件的违反，我们认为此种理解欠缺妥当性。因为，从司法解释的字面意义来看，《民诉法司法解释》第 247 条中的“后诉的诉讼请求实质上否定前诉的裁判结果”是关于诉的要素的识别标准的规定，而违反禁止重复起诉旨趣情形的重复起诉是基于前后两诉的原因事实相同，并非前后两诉的诉的要素相同。因而，在解释论上，前后诉的原因事实相同与诉的要素相同应该为相互并列的两种识别重复起诉标准，进而也不必利用扩张诉讼标的概念范围的手段来解释前后诉原因事实相同情形的重复起诉。我们认为将前后诉的原因事实相同情形的重复起诉解释为违反禁止重复起诉的旨趣更为恰当，即此种情形的前后诉违反了禁止重复起诉旨趣的识别标准，从而认为前后诉属于重复起诉。

采用禁止重复起诉旨趣的识别标准来评价前后诉是否构成重复起诉，可避免当事人对相同原因事实的前后诉进行重复起诉，从而实现相关纠纷于同

---

❶ 袁琳：“‘后诉请求否定前诉裁判结果’类型的重复起诉初探”，载《西南政法大学学报》，2017 年第 1 期；卜元石：“重复诉讼禁止及其在知识产权民事纠纷中的应用”，载《法学研究》，2017 年第 3 期；张卫平：“重复起诉规制研究：兼论‘一事不再理’”，载《中国法学》，2015 年第 2 期。

❷ 王亚新、陈晓彤：“前诉裁判对后诉的影响——《民诉法解释》第 93 条和第 247 条解析”，载《华东政法大学学报》，2015 年第 6 期。

一诉讼程序内一举解决纷争的目的。这样一来，在旧诉讼标的理论下，除可运用新诉讼标的理论的成果以外，也可在其他无关诉讼标的论争的情形，发挥谋求诉讼经济的作用。由此，关于识别重复起诉的标准，民事诉讼上应突破诉的要素的标准的局限，强化禁止重复起诉旨趣的标准，借此充分实现重复起诉禁止制度的价值与功能。需要注意的是，一方面，尽管禁止重复起诉旨趣标准为法官认识和解决实践中的重复起诉问题拓展了视野和提供了理论支撑，但以禁止重复起诉旨趣为识别重复起诉的标准，并不意味着否定诉的要素的识别标准，相反，诉的要素的识别标准在判定前后诉是否为重复起诉的问题上仍旧发挥着重要作用。另一方面，尽管依照禁止重复起诉旨趣的标准为法官识别前后诉是否为重复起诉带来了诸多便宜，但其也存有理论上的难题。比如，法官在诉讼初期很难就前后诉的主要争点或请求的基础事实作出准确的判定，而且主要的争点在审理过程中有可能发生变动，因而应当在判明争点的阶段才能对“是否为重复起诉”的问题进行探讨。[1] 此外，司法实践中对禁止重复起诉旨趣的识别标准的合理适用，需要法官对前后诉的诉讼标的、诉讼请求、事实和理由等因素综合考量后才能得以判断，这就需要法官具备较高的法律素养，否则，很容易造成对禁止重复起诉效力范围的把握不当，从而对当事人自由地行使诉权造成侵害。由此，基于对禁止重复起诉旨趣的识别标准的优点与弊端的综合考量，未来我国民事诉讼禁止重复起诉制度上关于识别重复起诉标准的设置应原则上以诉的要素为识别标准，而禁止重复起诉旨趣的识别标准是对诉的要素标准的特殊适用。

（四）健全规制重复起诉的措施

依照诉的要素和禁止重复起诉旨趣的二元化标准识别前后诉是否重复起诉，那么，民事诉讼禁止重复起诉制度上关于规制重复起诉的措施也应与之有相应的设置。具体言之，如果前后两诉在内容上（诉的要素）完全相同，那么，依照诉的要素的识别标准，前后诉构成重复起诉。根据《民诉法司法解释》第 247 条第二款关于规制重复起诉措施的规定，[2] 若在立案审查阶段，裁定不予受理；若已经受理的，裁定驳回起诉。如果前后诉的主要争点共通或请求的基础事实相同，那么，依照禁止重复起诉旨趣的识别标准，前后诉

---

[1] 【日】高桥宏志：《民事诉讼法——制度与理论的深层次分析》，林剑锋译，法律出版社 2003 年版，第 113 页。

[2] 《民诉法解释》第 247 条第 2 款规定，当事人重复起诉的，裁定不予受理；已经受理的，裁定驳回起诉，但法律、司法解释另有规定的除外。

也构成重复起诉，从而禁止当事人另行提起后诉。但是，此种情形的前后诉的诉讼标的不同，前后诉都具有独立的诉的利益，倘若前诉尚在诉讼系属中，后诉法院就不能简单地类推适用《民诉法司法解释》第247条中的“不予受理”或“驳回起诉”的规定。此时，为谋求诉讼经济的目标，法官应当促使当事人就后诉的请求提起“诉的追加、变更或反诉”这样的“诉讼内之诉”，使相关诉求纳入已系属的前诉程序内集中审理和裁判，而不许另行提起他诉。[1] 比如，债权人就利息债权提起了诉讼，在该诉讼系属中，债权人提起给付本金的诉讼请求，此时，则应考虑将后诉与前诉合并。[2] 而《民诉法司法解释》第247条仅有“不予受理”“驳回起诉”的规制措施，没有关于提起“诉讼内之诉”的规定，因而，民事诉讼禁止重复起诉制度对规制重复起诉的措施有进一步完善的必要。

所谓诉讼内之诉，是指利用既存的诉讼程序所提起，请求法院一并加以审理的其他诉讼。诉讼内之诉具有提高诉讼效率，实现诉讼经济的目标，又能实现公平保护当事人权益及防止矛盾发生的功能。[3] 诉讼内之诉通常包括诉之变更、追加或被告提起反诉的三种重要形态。第一，诉之变更是指原告在诉讼程序中，以新诉的请求替换旧诉的请求。例如，原告在起诉时选择之一请求权，在诉讼过程中，双方争执之重心均在另一请求权的基础权利的存否，此时，为免当事人就同一诉讼资料另行起诉，而浪费法院及当事人之劳力、时间、费用，而在无法保障当事人的审级利益的前提下，民事诉讼上应承认当事人就起诉时的请求为诉讼请求的变更，从而使相关诉求利用同一诉讼程序彻底解决。第二，诉之追加是指原告在诉讼程序进行中，除旧诉的请求外，

---

[1] 吴英姿：“诉讼标的理论‘内卷化’批判”，载《中国法学》，2011年第2期；王亚新：“诉讼程序中的实体形成”，载《当代法学》，2014年第6期；陈杭平：“诉讼标的理论新范式”，载《法学研究》，2016年第4期；蒋耀庭、周强：“试论民事诉讼一次除尽原则的设立”，载《法律适用》，2013年第7期；蒋玮：“大陆法系诉讼系属中重复起诉禁止及经验借鉴”，载《甘肃社会科学》，2016年第6期；北京市第一中级人民法院课题组：“关于建立民事审判‘纠纷一次性解决机制’的调研报告”，载《法律适用》，2013年第1期；陈桂明、吴如巧：“美国民事诉讼中的诉讼合并制度评介及对我国的启示”，载《政治与法律》，2010年第5期；张晋红：“诉的合并制度的立法缺陷与立法完善之价值分析”，载《法学评论》，2007年第4期；朱兴有、郑斌锋：“诉的合并与诉讼请求的合并之界定”，载《西南民族学院学报》（哲学社会科学版），2002年第8期；严仁群：“既判力客观范围之新进展”，载《中外法学》，2017年第2期；杨婷：“诉讼请求变更的认定与处理”，载《人民司法》（案例），2016年第35期。

[2] 张卫平：“一事不再理原则的法理根据及其运用”，载《人民法院报》，2004年5月28日005版。

[3] 张晋红：“诉的合并有关问题的思考——兼论提高民事诉讼效率的有效途径”，载《广东商学院学报》，2002年第4期。

再追加新诉的请求。例如，原告在诉讼程序进行中自行发现、经被告抗辩或法院阐明后发现，其可主张数项实体请求权，而起诉时所特定的诉讼标的（或诉讼请求）不够完全，进而对纷争的解决已经不能发生实际的效用，此时，为避免原告就其他请求权另行起诉，法官应允许原告为诉之追加。如果原告当事人不能在程序中为诉之追加，则势必另行起诉，那么，法官又要加倍重新对请求的基础事实审理，当事人又得提出同样的证据，如此即会造成被告及法院花二倍以上之劳力、时间及费用。[1] 第三，原告在一定条件下有对原起诉的对象加以变更、追加的权利，而被告在一定条件下有对牵连请求提起反诉的权利。所谓反诉，是指被告利用原告提起的诉讼程序，在诉讼系属中就原告的诉讼有牵连的请求对原告提起的诉讼。在反诉中，本诉的原告即成为反诉被告，而本诉的被告即成为反诉原告。法律承认反诉的制度皆在发挥合并审判的机能，就与本诉相关联的权利主张，由同一法院利用同一诉讼程序予以审理及裁判，从而避免相互抵触裁判的发生，扩大诉讼制度解纷的功能，达成诉讼经济的目标。[2] 例如，在原告以所有物返还请求权特定诉讼标的，起诉被告返还房屋，虽原告未叙及租赁关系的原因事实，但被告抗辩其就该房屋对原告的租赁权继续存在，此时，法院应阐明被告有无意愿提起反诉而将租赁权列为诉讼标的。若被告欲就其提起诉讼，也应利用同一诉讼程序提起反诉，不得据此另行提起后诉。由此，就后诉请求通过提起诉讼内之诉的方式，则就不会构成重复起诉，而且，由于诉讼内之诉是当事人利用同一诉讼程序，请求同一个法院，就其所提出的新权利主张予以审理，因而当事人能比较容易地提出充分的裁判基础的资料，避免了当事人就相关的请求一再诉讼。在此意义上，即便在旧诉讼标的理论的框架下，通过当事人在前诉中提起诉讼内之诉，也能实现新诉讼标的理论所具有的纷争解决一次性的功能。这也表明，关于新旧诉讼标的理论在识别前后诉是否属于重复起诉问题上的论争实益，已大幅度地降低。易言之，如果对诉讼程序的运作好好处理，不论采取何种诉讼标的理论，当事人均能利用同一诉讼程序解决多数的纷争。

综上所述，规制重复起诉的措施应当包含着“不能提起后诉”与“禁止另行起诉并提起诉讼内之诉”的两种效果。关于“禁止另行起诉并提起诉讼内之诉”的规制措施，一方面，我国现行民事诉讼法上有相对宽松的规定，如《民事诉讼法》第 51 条关于“原告可以放弃或变更诉讼请求”的规定、

---

[1] 黄国昌：《民事诉讼法教室》（Ⅰ），元照出版有限公司 2010 年版，第 65 页。

[2] 黄国昌：《民事诉讼法教室》（Ⅰ），元照出版有限公司 2010 年版，第 391 页。

《民事诉讼法》第140条“原告增加诉讼请求，被告提出反诉，可以合并审理”的规定，❶ 从而为当事人利用同一诉讼程序解决纷争提供了法律保障。另一方面，有学者认为上述规定中没有关于诉之变更、追加或提起反诉的条件，因此对于是否允许当事人为诉之变更、追加或提起反诉，缺乏可操作性的标准，❷ 那么，是否允许当事人提起诉讼内之诉完全取决于法官主观上对上述规范的解释，从而损及法律适用的稳定性与可预测性，因而，实有对当事人为诉之变更、追加或提起反诉的条件作出划一规定的必要。关于诉之变更、追加或提起反诉的条件，我们认为基于实现纠纷一次性解决的理想，若前后诉基于同一原因事实，且前后诉的诉讼请求有关联，就应允许当事人为诉之变更、追加或提起反诉。此外，当事人提起诉之变更或追加、反诉的诉讼内之诉时，（1）前后两诉的形式当事人相同或实质当事人相同，实质当事人主要为受判决效力波及之人；（2）受诉法院就前后诉的请求之一有管辖权且不违反专属管辖的规定；（3）前后两诉请求得能适用同一种类的诉讼程序，且前后诉的请求均基于相同的基础事实提出。❸

需要注意的是，在采用“禁止另行起诉并提起诉讼内之诉”时，如果前后两诉系属于同一个法院，那么依据诉讼法的规定可以进行“辩论的合并”。但是，如果前后两诉的法院是不同的，那么就不能直接对两诉进行辩论合并，得利用《民事诉讼法》第36条关于移送管辖的规定，将后诉移送于前诉的管辖法院，进而创造出“使两个诉讼同时系属于一个法院”的状态。不过，作为“进行案件移送进而创造出这种状态”的前提条件是，移送法院必须对后诉具有管辖权。而当难以对案件进行合并时（诸如前诉已经到了上告审阶段），在前诉判决确定前，应当中止后诉程序，在前诉判决确定后，在受该判决效力拘束的前提下推进后诉的进行。因为这种处理方式不仅对于当事人而言是较为便利的，而且也能够更为合理地实现禁止重复起诉的制度旨趣。❹

（五）建立重复起诉禁止的救济措施

禁止当事人就已起诉的事件在诉讼系属中再行起诉，可避免无端增添对

---

❶ 《民事诉讼法》第51条规定，原告可以放弃或者变更诉讼请求。被告可以承认或者反驳诉讼请求，有权提起反诉。《民事诉讼法》第140条规定，原告增加诉讼请求，被告提出反诉，第三人提出与本案有关的诉讼请求，可以合并审理。

❷ 参见蒋耀庭、周强：“试论民事诉讼一次除尽原则的设立”，载《法律适用》，2013年第7期；张晋红：“诉的合并制度的立法缺陷与立法完善之价值分析”，载《法学评论》，2007年第4期。

❸ 参见：李龙：“民事诉讼诉的合并问题探讨”，载《现代法学》，2005年第2期；毕玉谦：“诉的变更之基本架构及对现行法的改造，载《法学研究》，2006年第2期。

❹ 【日】新堂幸司：《新民事诉讼法》，林剑锋译，法律出版社2008年版，第116页。

方当事人及法院的诉讼负担，节省并合理分配司法资源，也可防止发生矛盾裁判的危险。对违反禁止重复起诉旨趣标准的重复起诉情形，若前诉尚在诉讼系属中，可通过诉的变更、追加或提起的反诉的规制措施，尽可能使相关联纠纷合并在同一程序中解决，从而可扩大诉讼制度解决纷争的功能，达成诉讼经济的目标。由于重复起诉牵涉到“判决效力的矛盾”“诉讼经济”等公益性的价值考量，所以，禁止重复起诉属于法院依职权调查的事项，关于禁止重复起诉的事实收集也应当被理解为职权探知的事项。[1]

尽管前后诉讼是否构成重复起诉属于法院职权调查的事项，但现实中也存在着“后诉法院忽略了同一事件的前诉系属而作出本案判决”的情形，那么，在这种情形下该如何处理前诉的诉讼系属与后诉的确定判决的关系呢？如果法院对于应当驳回起诉的后诉未予以驳回，那么当事人可以通过上诉来进行攻击。如果诉讼仍然存在着进行合并或程序停止的可能，当事人也可以通过上诉来促使法院作出这种处理。但反过来看，如果后诉法院未采取这种举措，进而放任程序进行，乃至判决最后获得确定，则后诉讼的判决不构成再审的理由。不仅仅如此，当违法进行的后诉更早地使判决获得确定，那么就会产生“该（后诉）确定判决的判决效拘束前诉”的逆反现象。[2] 即以前作出的并且发生了既判力的判决对以后的判决具有优先地位，前诉法院不能作出与该确定判决效力相抵触的判决。因为已有确定判决，前诉违反有确定判决再起诉的规定，所以前诉讼的法官应将前诉讼驳回。[3] 如果法官为判决或以裁定驳回之前，前诉讼已经撤回，或因其他不合法事由被裁定驳回，此际，后诉讼的不合法已经治愈，即后诉讼的程序上瑕疵在前诉讼被撤回或驳回时即被治愈。倘若前后两诉讼判决均已确定，视哪一判决在后确定，对在后确定的判决，可提起第三人撤销之诉或再审救济。

以上是关于禁止重复起诉制度化的路径分析，禁止重复起诉的本意是禁止当事人就已诉讼系属的同一事件另行提起后诉，以免发生矛盾裁判的危险，贯彻纷争一次统一解决的理念，谋求诉讼经济的目标。现行民事司法解释上规定的识别重复起诉的要件大体上是可以解释的，也是可以适用的。现代民事诉讼上的重复起诉情形，远非仅以诉的要素的识别标准就可对实践中的重复起诉问题形成有效规制。况且，在旧诉讼标的论下，禁止重复起诉的效力

---

[1] 【日】高桥宏志：《民事诉讼法——制度与理论的深层次分析》，林剑锋译，法律出版社 2003 年版，第 107 页。

[2] 【日】高桥宏志：《民事诉讼法——制度与理论的深层次分析》，林剑锋译，法律出版社 2003 年版，第 107 页。

[3] 【日】新堂幸司：《新民事诉讼法》，林剑锋译，法律出版社 2008 年版，第 165 页。

范围相对狭窄，因而在识别重复起诉的标准方面，应确立诉的要素标准与禁止重复起诉旨趣标准的二元化设置。在禁止重复起诉的效果方面，应确立“不予受理或驳回起诉”与“禁止另行起诉并提起诉讼内之诉”的两种规制措施。借此为未来我国民事诉讼立法上关于禁止重复起诉制度的构建提供经验基础，进而实现禁止重复起诉制度的价值与功能。

二、完善实施禁止重复起诉制度的配套措施

为有效规制实践上的重复起诉问题，有扩大禁止重复起诉规则适用范围的趋势。这主要表现为：禁止重复起诉的效力主体由当事人扩展到受既判力扩张之第三人；识别重复起诉的标准由诉的要素的标准扩展到诉的要素与禁止重复起诉旨趣的二元化标准；规制重复起诉的措施由“不能提起后诉”扩张至“不能提起后诉”与“禁止另行起诉并提起诉讼内之诉”的两种效果。需要注意的是，禁止重复起诉规则的适用范围扩张，背后隐含的是对当事人及受既判力扩张之第三人程序保障的削弱。因而，扩大禁止重复起诉规则的适用范围，在此必要性之外，必须另有其正当性的基础。而此正当性基础，不外乎赋予禁止重复起诉效力主体充分的程序保障措施。由此，在禁止重复起诉的问题上，呈现出纷争解决一次性与程序保障正当性的两种民事诉讼基本理念的冲突与调和。就此冲突关系，立法论上应完善实施禁止重复起诉制度的配套措施，其中以下四种措施是立法者必须关注的。

（一）强化法官的释明权

通过民事诉讼辩论原则和处分原则，一方面，当事人对诉讼中的审理对象的形成具有支配权，但也不能忽视法院依职权对当事人主义进行一定调整的必要，此权限即为法院所具有的“释明权”，尤其是民事诉讼没有实行强制代理制度，法官的释明发挥着非常重要的作用。❶ 另一方面，法官知法原则意味着法官的审查不必局限在当事人主张的请求权基础上，且当事人也不能要求法官仅对其主张的法律观点进行审查，但这需建立在法官对其与当事人不同的法律观点的释明义务之上。❷ 因而，强化法官在民事诉讼中的释明权，可以引导当事人提出完整的主张，弥补当事人的法律知识欠缺，切实保障当事

---

❶ 【日】谷口安平：《程序的正义与诉讼》，王亚新、刘荣军译，中国政法大学出版社 2002 年版，第 145 页。

❷ 周翠：“现代民事诉讼义务体系的构建——以法官与当事人在事实阐明上的责任承担为中心”，载《法学家》，2012 年第 3 期。

人程序权益与实体权益，从而实现当事人间实质上的诉讼公平。[1] 就禁止重复起诉的问题而言，识别重复起诉的要件由原来的诉讼标的层面扩张至判决理由中的事实层面，而由同一原因事实可能发生多项请求权，那么，法官不能仅仅停留于听取原告提出的主张，对于在诉之声明及所陈述的事实范围内为当事人所忽略的法律见解，而法官认为其对裁判具有重要性的，应加以阐明，使当事人能对该法律观点表示意见，以避免纷争无法实现一次解决。比如，在请求权竞合的情形，原告仅主张其中之一的实体法请求权，而未同时主张其余可主张的实体法请求权，如果已主张的实体权利可能罹于消灭时效，或就其为审判可能较审判未主张的实体权利增多劳资、时间，甚至判决效力范围可能因之不同等情形，[2] 法院应适时行使阐明权，使原告有为诉之变更或追加其他请求权的机会，从而使当事人更能取得实体利益或程序利益。又如，被告主张有妨碍或消灭原告请求的事由，但究竟系防御方法或提起反诉尚有疑义时，法官应对此释明以使之明确。这样一来，法官在诉讼中不仅要审理当事人主张的请求权，也要审理判断与当事人主张的请求权有关的其他观点，质言之，法官须就与诉求有关的其他观点好好行使阐明权，以尝试探明当事人是否有意主张其他请求权。

强化法官的释明权，有助于塑造高效的诉讼程序。依照禁止重复起诉旨趣的识别标准，如果前后诉的请求基础事实相同或主要争点共通，那么，以免后诉因违反禁止重复起诉而被驳回，当事人应通过提起诉讼内之诉的方式将后诉请求合并于已系属的程序内解决。在此情形下，法官应加强对当事人为诉之变更、追加或提起反诉的阐明义务，从而使相牵连的请求合并于已系属的程序中一并解决，而不得对其另行起诉开启新诉讼程序。如果法官不阐明当事人就后诉请求利用诉之变更、追加或提起反诉制度，则当事人可能会另行起诉，从而有违诉讼经济的目标，也有造成相互矛盾裁判的危险。[3] 此外，在部分请求可否性问题上，为实现纠纷一次性解决的目标，法官应就原告具体请求的数额善尽阐明，以探究原告具体请求的真意，促使原告通过扩张诉讼请求的方法使其他余额请求合并在前诉程序中一并解决。

依上所述，为避免就同一事件另启新诉讼程序而造成对法院的诉讼负担，

---

[1] 肖建华、陈琳："法官释明权之理论阐释与立法完善"，载《北方法学》，2007 年第 2 期。

[2] 北京市第一中级人民法院课题组："关于建立民事审判'纠纷一次性解决机制'的调研报告"，载《法律适用》，2013 年第 1 期；包冰峰、陈今玉："诉讼标的与法官阐明权的行使"，载《理论月刊》，2010 年第 10 期。

[3] 赵钢："论法官对诉讼请求变更事项的告知义务——以《关于民事诉讼证据的若干规定》第 35 条为分析基础"，载《法商研究》，2005 年第 6 期。

法官应随时注意根据其他的请求权是否可能解决纷争，如果依当事人的声明及事实上陈述，尚可能有诉求之外的其他请求权作为判决的基础资料，法官应加关心。为达成纷争一次性根本解决，法官有对当事人为诉之变更、追加及提起反诉的阐明义务，从而使相关诉求合并于同一程序内一并解决。若未好好行使阐明的义务，法官即未尽到审理责任。在此意义上，法官阐明权的适当介入，既避免了矛盾判决的发生，又能扩大诉讼制度的解纷功能，贯彻诉讼经济的原则。由此，强化法官的阐明权与禁止重复起诉的旨趣是相通的。不过，依照民事诉讼处分原则，法官促使当事人就牵连请求提起诉讼内之诉，而不得另行起诉，实有限制当事人起诉之嫌。但因法院充分行使阐明权，当事人在该诉讼程序已获法官阐明而知其资讯，从而已被赋予诉之变更、追加或提起反诉的程序保障。那么，当事人再行起诉而遭驳回，应当自负其责。如果当事人经阐明竟而不为响应的，法官也不必将其他法律关系列入本案审判的对象，而应将该拒绝释明情况记录于庭审笔录，以便将来在两造间有后程序为争讼时，可据以掌握前程序的当事人真意，以解释其行使程序处分权的意思表示，从而判定就该等权利有无该当发生权利失效等相关情事。

（二）加强对程序主体的程序参与权保障

禁止重复起诉制度运行的背后隐含着纠纷解决一次性与程序保障的价值选择与平衡。详言之，禁止重复起诉的效力除及于当事人之外，还波及受既判力扩张之人；为对重复起诉问题形成有效规制，识别重复起诉的要件由诉讼标的扩展至判决理由中的事实层面，从而扩大了禁止重复起诉规则的适用范围；为扩大诉讼解纷的功能，当事人得就相关联的后诉请求提起诉讼内之诉，而不得另行提起别诉。上述为贯彻禁止重复起诉的旨趣而设置的制度化处理路径，一定程度上弱化了对程序主体的程序保障，故为谋求重复起诉禁止制度运行的正当化基础，应完善对禁止重复起诉效力主体的程序保障措施。

1. 对既判力扩张之第三人的程序保障

既判力相对性原则的具体例外应当由各实体法或程序法作出明确规定，一方面，没有实体法和程序法上的具体明确规定，判决的既判力就必须按照相对性原则，亦即不得有例外或扩张。另一方面，受既判力扩张之第三人忍受禁止重复起诉效力的拘束，那么，必须赋予其参与诉讼程序的机会，以使其能在诉讼中提出足以影响裁判结果的诉讼资料，从而维护其在法律上的地位与权益，从而实现纷争解决的必要性与程序保障的正当性。这样一来，如何在程序上保障这些被及于既判力的第三人的利益，进而可以使既判力向这些人进行扩张获得正当化的根据。我们认为最少以下四种措施可为受禁止重复起诉效力拘束之第三人提供了参与程序的制度保障：

第一，诉讼参加制度，所谓诉讼参加是指法律上有利害关系的第三人，主动进入他人间尚在系属中的诉讼，以维护自己的权益。至于第三人是否为诉讼参加，基本上取决于该第三人的决定，因而，诉讼参加制度总体上侧重对参加诉讼的第三人的保护。我国民事诉讼中的诉讼参加人可具体分为有独立请求权的第三人和无独立请求权的第三人。根据《民诉法司法解释》第 81 条规定的诉讼参加人参与诉讼程序的方式，有独立请求权第三人可通过提起诉状或申请的方式向法院提出诉讼请求和事实、理由，无独立请求权第三人可通过提起申请或者由法院依职权通知参加诉讼。例如，在诉讼系属中，作为系争物的权利义务发生继承，在对方当事人针对承继人提起新诉时，为了保护承继人的承继诉讼的利益，承继人可以不对对方当事人提起的新诉进行应诉，而可以提出诉讼参加的申请。

第二，诉讼告知制度，所谓诉讼告知是指将诉讼系属的事实通知第三人，赋予该第三人程序参与机会的制度。诉讼告知制度是大陆法系民事诉讼立法上的一种制度，该制度皆在使受既判力扩张之人有知悉诉讼系属的机会，避免其因不知有诉讼系属而遭不利益，故应在诉讼进行中将诉讼系属的事实通知受既判力扩张之人，以便能承担诉讼或参加诉讼。诉讼告知制度可具体区别为两种主要不同类型：依当事人声请而告知和由法院依职权告知。依当事人声请而告知是指当事人在诉讼系属中，将诉讼系属的事实告知于依法得参加该诉讼的第三人。此项告知系为赋予受告知者有参加本诉讼的机会，且受告知者是否或如何参加诉讼，有相当程度的选择权。[1] 依职权告知是指法院依职权适时主动地将诉讼事件及进行程度通知有法律上利害关系的第三人，特别是当法院判定该案件类型有强烈的纷争统一解决的公益需求而有必要使特定第三人一并受最终判决结果的拘束时，则宜依职权向该第三人为诉讼告知。虽然我国现行民事诉讼法上没有关于诉讼告知制度的规定，[2] 不过，根据现行民事诉讼立法上关于诉讼告知的规定，当事人可向法院申请追加第三人参加

---

[1] 黄国昌：《民事诉讼法教室》（Ⅰ），元照出版有限公司 2010 年版，第 391 页。

[2] 参见王亚新、陈晓彤："前诉裁判对后诉的影响——《民诉法解释》第 93 条和第 247 条解析"，载《华东政法大学学报》，载 2015 年第 6 期；蔡伟珊："论第三人制度中诉讼告知制度的建构"，载《韶关学院学报》，2008 年第 11 期。

诉讼，法院也可依职权通知无独立请求权的第三人参加诉讼。[1] 在制度目的上，诉讼告知制度的核心在于使告知人对受告知人取得诉讼告知的效力，那么，不宜使诉讼告知制度的功能发挥与否完全取决于诉讼参加人的意思。在一定的要件下，对无独立请求权的第三人在被赋予程序参与机会的同时，也被课予程序参与的责任，即不论其是否实际地利用此机会而为诉讼参与，法院最终的判决均对之发生某种内容的拘束力。因为其已被赋予诉讼参加的机会，在其选择不利用此机会时，仍应发生参加的效力，否则诉讼告知将丧失其制度上的实效性。而由于有独立请求权第三人是诉讼权利主体，[2] 其参加诉讼的方式是向法院提交诉状或申请，那么诉讼告知对其不产生诉讼参加的义务，而可以选择另行起诉。[3]

第三，充实代表诉讼法理的应用，代表诉讼法理的核心要义在于虽然该受既判力扩张之人并未亲自参与诉讼程序，但其就该诉讼所抱持的利益及立场已通过实际参与诉讼程序的当事人予以提出及主张，从而可评价认为该受既判力扩张之人的利益及地位已获得相当的程序保障。那么，为使所有相对立的观点及攻击防御能在诉讼过程中能被充分地予以提出，以形成最后法院裁判的基础，代表诉讼制度在设计上必须以当事人适格的概念作为筛选与控制机制，由足以代表他人的正当当事人实施诉讼，赋予未亲自参与诉讼的受既判力扩张之人程序保障。[4] 民事诉讼上的诉讼担当制度即为应用此种程序保障法理的产物，如《民事诉讼法》第53条关于诉讼代表人的规定。

第四，法院站在公益的立场所为的职权介入，典型的操作手法是对当事人处分权主义的限制以及职权探知主义的采用。现行法上关于身份关系的诉讼即为此种程序保障的形态，如就婚姻无效、撤销婚姻或确认婚姻成立或不成立的诉讼；就收养无效、撤销收养、确定收养成立或不成立的诉讼，法院可依职权收集、斟酌一切与纷争有关的事实及证据，以确保法院裁判的正确性，借此强化此类判决的既判力扩张至第三人的正当性基础。

2. 对当事人的程序保障

依照禁止重复起诉旨趣的识别标准，如果前后诉的主要争点共通或请求

---

[1] 《民事诉讼法》第56条的规定，无独立请求权的第三人，可以申请或者由人民法院通知参加诉讼。《民诉法司法解释》第222条规定，原告在起诉状中直接列写第三人的，视为其申请人民法院追加该第三人参加诉讼。是否通知第三人参加诉讼，由人民法院审查决定。

[2] 刘君博："第三人撤销之诉原告适格问题研究——现行规范真的无法适用吗"，载《中外法学》，2014年第1期。

[3] 王亚新："第三人参与诉讼制度框架与程序操作"载《当代法学》，2015年第1期。

[4] 黄国昌：《民事诉讼法教室》（Ⅰ），元照出版有限公司2010年版，第224页。

的基础事实相同，且前诉尚在诉讼系属中，法官应促使当事人利用诉之变更、追加或提起反诉的方法使相关联的诉讼请求合并于已系属的诉讼程序内一并解决，而不得另行提起后诉。而在民事诉讼适用处分权主义下，当事人是否为诉之变更、追加或提起反诉属于当事人自由处分的事项，应有当事人行使程序处分权予以决定，非依法院职权强制要求。而且，民事诉讼立法并未强制当事人为诉之变更或追加或提起反诉。在此意义上，尽管诉之变更、追加或提起反诉制度具有防止程序重复、节省司法资源及扩大诉讼制度解决纷争等功能，法官也不能不顾虑当事人有无反诉、增列诉讼标的的意思，更不能以诉讼经济为名强制当事人使用诉之变更、追加或提起反诉制度，以致违反民事诉讼处分权主义，从而使诉讼判决丧失正当性基础。换言之，法官促使当事人为诉之变更、追加或提起反诉的容许性，正是立于对当事人程序保障的程度与范围。由此，在对诉讼审理对象的确定方面，法院应持较审慎态度为妥，尽可能尊重当事人行使程序处分权、选择权的意向。

民事诉讼上强调禁止重复起诉制度旨趣的同时，也应强化对受既判力扩张之第三人的程序保障，以充分尊重其程序选择权意愿，赋予其程序上的公平地位。这是重复起诉禁止制度正当化运行的基础，也是实现重复起诉禁止制度价值与功能的保障。在欠缺任何实质程序保障下所形成的判决，应将其界定为无效判决，根本不发生既判力；就程序保障有重大缺陷的判决，则至少应将其界定为具有再审事由的瑕疵，而使得受判决不利益的程序主体，得以再审（或第三人撤销之诉）的途径除去该确定判决的既判力，并请求法院重新就纷争予以审理裁判。换言之，如果法院受理了他人对非正当当事人的诉讼，作出实体判决让被告承担责任，判决确定后，即使非正当当事人不服，只能按审判监督程序申请再审，或由法院以适用法律错误而决定再审，或由检察机关抗诉。也就是说，即使是非正当当事人，人民法院对其作出实体判决，对应当参加诉讼但未参加诉讼的正当当事人不产生效力。

（三）提升律师法律援助制度的健全度

律师的服务是通向正义途径不可缺少的条件，律师在法庭中的工作并不是仅仅弥补当事人缺少的专业能力，也在填补当事人的差距，以便当事人能够在平等位置上进行论争。[1] 我国当前受理的律师法律援助案件主要集中于刑

---

[1] 陈刚主编：《自律型社会与正义的综合体系——小岛武司先生七十华诞纪念文集》，陈刚、林剑锋、段文波等译，中国法制出版社 2006 年版，第 74 页。

事案件，民事、行政案件的法律援助制度资源与需求尚有缺口，[1] 党的十八届四中全会通过的《中共中央关于全面推进依法治国若干重大问题的决定》中明确指出，保障人民群众参与司法，建立健全律师代理、法律援助制度，加强法律服务队伍建设。这为全面提升律师法律援助制度指明了方向，确立了基准。由于我国诉讼不采律师代理制度，因之，提升律师法律援助制度的健全度对实现司法公正和社会正义具有重要意义，也为保护当事人的权益具有重要作用。为避免当事人就同一事件反复诉讼而造成的诉讼不经济及矛盾判决的发生，切实维护当事人的权益，实现纠纷一次解决的价值，需要强有力的律师法律援助制度。否则，当事人可能因诉讼的专业知识不足，对自己享有的实体权利认识不足，纵然法律及法院判令当事人有广泛为攻击防御的机会，也不能够保障当事人有充分实施的机会与能力，从而可能使当事人本应享有的权利因法律知识的欠缺而不能获得实现，有损于对当事人实体利益与程序利益的保护。

在旧诉讼标的论下，一方面，如果依照当事人陈述的事实，发现其在实体法上可主张数个请求权基础规范，或于起诉时特定的诉讼标的在诉讼中已变得无纠纷解决的实益时，律师应从“当事者的立场”出发，在权衡实体利益与诉讼利益后为当事人确定最适切的请求权主张，以免当事人因不知如何提出主张而蒙受败诉判决的不利益。另一方面，基于实现纠纷一次性解决的理念，法官不仅需要对当事人主张的请求权审理，还需要对是否有其他多个请求权存在的问题进行考虑。因之，法官审理的负担加重很多，这就需要很好的律师来整理出哪些事实是需要证明的待证事实，以使法官能够在一次的诉讼程序将各种可能存否的相关联的请求均审理清楚。因此，有好的法官且配合有更强的律师协助法官，事情才好办。依照禁止重复起诉旨趣的识别标准，前后诉的请求的基础事实相同或主要争点共通时，以免后诉的请求被法院裁定驳回，律师应为当事人表明通过诉之变更、追加或提起反诉的方式将后诉的请求合并于前诉程序内一并审理的法律观点，以实现扩大诉讼制度解纷的功能，避免当事人就同一基础事实另行起诉，浪费当事人的劳力、时间、费用。由此，为实现对当事人实体权益与程序权益的维护，拥有专门法律知识的律师具有不可忽视的作用。由此，为实现禁止重复起诉制度的价值与功能，需要健全律师法律援助制度，以充分发挥援助律师提供法律服务的能力和水平，为当事人提出恰当案件事实、主张适切的诉讼请求积极表明态度，

[1] 裴小梅：“对我国律师法律援助制度的思考”，载《河南社会科学》，2004 年第 2 期。

并提供法律思考结果的见解，从而来弥补当事人法律知识的不足，为当事人讼争提供平等的法律平台。在此意义上，强调禁止重复起诉制度旨趣的同时，亦应提升律师法律援助制度的健全度。律师法律援助制度越健全，即越有希望实现纠纷的一次性解决。

（四）赋予判决理由中所认定的事实以争点效力

依照禁止重复起诉旨趣的标准，前后诉的请求基础事实相同或主要争点共通，法院对共通的基础事实和主要争点的重复审理，在内容上有可能作出相互矛盾的裁判，从而前后诉构成对禁止重复起诉规则的违反。在此情形下，如果前诉尚在诉讼系属中，当事人应将后诉的诉讼请求通过诉之变更、追加或提起反诉的方式合并于已系属的前诉程序内一并解决。这样一来，识别重复起诉的要件已由诉讼标的层面扩展至判决理由中所认定的事实层面上来，因而理论上有扩大禁止重复起诉范围解释的必要。因为，如果仅是允许当事人就其诉讼的基础事实范围为扩大主张，但未就该基础事实利用解释将其提升为诉讼标的的地位，或赋予争点效力使受其拘束，那么，对诉讼的基础事实的判定也仅是判决理由中所判断的事项，而原则上不具有既判力，从而禁止当事人就同一事件提起后诉也就有疑问。

为避免相同当事人间对同一原因事实再度争议，防止发生矛盾判决的危险及实现纠纷一次性解决的理想，应认为判决理由中所认定的事实产生判决拘束力。如果将当事人的攻击防御方法所主张的事项解释为诉讼标的而受拘束，则诉讼程序中发生不断扩张、增加诉讼标的的范围的现象。在此情况下，所谓的诉讼标的范围，实际上包含判决理由中所判断认定的全部一切事实与攻击防御方法。这样一来，就将法官在审判过程中的“审理客体”（全部之调查证据事实，当事人所主张而提出之一切攻击防御方法之法律关系及事实）与“判决客体”（即诉讼标的）混为一谈，从而使当事人原无意思使之成为诉讼标的的攻击防御方法，不知不觉之中变为诉讼标的之范围而受拘束。况且，我国民事诉讼不采律师强制主义，而采当事人诉讼的制度下，当事人对民事诉讼的专业知识不足，更加剧了对当事人程序权利的损害。此种情形下的民事诉讼程序，已经远离处分权主义及辩论主义的原则。[1] 理论上主张赋予判决理由中所认定的事实以拘束力的学说，当属日本民事诉讼理论上的争点效理论最为有力。所谓争点效是指当事人在前诉中充分为攻击防御且法院

---

[1] 陈荣宗、林庆苗：《民事诉讼法》（中册），三民书局股份有限公司2011年版，第385页。

为实质审理判断的争点，在后诉讼中就同一争点的审理，不许当事人为相反的主张，同时后诉法院也不得为相反的判断，即产生拘束当事人及后诉法院的争点效。

争点效理论的根据在于，判决理由中所认定的事实虽非诉讼所必须强制解决的纷争对象，但在当事人已选择对其进行攻防的情形下，本于公平的理念，并无必要允许当事人再于后诉为相反的主张。关于争点效产生的要件可以从以下五点来予以把握，第一，产生遮断效的争点属于“在前后诉讼的两个请求妥当与否的判断过程中”的主要争点；第二，当事人在前诉中已经对该主要争点穷尽了主张及举措，换言之，当事人对此争点已经进行了认真且严格的争执；第三，法院对于该争点业已作出实质性的判断；第四，前诉与后诉的系争利益几乎是等同的；第五，在后诉中，当事人必须援用这种争点效。基于上述要件成立的争点效与既判力相比存在着以下三个差异点：第一，既判力是基于判决主文而产生，而争点效是基于判决理由中的判断而产生；第二，既判力是“不论当事人在诉讼中以何种形式进行争执”都普遍产生的制度性效力，故而即便是缺席判决也产生既判力，而争点效只有在“当事人对此进行认真严格的争议，并由法院作出实质性判断”的情形才得以产生；第三，既判力属于法院职权调查的事项，而争点效必须经当事人援用才能被适用。❶ 在此意义上，既判力与争点效理论产生相互协调，即既判力制度规定“判决理由中判断不产生既判力”的原则皆在保障当事人处分争点的自由以及法院审理的机动性，同时，争点效也并未否定这种当事人处分自由及审理机动性的保障，而是在肯定这种保障的基础上，在当事人现实地对争点进行认真严格的争执且法院对此作出判断的情形下产生的一种效力。此外，争点效还具有促使新诉讼标的理论所倡导的“一次性解决纠纷”理念得以实现的功能。事实上，我国民事诉讼上已有学者主张在某些案件类型中赋予案件事实以争点效力。❷ 也有学者主张引入争点排除制度，即前诉已经认定的，且当事人充分辩论的事实拘束后诉的法院及当事人。❸ 更有学者主张，如果无视判决理由中的事实判断，允许当事人再行对该事实进行争执，那么很难说纠纷已经得到解决，从而也有发生矛盾判决的危险。因之，应当限定地承认判决理

---

❶ 【日】高桥宏志：《民事诉讼法——制度与理论的深层次分析》，林剑锋译，法律出版社 2003 年版，第 522-523 页。

❷ 参见李龙、闫宾：“代位诉讼中的适格当事人研究”，载《西南大学学报》，2004 年第 5 期；蒲菊花：“论债权人代位诉讼的诉讼标的”，载《河北法学》，2003 年第 5 期。

❸ 赵新会：“既判力客观范围的历史考察与现实定位”，载《理论探索》，2006 年第 2 期。

由中的事实判断有既判力。❶

依据争点效理论，尽管前后两诉的诉讼标的不同，但其请求基础事实相同或主要争点共通，且双方当事人在前诉中对该相同的原因事实已予争执，而且，法院也对其进行了审理并作出判断，那么，应当禁止当事人提起以该原因事实为基础的后诉。❷ 以争点效理论作为解释识别重复起诉的要件扩张至原因事实的理论依据，这样一来，如果说“前后诉的诉讼标的相同或近似”对应于判决效中的既判力，则“前后诉的请求的基础事实相同或主要争点共通”对应于判决效中的争点效，这在一定意义上弥补了以诉讼标的为识别重复起诉要件所无法克服的缺点。20 世纪 90 年代，基于我国民事司法实践的实际情况和避免矛盾裁判、实现诉讼经济的综合考虑，我国学者主张应比照争点效理论使用的方法，赋予判决理由中的判断以不同于争点效力的拘束力。❸ 近来，有学者主张赋予判决理由中所作出认定的主要事实与法律争点以更强的证据效力。❹ 而我们认为，随着我国民事立法、司法体系的逐步完善及相关配套制度的实施，赋予判决理由中所认定的事实以拘束力已不能满足民事司法实践上的需要了，比如，因前后诉的主要争点共通或请求的基础事实相同情形的重复起诉问题，因之，我国已具备引入争点效制度的可能性与必要性。由此，为克服诉的要素的识别标准限于诉讼标的的范围，而引发纷争的再燃，从而造成民事诉讼解纷功能的减弱，我们主张我国民事诉讼上引入“争点效”制度。需要注意的是，将诉讼标的之外的先决法律关系纳入争点效的范畴内，实际上蕴含着将既判力扩及诉讼标的之外的意图，这可能损及当事人的诉讼处分权，违背了民事诉讼意思自治的原则。此外，争点效理论本身缺乏的界分标准，增大了实务操作的难度。由此，如要承认裁判判决理由中所认定的事实有争点拘束力，将对当事人的程序保障造成冲击，❺ 因而，引入争点效理论的前提是给予当事人充分的程序保障，而不致对当事人发生突袭性裁判。

---

❶ 朱川、周晶：“判决理由既判力的再认识”，载《人民司法》（案例），2011 年第 8 期；严仁群：“既判力客观范围之新进展”，载《中外法学》，2017 年第 2 期。

❷ 胡军辉、刘佳美：“民事既判力客观范围扩张的理论及评析”，载《湘潭大学学报》（哲学社会科学版），2012 年第 4 期。

❸ 江伟、肖建国：“论既判力的客观范围”，载《法学研究》，1996 年第 4 期；李龙：“论民事判决的既判力”，载《法律科学》，1994 年第 4 期；吴明童：“既判力的界限研究”，载《中国法学》，2001 年第 6 期。

❹ 丁宝同：“论争点效之比较法源流与本土归化”，载《比较法研究》，2016 年第 3 期。

❺ 邓辉辉：“论判决理由的既判力”，载《理论探索》，2006 年第 6 期；蒙晓毅、陶建国：“试论既判力的客观范围问题”，载《广西民族学院学报》（哲学社会科学版），2005 年第 6 期。

结　语

禁止重复起诉在现行民事诉讼立法上并未形成制度化的体系，为了提出一种关于禁止重复起诉的制度化路径，本书以禁止重复起诉的旨趣为分析主线，以《民诉法司法解释》第 247 条关于禁止重复起诉的规定为研究出发点，并结合我国司法实践中的重复起诉问题，对大陆法系主要国家或地区有代表性的禁止重复起诉制度的内在逻辑进行功能取向的比较。其中，我们可从两个方面对未来我国民事诉讼禁止重复起诉制度的建构作出评估。

从立法层面，《民诉法司法解释》第 247 条将诉讼系属抗辩效力与既判力消极作用的两种意义上的禁止重复起诉糅合在一起规定，试图提供一种"一揽子"解决诉讼系属中或判决确定后的重复起诉问题的诉讼法方案。但从制度的自身机理出发，这两种意义的禁止重复起诉在法理依据、制度旨趣及规制措施等方面均有差异，倘若将二者强行性地划一规定，则其将在司法实践中无法统合适用。从制度体系的自洽性而言，该条文是关于罗马法上一事不再理的规定，而并非现代大陆法系民事诉讼上一般所言的关于禁止重复起诉制度的规定。上述司法解释规定的不足与我国民事诉讼立法上关于诉讼系属和既判力制度规定的缺失有关，易言之，由于现行民事诉讼立法上缺乏对诉讼系属和既判力的制度化规定，从而导致民事司法解释将前诉诉讼系属中与判决确定后的重复起诉行为混同在一起规定。因而未来我国民事诉讼立法上关于禁止重复起诉制度的设置应将诉讼系属抗辩效力与既判力消极作用的两种意义的禁止重复起诉分开规定，即禁止重复起诉系指在前诉已经诉讼系属的情形下，禁止当事人就同一事件再行起诉；而将判决确定后就同一事件的重复起诉情形归属为既判力消极作用的规制范畴。

从实践层面，《民诉法司法解释》第 247 条仅从诉的要素的角度判定前后诉是否为同一事件，而司法实践中，禁止重复起诉的根据并非仅仅产生于前后诉在内容上完全相同的情形。具体言之，倘若前后两诉的主要争点共通或请求基础事实相同，则属于对禁止重复起诉旨趣的识别标准的违反，从而也应当认为属于重复起诉的情形。而且，在采行旧诉讼标的论下，从客观效果上看，禁止重复起诉的效力范围相对狭窄。因之，为对实践中的重复起诉问题形成有效规制，实现纠纷一次性根本解决，应扩张禁止重复起诉规则的适用范围，即应将禁止重复起诉旨趣作为识别重复起诉的标准。换言之，如果法院对前后诉的审理将造成被告被迫对无实益的诉讼进行重复应诉，造成法院诉讼审理的不经济，有可能发生前后相互矛盾判决的危险，那么前后诉也构成对禁止重复起诉规则的违反。在此意义上，禁止重复起诉旨趣的识别标准是为补充诉的要素标准的漏洞而设置的。与之相应，规制重复起诉的措施并非仅为“不予受理”或“驳回起诉”，若前后诉的主要争点共通或请求的基础事实相同，为避免后诉因不适法被裁定驳回，法官应当促使当事人通过诉的变更、追加或提起反诉的方式，将后诉的请求合并于已系属的前诉程序中一并审理，必要时得将后诉移送于前诉的管辖法院，从而实现纠纷一次性根本解决的目标，扩大诉讼解纷制度的功能。以上关于重复起诉禁止的制度化路径，潜在地存在着对当事人的程序权利作出较大限制，为解决这个问题，则可通过强化法官的释明义务，完善诉讼参加及诉讼告知制度，提升律师法律援助制度的健全度，赋予判决理由中所认定的事项以争点效力等周边的制度措施来化解对当事人程序保障带来的风险。

归根结底，关于禁止重复起诉的问题，一方面，存在着纷争解决一次性与程序保障两种诉讼理念的相辅相成的配合关系与相互紧张的冲突关系；另一方面，民事诉讼禁止重复起诉制度涉及极为丰富的诉讼基础理论，而这些理论在学理上尚存争论或者尚须进一步廓清，而现有的理论研究还不能对此作出适合我国司法实践需要的解释。因而，为寻求对上述两种诉讼理念的平衡和调和，进一步廓清有关重复起诉禁止制度的理论认识，理论上尚须结合我国司法实践中存在的问题继续深化对禁止重复起诉问题的研究。

参考文献

一、著作类

[1] [日] 新堂幸司. 新民事诉讼法 [M]. 林剑锋, 译. 北京: 法律出版社, 2008.

[2] [德] 罗森贝克, 施瓦布, 戈特瓦尔德. 德国民事诉讼法 (下册) [M]. 李大雪, 译. 北京: 中国法制出版社, 2007.

[3] [德] 奥马特·尧厄希尼. 民事诉讼法 [M]. 周翠, 译. 北京: 法律出版社, 2003.

[4] [德] 汉斯-约阿希姆·穆泽拉克. 德国民事诉讼法基础教程 [M]. 周翠, 译. 北京: 中国政法大学出版社, 2005.

[5] [法] 罗伊克·卡迪耶. 法国民事司法 [M]. 杨艺宁, 译. 北京: 中国政法大学出版社, 2004.

[6] [日] 日本新民事诉讼法 [M]. 白绿铉, 译. 北京: 中国法制出版社, 2000.

[7] [日] 高桥宏志. 民事诉讼法——制度与理论的深层次分析 [M]. 林剑锋, 译. 北京: 法律出版社, 2003.

[8] 常怡. 民事诉讼法学研究 [M]. 北京: 法律出版社, 2010.

[9] 邵明. 现代民事诉讼基础理论: 以现代正当程序和现代诉讼观为研究视角 [M]. 北京: 法律出版社, 2011.

[10] 肖建国. 民事诉讼程序价值论 [M]. 北京: 中国人民大学出版社, 2005.

[11] 何文燕, 廖永安. 民事诉讼法学专论 [M]. 湘潭: 湘潭大学出版社, 2011.

[12] 王福华. 民事诉讼法学 [M]. 北京: 清华大学出版社, 2012.

[13] 邱联恭. 口述民事诉讼法讲义 (二) [M]. 许士宦, 整理, 2012 年笔记版.

[14] 陈荣宗, 林庆苗. 民事诉讼法 (中册) [M]. 台北: 三民书局股份有限公司, 2011.

[15] 许士宦. 诉讼理论与审判实务 (第六卷) [M]. 台北: 元照出版有限公

司，2011.
[16] 黄风．罗马私法导论［M］．北京：中国政法大学出版社，2003.
[17] ［意］彼德罗·彭梵得．罗马法教科书［M］．黄风，译．北京：中国政法大学出版社，2005.
[18] ［意］朱塞佩·格罗索．罗马法史［M］．黄风，译．北京：中国政法大学出版社，2009.
[19] 周枏．罗马法原论（下册）［M］．北京：商务印书馆，2014.
[20] 费安玲．罗马私法学［M］．北京：中国政法大学出版社，2009.
[21] ［古罗马］盖尤斯．盖尤斯法学阶梯［M］．黄风，译．北京：中国政法大学出版社，2008.
[22] 黄风．罗马法［M］．北京：中国人民大学出版社，2009.
[23] 丁宝同．民事判决既判力研究［M］．北京：法律出版社，2012.
[24] 江平，米健．罗马法基础［M］．北京：中国政法大学出版社，2004.
[25] 江伟，邵明，陈刚．民事诉权研究［M］．北京：法律出版社，2002.
[26] 陈刚．比较民事诉讼法［M］．北京：中国人民大学出版社，1999.
[27] 法国民事诉讼法典（中文版）［M］．罗结珍，译．北京：中国法制出版社，1999.
[28] ［德］阿图尔·考夫曼．法律哲学［M］．刘幸义，等译．北京：法律出版社，2011.
[29] ［日］中村英郎．新民事诉讼法讲义［M］．北京：法律出版社，2001.
[30] ［日］兼子一，竹下守夫．民事诉讼法［M］．白绿铉，译．北京：法律出版社，1995.
[31] 姜世明．民事诉讼法基础论［M］．台北：元照出版有限公司，2011.
[32] 沈德咏．最高人民法院民事诉讼法司法解释理解与适用［M］．北京：人民法院出版社，2015.
[33] 德国民事诉讼法典［M］．李昌珂，译．北京：中国政法大学出版社，1998.
[34] ［法］卡斯东·斯特法尼，乔治·勒瓦索，贝尔纳·布洛克．法国刑事诉讼法精义［M］．罗结珍，译．北京：中国政法大学出版社，1999.
[35] ［日］土本武司．日本刑事诉讼要义［M］．董璠舆，宋英辉，译．台北：台湾五南图书出版有限公司，1996.
[36] 陈朝璧．罗马法原理［M］．北京：法律出版社，2006.
[37] 张卫平．民事诉讼：关键词展开［M］．北京：中国人民大学出版

社，2005.

[38] [日] 谷口安平．程序的正义与诉讼 [M]．王亚新，刘荣军，译．北京：中国政法大学出版社，2002.

[39] 杨建华．民事诉讼法要论 [M]．郑杰夫，增订．北京：北京大学出版社，2013.

[40] 季卫东．法律程序的意义 [M]．北京：中国法制出版社，2012.

[41] [美] 迈克尔·D. 贝勒斯．法律的原则：一个规范的分析 [M]．张文显，译．北京：中国大百科全书出版社，1996.

[42] [日] 棚濑孝雄．纠纷的解决与审判制度 [M]．王亚新，译．北京：中国政法大学出版社，2004.

[43] [英] 弗里德利·冯·哈耶克．自由秩序原理 [M]．邓正来，译．生活·读书·新知三联书店，1997.

[44] 杜丹．诉讼诚信论：民事诉讼诚实信用原则之理论及制度构建 [M]．北京：法律出版社，2010.

[45] [英] 约翰·斯图亚特·密尔著．论自由 [M]．赵伯英，译．西安：陕西人民出版社，2009.

[46] 高全喜．法律秩序与自由正义：哈耶克的法律与宪政思想 [M]．北京：北京大学出版社，2003.

[47] [英] 弗里德利希·冯·哈耶克．法律、立法与自由（第一卷）[M]．邓正来，等译．北京：中国大百科全书出版社，2000.

[48] 陈桂明．程序理念与程序规则 [M]．北京：中国法制出版社，1999.

[49] 季卫东．法治秩序的建构 [M]．北京：商务印书馆，2014.

[50] 杜万华．最高人民法院民事诉讼法司法解释实务指南 [M]．北京：中国法制出版社，2015.

[51] 江必新．新民诉法解释——法义精要与实务指引 [M]．北京：法律出版社，2015.

[52] 奚晓明，杜万华．最高人民法院民事诉讼法司法解释适用解答 [M]．北京：人民法院出版社，2015.

[53] 田平安．民事诉讼法学（第四版）[M]．北京：法律出版社，2015.

[54] 黄国昌．民事诉讼法教室（I）[M]．台北：元照出版有限公司，2010.

[55] 李龙．民事诉讼标的理论研究 [M]．北京：法律出版社，2003.

[56] 张卫平，陈刚．法国民事诉讼法导论 [M]．北京：中国政法大学出版社，1996.

[57] 杜万华，胡云腾．最高人民法院民事诉讼法司法解释逐条适用解析［M］．北京：法律出版社，2015.

[58] 陈刚主编．自律型社会与正义的综合体系——小岛武司先生七十华诞纪念文集［M］．陈刚，林剑锋，段文波，等译．北京：中国法制出版社，2006.

[59] 邱联恭．口述民事诉讼法讲义（三）［M］．许士宦，整理，2012 年笔记版．

[60] 德意志联邦共和国民事诉讼法［M］．谢怀栻，译．北京：中国法制出版社，2001.

二、期刊类

[1] 张卫平．重复诉讼规制研究：兼论“一事不再理”［J］．中国法学，2015（3）．

[2] 袁秀挺．民事诉讼一事不再理原则新论［J］．法治论丛，2007（5）．

[3] 柯阳友．也论民事诉讼中的禁止重复起诉［J］．法学评论，2013（5）．

[4] 段文波．日本重复起诉禁止原则及其类型化解析［J］．比较法研究，2014（5）．

[5] 齐云．论罗马民事诉讼法上的证讼［J］．比较法研究，2015（2）．

[6] 卜元石．重复诉讼禁止及其在知识产权民事纠纷中的应用［J］．法学研究，2017（3）．

[7] 夏璇．论民事重复起诉的识别及规制［J］．法律科学，2016（2）．

[8] 陈瑞华．刑事诉讼中的重复追诉问题［J］．政法论坛，2002（5）．

[9] 叶自强．论判决的既判力［J］．法学研究，1997（2）．

[10] 陈杭平．诉讼标的理论的新范式——“相对化”与我国民事审判实务［J］．法学研究，2016（4）．

[11] 林剑锋．既判力相对性原则在我国制度化的现状与障碍［J］．现代法学，2016（1）．

[12] 张泽涛．禁止重复追诉研究——以大陆法系既判力理论为切入点［J］．法律科学，2007（4）．

[13] 宋英辉，李哲．一事不再理原则研究［J］．中国法学，2004（5）．

[14] 王福华．民事判决既判力：由传统到现代的嬗变［J］．法学论坛，2001（6）．

[15] 陈兴良．禁止重复评价研究［J］．现代法学，1994（1）．

［16］姚剑波．终局性规则下的利益平衡——关于刑事诉讼一事不再理原则的比较研究［J］．比较法研究，2000（4）．
［17］谢佑平，万毅．一事不再理原则重述［J］．中国刑事法杂志，2001（3）．
［18］张旭．关于“一事不再理原则”的再思考［J］．法学评论，2003（4）．
［19］董琳．一事不再理原则的价值取向［J］．当代法学，2003（11）．
［20］沈德咏，江显和．刑事再审制度改革的理性思考——以一事不再理原则为视角［J］．人民司法，2006（5）．
［21］贺卫方．对抗制与中国法官［J］．法学研究，1995（4）．
［22］刘学在．既判力论在中国的困境探析——以民事诉讼为视角［J］．北京科技大学学报（社会科学版），2003（3）．
［23］张卫平．既判力相对性原则——根据、例外与制度化［J］．法学研究，2015（1）．
［24］肖建华，王勇．论我国民事诉讼立案登记的积极要件［J］．浙江工商大学学报，2017（2）．
［25］黄毅．部分请求之再检讨［J］．中外法学，2014（2）．
［26］蒲菊花．部分请求理论的理性分析［J］．现代法学，2005（1）．
［27］段文波．日本民事诉讼法上部分请求学说与判例评说［J］．环球法律评论，2010（4）．
［28］王娣，王德新．论既判力的时间范围［J］．时代法学，2008（4）．
［29］徐彤．一事不再理原则的理论基础与司法实践［J］．四川理工学院学报（社会科学版），2013（3）．
［30］戴晨逸．重复起诉问题探究［J］．东南大学学报（哲学社会科学版），2009（S2）．
［31］钟蔚莉，崔析宗．一事不再理原则的法律适用［J］．中国审判，2011（2）．
［32］王亚明．一事不再理与行民交叉问题研究［J］．法律适用，2011（11）．
［33］邵明．诉讼标的论［J］．法学家，2001（6）．
［34］许尚豪，欧元捷．诉讼请求变更的理念与实践——以诉讼请求变更原因的类型化为切入点［J］．法律科学，2015（3）．
［35］王亚新．诉讼程序中的实体形成［J］．当代法学，2014（6）．
［36］张晋红．诉的合并有关问题的思考——兼论提高民事诉讼效率的有效途径［J］．广东商学院学报，2002（4）．

[37] 吴英姿. 诉讼标的理论“内卷化”批判 [J]. 中国法学, 2011 (2).
[38] 赵钢, 占善刚. 试析起诉的消极条件 [J]. 法商研究, 1996 (5).
[39] 蒋耀庭, 周强. 试论民事诉讼一次除尽原则的设立 [J]. 法律适用, 2013 (7).
[40] 朱川, 周晶. 判决理由既判力的再认识 [J]. 人民司法 (案例), 2011 (8).
[41] 邵明. 民事之诉的构成要素与诉的识别 [J]. 人民司法 (应用), 2008 (17).
[42] 娄正前. 民事审判中“一事不再理原则”的理论与运用 [J]. 讲述警官学院学报, 2011 (2).
[43] 任重. 论中国民事诉讼的理论共识 [J]. 当代法学, 2016 (3).
[44] 李龙. 论我国民事诉讼标的理论的基本框架 [J]. 法学, 1999 (7).
[45] 王娣, 钦骏. 民事诉讼标的理论的再构筑 [J]. 政法论坛, 2005 (2).
[46] 刘学在. 论诉讼中的抵销 (上) [J]. 法学评论, 2003 (3).
[47] 郗伟明. 论诉讼标的与请求权规范之竞合——以旧诉讼标的理论的两案实践为视点 [J]. 法商研究, 2016 (3).
[48] 程春华. 论民事诉讼中诉讼标的与诉讼请求之关系——兼论法官对诉讼请求变更及诉讼标的释明权之行使 [J]. 法律适用, 2014 (5).
[49] 翁晓斌. 论既判力及执行力向第三人的扩张 [J]. 浙江社会科学, 2003 (3).
[50] 邓辉辉. 论既判力的作用 [J]. 学术论坛, 2010 (6).
[51] 江伟, 肖建国. 论既判力的客观范围 [J]. 法学研究, 1996 (4).
[52] 梁帅. 论广义二重起诉及其规制 [J]. 河南理工大学学报 (社会科学版), 2010 (4).
[53] 曹云吉. 论裁判生效后之新事实 [J]. 甘肃政法学院学报, 2016 (3).
[54] 朱永禄. 论“一事不再理”原则在票据诉讼中的适用 [J]. 甘肃政法学院学报, 2007 (5).
[55] 吴明童. 既判力的界限研究 [J]. 中国法学, 2001 (6).
[56] 邓辉辉. 关于既判力本质说的评介 [J]. 政法论从, 2005 (4).
[57] 朱孝彦. 构建我国民事判决既判力制度的法理分析 [J]. 政法论丛, 2009 (4).
[58] 曹志勋. 反思事实预决效力 [J]. 现代法学, 2015 (1).
[59] 龚潇. 法院应重视“一事不再理”审判原则 [J]. 律师世界,

1997（4）.

［60］黄湧．对抗型重复起诉的司法认定：程序保障的范围决定判决的效力范围［J］．人民司法（案例），2010（4）.

［61］孟醒．定期金变更之诉的建构：以德、日两国变更判决之诉为借鉴［J］．中南大学学报（社会科学版），2017（2）.

［62］刘君博．第三人撤销之诉原告适格问题研究——现行规范真的无法适用吗［J］．中外法学，2014（1）.

［63］王福华．第三人撤销之诉的制度逻辑［J］．环球法律评论，2014（4）.

［64］王亚新．第三人参与诉讼制度框架与程序操作［J］．当代法学，2015（2）.

［65］吴杰．德国诉讼标的理论的演绎及其启示［J］．学海，2008（3）.

［66］蒋玮．大陆法系诉讼系属中重复起诉禁止及经验借鉴［J］．甘肃社会科学，2016（6）.

［67］丁宝同．大陆法系民事判决效力体系的基本构成［J］．学海，2009（2）.

［68］吴景禹，李晖．"一事不再理"应成为民诉法的基本原则［J］．人大建设，2005（3）.

［69］周翠．现代民事诉讼义务体系的构建——以法官与当事人在事实阐明上的责任承担为中心［J］．法学家，2012（3）.

［70］王洪亮．实体请求权与诉讼请求权之辩——从物权确认请求权谈起［J］．法律科学，2009（2）.

［71］江伟，徐继军．民事诉讼标的新说——在中国的适用及相关制度保障［J］．法律适用，2003（5）.

［72］北京市第一中级人民法院课题组．关于建立民事审判"纠纷一次性解决机制"的调研报告［J］．法律适用，2013（1）.

［73］陈桂明，吴如巧．美国民事诉讼中的诉讼合并制度评介及对我国的启示［J］．政治与法律，2010（5）.

［74］张晓茹．论民事既判力主观范围的扩张范围及扩张基础［J］．河北法学，2012（5）.

［75］胡云鹏．既判力主观范围扩张的法理探析［J］．河南社会科学，2009（5）.

［76］常廷彬．民事判决既判力主观范围研究［J］．法学家，2010（2）.

［77］丁宝同．论争点效之比较法源流与本土归化［J］．比较法研究，

2016（3）.
[78] 李龙，闫宾．代位诉讼中的适格当事人研究［J］．西南大学学报，2004（5）.
[79] 蒲菊花．论债权人代位诉讼的诉讼标的［J］．河北法学，2003（5）.
[80] 胡军辉，刘佳美．民事既判力客观范围扩张的理论及评析［J］．湘潭大学学报（哲学社会科学版），2012（4）.
[81] 邓辉辉．论判决理由的既判力［J］．理论探索，2006（6）.
[82] 蒙晓毅，陶建国．试论既判力的客观范围问题［J］．广西民族学院学报（哲学社会科学版），2005（6）.
[83] 裴小梅．对我国律师法律援助制度的思考［J］．河南社会科学，2004（2）.
[84] 肖建华，陈琳．法官释明权之理论阐释与立法完善［J］．北方法学，2007（2）.
[85] 张晋红．诉的合并制度的立法缺陷与立法完善之价值分析［J］．法学评论，2007（4）.
[86] 李龙．民事诉讼诉的合并问题探讨［J］．现代法学，2005（2）.
[87] 朱兴有，郑斌锋．诉的合并与诉讼请求的合并之界定［J］．西南民族学院学报（哲学社会科学版），2002（8）.
[88] 严仁群．既判力客观范围之新进展［J］．中外法学，2017（2）.
[89] 杨春疆．民事诉讼中重复起诉的形式与认定［J］．山东审判，2017（3）.
[90] 赵钢．论法官对诉讼请求变更事项的告知义务——以《关于民事诉讼证据的若干规定》第35条为分析基础［J］．法商研究，2005（6）.
[91] 朱建敏．试论诉的内涵及其与诉讼请求的关系［J］．河南省政法管理干部学院学报，2010（4）.
[92] 杨婷．诉讼请求变更的认定与处理［J］．人民司法（案例），2016（35）.
[93] 江伟，韩英波．论诉讼标的［J］．法学家，1997（2）.
[94] 包冰峰，陈今玉．诉讼标的与法官阐明权的行使［J］．理论月刊，2010（10）.
[95] 段厚省．请求权竞合研究［J］．法学评论，2005（2）.
[96] 姚飞．诉讼请求与诉讼标的不是一回事［J］．法学，1982（12）.
[97] 梅夏英，邹启钊．请求权：概念结构及理论困境［J］．法学家，

2009（2）.
［98］孙邦清．债权人代位诉讼若干问题研究［J］．政法论丛，2003（1）.
［99］王强义．论民事诉讼中的当事人恒定和诉讼承当［J］．中国法学，1990（5）.
［100］赵新会．既判力客观范围的历史考察与现实定位［J］．理论探索，2006（2）.
［101］汤维建．也论民事诉讼中的变更诉讼请求［J］．法律科学，1991（2）.
［102］毕玉谦．诉的变更之基本架构及对现行法的改造［J］．法学研究，2006（2）.
［103］崔玲玲．诉的类型——对诉的类型传统理论的扬弃［J］．河北法学，2013（1）.
［104］熊洋，邢路阳．消极确认之诉论要［J］．河南理工大学学报（社会科学版），2005（1）.
［105］赵蕾．确认不侵权之诉的理论探讨及程序细化——以民事诉讼为视角的分析［J］．法治研究，2011（1）.
［106］马丁．罗马法上的“诉”：构造、意义与演变［J］．中外法学，2013（3）.
［107］巢志雄．“诉”论［J］．当代法学，2011（3）.
［108］王亚新，陈晓彤．前诉裁判对后诉的影响——《民诉法解释》第93条和第247条解析［J］．华东政法大学学报，2015（6）.
［109］刘学在．略论民事诉讼中的诉讼系属［J］．法学评论，2002（6）.
［110］袁琳．“后诉请求否定前诉裁判结果”类型的重复起诉初探［J］．西南政法大学学报，2017（1）.
［111］蔡伟珊．论第三人制度中诉讼告知制度的建构［J］．韶关学院学报，2008（11）.
［112］蔡虹，李棠洁．民事立案登记制度的法理省思［J］．法学论坛，2016（4）.
［113］杨会新．从诉之效力位阶看民事案件受理制度［J］．比较法研究，2016（3）.

三、报纸类

［1］徐卓斌．一事不再理原则的适用［N］．人民法院报，2013-04-24.
［2］穆文好，郭翔峰．一事不再理原则的认定与适用——浙江金华中院裁定

吉甘特公司诉天怡公司定作合同纠纷案［N］. 人民法院报，2015-04-02.

［3］张卫平．一事不再理原则的法律根据及其运用［N］. 人民法院报，2014-05-28.

［4］高万泉，李钰，万剑锋．同一事实重复起诉依法应驳回［N］. 人民法院报，2005-01-31.

［5］张煌辉，何理．禁止重复起诉的理论源流及判断标准［N］. 人民法院报，2009-07-21.

［6］周兴宥，郭敬波．对不同阶段分诉不违反一事不再理原则——浙江宁波中院判决一起建设工程施工合同纠纷案［N］. 人民法院报，2008-03-21.

［7］王子伟，田中曼，高翔．当事人重复起诉引起的管辖争议问题研究［N］. 人民法院报，2007-01-29.

［8］刘金林．从维护既判力角度适用“一事不再理”［N］. 检察日报，2003-05-14.

［9］唐靖钧．本案是否属于重复起诉?［N］. 建筑时报，2014-11-13.

［10］杜晓．“一事不再理”引发马拉松式诉讼［N］. 法制日报，2011-04-02.